2010年教育部人文社会科学研究资助项目：
《日本高等教育均衡发展战略研究》（批号：IOYJA880186）

日本高等教育均衡发展研究

张玉琴　著

RIBEN GAODENG JIAOYU JUNHENG FAZHANYANJIU

河北大学出版社

图书在版编目（CIP）数据

日本高等教育均衡发展研究 / 张玉琴著. -- 保定：河北大学出版社, 2014.3

ISBN 978-7-5666-0549-8

Ⅰ. ①日… Ⅱ. ①张… Ⅲ. ①高等教育－教育研究－日本 Ⅳ. ①G649.313

中国版本图书馆CIP数据核字(2014)第036743号

责任编辑：何　屹
　　　　　刘　婷
装帧设计：王占梅
责任印制：靳云飞

出版：河北大学出版社（保定市五四东路180号）
经销：全国新华书店
印制：保定市北方胶印有限公司
开本：1 / 16（710mm × 1000mm）
字数：244千字
印张：17.5
版次：2014年3月第1版
印次：2014年3月第1次
书号：ISBN 978-7-5666-0549－8
定价：38.00元

前　言

一、本书的目的和意义

我国高等教育规模扩大历经10多年获得显著成效，超越预期目标，预测未来10年将进一步扩大，进入后大众化时代。然而，教育质量下降、教育体系单一问题随之凸现，成为制约我国高等教育可持续发展的瓶颈。就此，政府相续出台了一系列政策措施：办学主体下移、院校合并、“211”工程、“985”工程、财政配置方式转移、扩充职业院校、职业院校试点工程等重大举措无不试图解决我国高等教育质量下降和教育单一问题。但是，效果不尽人意，改革目标与现实差距甚大，需深入改革与探索。此时，研究国外高等教育均衡发展问题显得极为重要，具有一定的现实意义。再有，尝试从二元双轨制度结构入手系统研究均衡问题对我国在教育资源不足、人才类型单一背景下，解决质与量、普教与职教的关系无疑是一种新尝试和探索，具有较大的学术价值。

随着高等教育规模不断扩大，均衡发展这一新兴命题引起各国高度重视。早在20世纪60年代至90年代，日本高等教育先后步入大众化和普及化，21世纪步入后大众化阶段。在这一进程中，要求高等教育体系、结构必须变革，以应对高等教育规模、卓越、多元化发展的要求。基于这一考虑日本不断进行改革与调整，试图解决诸多看似矛盾的问题。就此国外有诸多研究成果，影响较大的有天野郁夫

《日本特有的高等教育结构》和江原武一《现代高等教育结构》以及市川昭午《战后教育改革》和《日本教育财政》等。以天野为首的学者认为：日本高等教育特有的二元制度结构有利于推动教育规模的扩大，也有助于追求学术卓越。因为，日本特有的二元结构富有大众基因，也具有精英特质。但为何形成日本特有的二元结构、战前形成的结构特征为何延续至今，并能契合当今知识经济时代，二元双轨结构与均衡发展的内在联系如何、职教为何或如何纳入精英教育范畴，形成职教内部金字塔状、财政分配制度对二元双轨制的影响等问题，国内外学者较少涉及，更未将办学理念、学校制度体系以及财政分配制度三大环节作为有机整体，研究质量与数量，普通与职业教育的内在关系，揭示二元结构与均衡发展的必然联系及其规律。为此，作者尝试着从日本二元制度结构入手，着眼于数量与质量、普通与职业两个维度，对日本高等教育均衡发展进行考察研究，撰写了《日本高等教育均衡发展研究》一书。

二、该书的基本结构及其内容

该书主要由6章构成。第一章《日本高等教育发展战略选择》主要通过高等教育双重二元制度结构及其分类发展、高等教育双重二元制度结构形成的理论依据和高等教育制度结构特质三部分考察分析了日本在高等教育制度形成初期，选择的“国学为国家所需”、“私学为庶民所用”的办学理念、制度安排和政策法律。指出，日本高等教育两种需求主体成为日本双重二元制度结构形成的重要依据，而两种需求主体“二分法”理论则为其提供了理论支撑。第二章《日本高等教育双重二元制度的形成及其发展》从历史发展的角度，分战前和战后两个阶段，重点分析了高等教育制度形成的法律依据与“官与民”两种办学主体的关系及其国立大学与私学大学的社会定位，揭示了“国学为国家所需”、“私学为庶民所用”的办学理念在政策法律层面的具体体现。指出，战后虽然在民主、平等教育理念指导下，建立了新《学制》，但其“国学为国家所需”、“私学为庶民所用”的理念根深蒂固，双重二元制度结构不但未变，反而更加凸显，其中高等教育财政“以国学为主”、“私学为辅”的高度倾斜分配制度为其提供了强有力的经费支撑。第三章《日本国立大学追求“卓越”理念与实践》分三部分重点考察分析日本国立大学追求“卓越”的办学理念在实践过程中的实施情况及其结果。为此，本章首先通过日本大学分类及其结构特征部分了解把握国立大学以及中央国立大学在整个分类中的位置。在此基础上，通过日本国家两项重大教育研究据点建设项目和科研项目揭示国立大学教育科研竞争力。最后，检验国立大学教育科研实践中的业绩，衡量或揭示国立大学投入与产出的关系（绩效评估）。第四章《私立院校主体地位与高等教育规模扩张》部分从20世纪20—30年代私立教育发展期、20世纪60年达日本经济高速增长与私立高等教育扩张和20世纪90年代以后日本高等教育规模扩大及其特征三个部分重点分析研究了日本私立高等教育在教育规模扩大过程中发挥的主体作用及其特征，指出，日本私立高等教育为满足大众需要做出巨大贡献：没有私立教育的存在就没有今天日本高等教育大众化和后大众化时代。第五章《日本高等职业教育质量与数量协调发展》是构成日本高等教育均衡发展的又重要组成部分。仅有数量和质量不足以说明全方位的均衡。第五章为了解日本职业与普通教育的制度结构，首先从日本职业教育制度结构及其职能入手，分析了国立教育内部与私立教育内部职业教育的制度构成及其社会定位。指出，国立职业教育在整个职业教育制度中，发挥了引领作用，为培养国家需要型高级工程技术人员发挥了重要作用，私立职业院校无法替代。具体表现为，国立职业院校以实学为主、工学为重的制度设计和办学特色。与之相比，私立职业院校为提供大众职业教育培训机会，培养中高级技术和技能型人才发挥了重要作用。无论国立还是私立职业教育二者形成了互补和良性关系，为解决职业教育数量与质量均衡发展提供了制度保障。第六章《日本高等教育质量保障体系的形成与发展》基于质量保障制度对提高大学“品质”重要作用的考虑，重点就日本传统的“严进宽出”和“宽进宽出”型质量保障制度和构建新世纪“宽进”、

"严出"型质量保障新体系以及专业技术人才教育认定和研究开发评估制度的形成与实施进行了结构性分析，揭示出在办学过程中，对不同学校类型采取的标准各异，有精英型标准，也有大众型指标。而在专业性教育领域和科学研究领域又采取了同一标准，特别是高精尖型人才和重大科研领域，坚持向国际看其，高标准严要求，旨在通过多样化质量保障制度体系，实现不同定位下的质量观。

《日本高等教育均衡发展研究》一书是2010年教育部人文社会科学研究资助项目，批号：IOYJA880186。在完成课题过程中，获得日本东北大学不破和彦教授、名古屋大学阿曾沼教授的指导和课题组成员杨秋芬、陈军、李琨等人的大力支持，在此深表谢意。

目　录

第一章　日本高等教育均衡发展方式的战略选择

均衡发展是指高等教育数量与质量的协调、可持续发展，是层次、类型、规模与社会经济发展需求基本适应和匹配。数量是基础，质量为核心，二者相互依存、有机结合才称得上健康、协调、均衡发展。否则，就像患上“半身不遂”，一边过大膨胀，一边不断萎缩，失去平衡。美国詹姆斯·柯林斯（James Collins）曾提出“和的天才”的理论，其核心为：同时追求两个看上去相互矛盾的目标，而且是两种目标结合在一起，才能构成伟大的组织；只能追求一种，即只能这样或只能那样的，而不能同时追求两种目标的想法简直就是一种“半身不遂”的想法[1]。这一理论同样适用于教育领域，即通过协调、可持续发展方式，可同时完成教育数量和质量、普通教育和职业教育均衡发展的目标。当然，要达到高等教育均衡发展目标需有与之相适应的发展方式或模式，目标和方式匹配方可实现。因为方式或模式直接影响甚至决定高等教育发展的速度、质量、成本和效果。

所谓教育发展方式是指“基于一定的教育价值观念，设定适当的教育发展目标，通过对教育过程要素的配置和使用，实现教育发展目标的方法和模式”[2]。由于各国社会价值取向和执政理念不同，选择的教育发展方式各异，有精英教育为主，政府主导型发展模式，也有政府主体型大众教育、市场主导型精英教育发展模式，还有市场主体型大众教育，政府主导型精英教育发展方式。概观世界经济发达国家高等教育发展方式，主要有以欧洲为代表的政府主导或政府为主体的精英教育发展方式；以美国为代表的政府主体型大众教育、市场主导型精英教育发展方式和以日本、韩国为代表的政府主导型精英教育及市场主体型大众教育发展方式，即欧洲模式、美国模式和东亚模式。作为经济后发型国家——日本高等教育发展方式为经济欠发达地区制定高等教育均衡发展战略提供了参考和借鉴。

首先，支撑日本高等教育均衡发展的是双重二元结构，在办学主体上推行“官与民”两条腿走路的基本方针，办学类型上坚持普通与职业教育相结合的基本路线。在官方的国学教育体系内部既有精英与准精英之分，也有普通与职业之别；在民间开办的私学教育体系中，既有大规模大学与中小型院校之分，也有普通与技能教育院校之别。官与民两种教育体系内部各成体系，形成了由国学和私学两种定位各异、合二为一的教育体系和相互补充、互为依存、序列分明的二元制度结构特征。正是这种二元制度结构有效地推动了日本高等教育规模、质量和效率均衡发展，或者说使三者达到了基本均衡。在灵活调整教育需求及以国家需要与平等为核心价值的政策问题上，国立与私立高等教育二元结构发挥了重要作用。

日本高等教育双重二元制度实际上是高等教育需求主体“二分法”理论体系的充分体现。“二分法”理论强调，推动高等教育发展的核心是国家和个人对高等教育的必要和需要两种力量，而这两股力量对高等教育领域发展的推动作用不同：国家必要型教育大大促进了国学教育的提高与发展，个人需要型教育则迅速推动了私学教育规模的扩大。从两种教育所解决的社会问题、解决问题的依据、标准以及受益主体、固定教育经费的来源渠道等等来看也都不尽相同。通过这一理论可以发现，日本高等教育“二分法”的本质是通过社会、市场筹集教育资金，落实教育成本分担，即受益者负担原则，进而解决公共教育资源不足问题。

日本作为经济后发型国家，在公共教育资源有限与需求量无限之间出现了供需矛盾，而为缓解或解决这一矛盾便选择了双重二元制度结构，并提出高等教育需求主体“二分法”理论，为构建日本高等教育制度体系提供依据。因此，解决日本高等教育资源供需矛盾成为催生日本高等教育需求主体“二分法”理论的核心，也是形成日本年高等教育双重二元结构的重要因素。

第一节　日本高等教育双重二元制度结构及其分类发展

“教育发展方式的选择必然涉及公平和效率问题。教育的公益性决定了公平是教育发展的重要目标；教育资源的稀缺性决定了效率是教育发展方式选择的重要依据。[3]”日本高等教育双重二元制度的安排与设计正是在经济基础薄弱，公共教育资源严重稀缺背景下，为同时实现扩大规模和保障质量这两大目标，解决高等教育公平与效率这一重大命题产生的。基于公共教育资源的稀缺问题，日本政府首先选择了效率优先、兼顾公平的发展思路。优先考虑效率原则，对国立院校进行重点扶持和支持，而教育公平原则主要通过社会和市场解决。这种中央政府倾斜效率、民间团体侧重公平的发展方式，使日本高等教育效率与公平得以同行共进。

一、官与民两种办学主体共存、非并重的制度安排

（一）两种办学主体共存

办学主体多元化是构成日本高等教育二元结构的核心，也是决定高等教育过程诸多要素配置和使用的关键。办学主体二元或多元化现象是世界各国十分普遍的一种办学模式。但是，从制度安排和设计上像日本如此官民相互依存、定位明确、严重倾斜、等级序列鲜明的国家却不多见，特别在经济发达地区和国家更为少见。

高等教育办学主体通常分为中央政府、地方政府和民间团体、个人，前二者统称为政府或官方，后二者称为民间，这就出现了办学主

体上的“官与民”的说法。与之相应，三方开设的学校分别称为国立（中央政府开办的）、公立（地方政府设立的）和私立学校。日本高等教育办学主体正是如此，有中央政府、地方政府和民间团体或个人，呈三方鼎力的办学格局。早在1886年日本颁布的第一部近代高等教育法《帝国大学令》中就明确指出“高等教育机构是指官立大学，国家是大学（帝国大学）唯一的办学主体”。时隔32年之后的1918年，日本政府废除《帝国大学令》，重新颁布了《大学令》。规定，除国家开办大学外，地方政府及个人团体均可开办大学。从而扩大了高等教育办学主体范围，使办学主体由单一趋向多元，为官与民两种办学主体共存奠定了法律基础。但是，从国立和私立高等教育发展过程来看，前者的发展速度要落后于后者。从战前《帝国大学令》的颁布到废除的32年时间里，国立大学只开办了5所帝国大学，分别是：东京帝国大学（1886）、京都帝国大学（1897）、东北帝国大学（1907）、九州帝国大学（1911）和北海道帝国大学（1918）。直到战后的1947年，日本才拥有国立学校94所，其中包括7所帝国大学和87所国立专科学校。与之相比，私立大学自《大学令》颁布后，发展迅速，高等专科学校重组合并，升格为大学或新设大学不断增加。在《大学令》颁布的第三年，即1920年，升格为大学的就有近20所，著名的庆应义塾大学、早稻田大学、政法大学、明治大学、中央大学、日本大学、国学院、同志社等一批规模大、社会影响广的私立大学就是此时产生的。不仅如此，私立专科学校也远超过国立专科学校数。在第二次世界大战结束初期，日本私立专科学校数超过了国立专科学校数的2.5倍，即使国立和公立院校之和也难以达到私立高等院校的发展水平（见图表1—1）。在官与民共存的教育制度下，私立教育占据了日本高等教育的主体地位，达到整个高等教育机构的74％，而政府开办的院校只占总数的26％。从世界经济发达国家来看这一比例十分罕见，尤其是与欧洲诸国差异显著，与美国相比虽然比例上相同，但提供的教育机会却与之相差甚远（见图表1—2），凸显出日本高等教育私立学校的主体性或私立教育“依存型”特征。

年度	国立		公立		私立	
	帝国大学	专科	大学	专科	大学	专科
1905	2	20		4		39
1915	4	29		7		56
1925	5	59	10	5	19	79
1935	6	58	14	11	25	114
1947	7	87	14	73	28	208

图表 1－1　国、公、私立高等院校数量结构

注：公立大学中含部分普通国立大学

	日本	法国	德国	美国	英国
大学数	国公立	国立	州立	州立	国立
	173（26）	87（83）	267（78）	613（26）	88（99）
	私立	私立	私立	私立	私立
	496（74）	18（17）	77（22）	1730（74）	1（1）

图表 1－2　日本与欧美国家学校类型结构之比较（2004）

注：表中（　）内的数字为百分比

（二）财政拨款非并重的制度安排

“官与民”两种教育制度共存非均衡发展构成了日本高等教育的主要特征。而这一特征表现在公共教育财政分配制度上却出现了逆差。承担教育规模扩大的私立学校处于从属地位，而提供教育机会少的国立院校却居主体地位，出现了机会与倾斜配置相反的主辅关系。甚至可以说，日本政府在公共教育财政分配上忽视了私立高等教育的准公共性属性，表现出对私立高等教育的财政补贴具有较强的随意性和消极态度。根据日本《学校教育法》的规定，学校教育经费由学校设置者负担，即谁开设学校谁负担。因此，私立学校需由学校法人自筹经费维持学校教育活动的正常运行，而国立院校由国家财政拨款，公立学校由地方政府支付。基于这一规定，可将上述日本高等院校分别称为国家支付型、地方政府负担型和学费依存型院校，这一称呼更能直接反应出不同的需求主体、受益者与教育经费之间的内在联系，明确国家必需→国家受益→国家投资、个人需要→个人收益→个人负担两种不同的办学模式。1903 年《专门学校令》认可专科层次的私立学校，1918 年《大学令》中进一步明确了私学也是“为国家之需要”的高等教育组织，是以传授学术技艺、人格形成为目的的教育机构等，认可了私学教育的公益性。但是，该法又写道，“私立学校设置主体必须是具有维持学校正常经营活动的资金和具有能获得足够收入的财团法人。[4]”表明国家对开展具有公共性事业活动的私立学校不予以财政拨款，办学经费均由学校设置者或学校法人筹集。《大学令》一方面认可私立学校的准公共属性，另一方面政府对具有准公共属性的教育机构不予以经费支持，出现了经费支付主体与受益主体之间非同一体的矛盾，即支付主体非受益主体，折射出《大学令》的颁布虽然确立了私立学校的制度地位，但在以国家为重的社会价值判断上仍恪守《帝国大学令》时期“国学为国家所需”、“私学为庶民所用”的两种教育价值观念（精英主义和庶民思想）。因此私立大学在政府财政分配上无法与国公立院校享受同等待遇，出现了有悖于受益者支付原则现象。“日本中央政府认为，私学实际与国家需要没有直接联系，私学完全被认为是私人之事，因此在以国家、公共为核心价值的社会结构中，忽视了私学的存在”[5]。对此，日本著名学者天野郁夫、矢野真和等人认为，日本政府对于精英与庶民教育采取了不同的判断标准，由此出现了两种经费负担主体。一般来讲，高等教育个人需要和国家必要两种需求主体均为解决高等教育效率与公平发挥了重要作用，但在效率与公平、经济与非经济判断标准上，二者做出的贡献或体现出的价值不同。首先，在效率问题上，可分为经济效率和非经济效率两个方面。从经济效率来看，个人需要型教育主要通过个人投资获取私人收益，而社会必要型教育则通过社会或国家投资提高社会经济收益率和人力资源；从非经济效率看（教育机会均等），个人需要型教育优先满足社会大众和集团势力，而社会必要型教育则通过严格的高考选拔制度，优先满足有学习能力者的教育需求，提高学习者的学习效率和教育公平性。其次，在社会公平问题上，也可分为经济与非经济两个方面。从经济层面看，个人需要型教育推动着所得分配的平等化，为实现所得分配的公平性做出贡献，而社会必要型则为促进所得再分配发挥作用；从公平准则的非经济层面分析，个人需要型教育在国家许可范围内，对有意学习者提供学习机会，为实现全员入学发挥作用；而社会必要型教育则为落实教育公平或机会均等理念，实行公平竞争，确保其所得水平。如果从教育理念这一视角分析两种教育类型目的的话还可以发现，个人需要型是以实现自我为目的，社会必要型则以挖掘人类潜能（见图表 1－3）为宗旨，等等[6]。这种对立的价值判断标准相互交错、互为补充的制度安排揭示了战前“官与民”两种教育制度共存，而非并重的原因所在。

	个人需要型		社会必要型
效率	经济层面	私人投资效果 （私人投资效率）	社会投资效果 社会投资效率／热力资源
	非经济层面 （学习效率）	势力集团优先	学习能力者优先
公平	经济层面	所得分配均等	所得再分配
	非经济层面 （教育机会）	希望学习者全员入学 （达到公认标准者的范围）	教育机会完全平等 确保所得水平
教育理念基准		自我实现	挖掘潜在能力

图表 1－3 日本高等教育政策基本框架

战后日本政府在民主、均等教育理念指导下，于 20 世纪 70 年代首次颁布并实施了《私立学校振兴法》。该法规定“为改善私立学校办学条件，减轻学生家庭经济负担，对私立学校法人予以经费支持，支持额度可达到私立学校教育经费总额的二分之一以内。[7]”该法的颁布首次在财政拨款制度上对私立教育给予了认可，对确立私立学校的地位和认可其公共属性具有划时代意义。依据《私立学校振兴助成法》规定的资助标准，来自日本政府的财政补贴一度达到私立学校教育经费的近 30%，大大改善了私立学校的办学条件，减轻了学校法人和受教育者的经济压力。但是，好景不长，进入 20 世纪 80 年代以后，政府的资助比率不断减少，由 20 世纪 70 年代的近 30%（政府补助金占私立学校教育经费的 28%）下降到 90 年代末的 10%强，理由是财政紧缩政策及财政拨款方式的转移等。但是不管理由如何，都无不表明日本政府对私立学校的财政支持具有很强的随意性，反应出私立教育与"国家必需"无缘。日本政府根本未将私学教育置于中央教育财政制度中应有的位置。另外，《私立学校振兴助成法》也存在着漏洞，即该法规对私立学校的资助比率只规定了上线，却没设定下线，折射出日本政府没有从根本上试图解决或认可私立教育的准公共产品的属性，仍坚持着"私学为庶民所用"的传统观念。实际上，20 世纪 70 年代颁布《私立学校振兴助成法》的本意在于通过经费资助的经济手段，控制私立学校扩招，将私立学校控制在政府之下，以改善因私立大学规模不断扩大引起的教育质量下降，办学条件及学校经营不断恶化情况。即便如此，政府财政补贴也未能持久，当政府教育财政紧缺或出现其他情况时，便减少或停止对私立院校的补贴，全然不顾私立院校的生存状况。从而导致私立院校财政收入中来自市场或受教育者家庭的份额不断攀升，达到了私立大学财政总收入的 74.3%，明显高于其他发达国家（例如在美国私立大学财政收入中来自学生的学杂费仅为 43%）。从来自政府的补贴来看，日本为 10%，而美国为 16.4%，社会捐赠款日本为 1.8%，美国则为 9.2%（见图表 1—4）。同为私立教育机构，但其各项财政收入比例不同，凸显出日本私立大学的学杂费财政或市场化程度之高的特点。实际上，日本个人需要型教育的发展并非教育政策有意引导的结果，而是需要大于供给，才使得个人需要成为现实。假如是政策引导的结果的话，那么在经济社会出现危机时，一般则会出现暂时或一时的供给过剩状态。但是，日本个人需要型教育长期以来一直未出现衰退迹象，说明私立教育扩大的外部条件起到了巨大作用，即市场推动了私学教育的发展，揭示了国立与私立教育制度共存，而财政制度上非并重的原因所在。

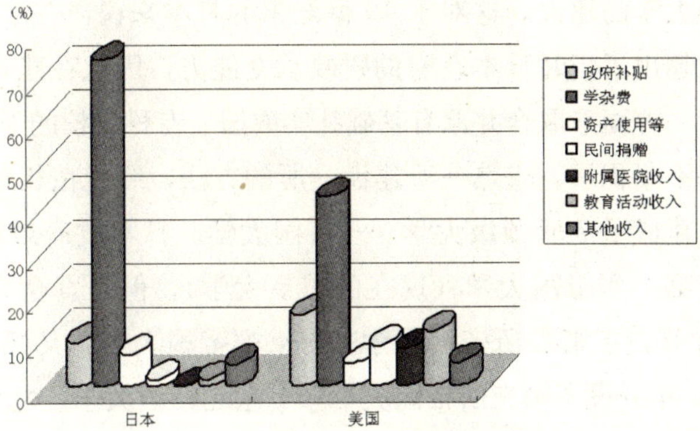

图表 1－4　日美私立院校财政收入比较

二、日本高等教育制度分类发展战略

（一）国立高等教育制度类型及其功能定位

分类发展是高等教育规模化发展背景下提出的一种发展方式，是高等教育由单一向多元发展的必然选择。日本分类发展思想要早于美国卡内基学校分类法。19 世纪后期，明治政府就已经着手进行分类发展的制度安排和设计。通过不同类型的制度设计，形成精英与大众、普通与职业教育相互对应、互为补充，网状型教育体系，实现高等教育类型化、区别化发展。而支撑日本早期分类发展的理论源于“国学为国家所需”、“私学为庶民所用”的精英主义和庶民思想。日本政府根据这种思想设计出不同类型的教育机构及其发展路线，分别用于培养国家高精尖型人才和地方中高级专业人才、理论型和应用型多种人才类型。例如，在日本第一部高等教育法《帝国大学令》中写道：帝国大学是“适应国家之必须，教授高深学问，探究学术、技艺之奥秘的机构”[8]。明确了帝国大学是培养国家必需的高精尖人才的唯一路径和帝国大学的顶层地位，具有精英或“卓越”属性，亦是日本高等教育顶层制度安排。从这一顶层大学制度建设过程来看，日本政府模仿的是德国传统大学的办学模式，在学科建设上重注综合性、高层次特征，通过选择建设综合性大学及其研究生院大学来推动精英或研究型大学的建设。这对于 19 世纪末的日本来说，并非易事，因为它大大超出了当时日本政府的财政承受能力，因此在建设过程中，日本政府一方面采取合并原有基础扎实的国立专科学校的形式，另一方面通过不断积累、成熟一所建设一所的方法，终于在长达 40 多年的时间，建成了 7 所顶级大学——帝国大学。日本政府虽然在 1877 年就建成第一所帝国大学（现在的东京大学），但是直至 20 年后的 1897 年才开设了第二所帝国大学——京都帝国大学，又经 10 年后，才于 1907 年开设了第三所帝国大学——东北帝国大学。之后于 1911 和 1918 年又分别开设了九州帝国大学和北海道帝国大学，1931 年和 1939 年又分别开设了大阪帝国大学和名古屋帝国大学。平均每 9 年开办一所，可以说是举日本国家之力设置了与欧洲大学相媲美的国内一流研究型大学。直到战后帝国大学的数量一直未见增加，其稀缺性和不可多得性不言而喻。从当时帝国大学占全国四年制大学总数的比率看，帝国大学仅占全国大学总数的 14%，占高等院校总数的 1.7%。帝国大学的地位很高，但是其拥有量却很少。高等教育金字塔顶端过小、中底部过大现象由此可见。战后，日本政府虽然进行了多次结构性调整，特别是战后初期和 19 世纪 70～90 年代末，国立大学经过合并重组，类型结构出现了较大变化，一批地方性国立大学和新设高精尖型大学孕育而生，使国立院校由战前两大类型发展为三大类型：全国性国立大学（帝国大学）、地方性国立大学和高等专科学校，形成了多层次、多类型、多功能的制度类型结构。但这未能改变帝国大学原有的顶层地位和研究型大学属性，反而进一步突出了金字塔的塔尖地位和研究属性。战后日本在国立大学重组、新设过程中，构建起新秩序的金字塔：帝国大学仍占据学校金字塔状的顶端，中端由战后产生的 45 所地方性国立大学，底端由不同类型的 58 所高等专科学校占据。中底端大，顶端尖的国立高等教育机构图从 20 世纪 60 年代起展现在人们的眼前。从学校制度类型的学科设置来看，走综合化发展模式的全国性帝国大学开设的学科全，并设有本科、硕士和博士课程，以讲座制的形式开展教育研究活动；地方性国立大学走多学科发展之路，各学科开设本科和硕士课程，部分理工学科设有博士课程，实行科目制，以培养地方社会经济骨干人才为目的；而高等专科学校走单科职业教育发展之路，实施 5 年一贯制（前三年为高中阶段，后两年为高等专科阶段），学科专业设置仅限于机械、电子、信息等工科类，重点培养工程技术和高级技能人才。三类学校的定位及办学特色明确，形成了研究型、教育研究型和职业型等不同特色、层次、类型的多元化精英教育体系。自古以来日本精英教育体系内部就存在着普通与职业教育两大类型，有人将其视为精英与准精英的关系，也有人将其比喻为鱼和水、马和车的相互依存关系，前者开展普通精英教育，培养国家级理论型精英，后者承担职业精英教育，培养应用型精英。二者相互支撑，互为依存，推动了日本精英教育分类发展战略目标的实施。

（二）私立高等院校类型及其功能定位

日本私立高等教育在分类发展过程中被定位于满足“庶民所需”或大众需要，从而明确了私立高等教育的发展方向。随着人们对高等教育的需求和企业对人才需要的多样化发展，承担大众需求的教育机构为满足多元化需要，学校层次、类型、学科专业设置随之趋于多元化，形成了层次、类型、功能定位多样化结构。其中战前设置的一批规模大、学科专业齐全，设有本科、硕士、博士课程的老牌私立大学，如庆应大学、早稻田大学、中央大学、日本大学、法政大学等，被教育界称之为巨型大学（万人大学），或全国性私立大学。该类型大学位于私立高等教育顶端，引领私立高等教育的发展。由于私立大学财政收入及师资队伍难以与全国性国立大学竞争，故其在学科设置上偏重人文和社会科学，力求在人文、社会学科领域办出特色和优势，进而在整个高等教育领域占有一席之地；力争在培养少数文科精英的同时，重点扩大本科层次规模，使规模与精英融为一体。与此相比，战后初期新设或升格为私立大学的学校学科门类相对较少，属于多学科院校，设有学士和硕士课程，极少数学校设有博士课程，以本科为主，招生对象集中在学校所在区域，主要以培养中小企业中高级人才和满足大众多样化需求为办学目标，发展规模小于战前设置的老牌私立大学，中等规模的学校居多。此外还有 20 世纪 70、80 年代开设的一批小型单科私立大学，多为女子大学和文科类院校。该类院校学科设置单一，基本以本科为主。

综上所述，在四年制私立大学中，按照学校设置的历史长短、学校规模、学科种类以及层次结构划分为三种类型，各自定位明确，相互支撑，在大众型院校内部形成了等级序列关系。当然，私立高等教育如同国立高等教育，在私立院校中不仅有四年制普通本科院校，还有大量的短期大学和专科学校等职业型、生活技能型和文化教养型等教育机构，学制一般为 2～3 年，以职业教育和文化、教养教育为特色，承担职业教育和培训。学科设置仍以人文、社会科学专业为主体，开展职业教育活动。从数量来看，1950 年日本短期大学共有 149 所，其中私立短期大学为 132 所；1970 年短期大学为 479 所，其中私立短期大学为 414 所；2010 年短期大学共计 395 所，其中私立短期大学为 369 所，私立短期大学比例之高表明了大众型教育属性和文化教养型院校的性质。短期大学基本以女性为主，招生对象集中在女性，学科重点放在文化教养和医疗护理学科专业领域，开设职业技能类、生活技能类和文化教养类专业课程，是以提高女性社会地位、职业技能、生活技能及文化修养等为目标的短期教育机构。而私立专科学校则以培养职业技术和技能为办学宗旨，以招收高中毕业生为对象，实施 2～3 年制的专业技术和技能教育。学科专业设置既有文科、体育卫生和艺术类，也有工科、机械、电子等工程类，属于综合性职业教育机构。换言之，私立专科学校既有适于男性选择的专业或课程，也有适于女性选择的专业和课程，还有男女共学、文理兼有的专业课程，学科专业种类齐全、涉及面广，能为各种人群提供职业教育和培训。在办学方法上，重点突出专业教育与职业资格教育有机结合的办学特色，旨在在学校教育与职业之间发挥桥梁纽带作用。两种私立职业学校的学科专业设置各有侧重，办学特色突出，相互之间形成了互补、有序的有机整体，在职业教育领域发挥着重要作用。综上所述，日本私立高等院校包括本科院校三类型，职业院校两类型，共计五种类型、四个层次。不同层次、类型的院校根据各自的定位办出特色。概观整个日本高等教育类型结构，共由两大系统构成，即国立和私立教育系统，而在各系统内部由本科院校和专科院校，或普通院校和职业院校、全国性院校和地方性院校组成，层次、类型多元，均根据国家及社会个人多元化需要发挥各自应有的功能作用。特别值得关注的是，在国立教育内部出现职业教育机构，并将职业教育纳入国家重点投入的对象和优质教育范畴，这种做法在经济后发型国家极为少见。

从日本高等教育分类发展规划或制度安排来看，国立教育与私立教育两大系统的功能定位有着明显不同，国立教育以保障质量，追求"卓越"为宗旨，私立院校以满足社会大众需要、提高全民素质和职业技能、实现教育机会均等为目标，在研究型与非研究型，精英与大众教育属性上加以区别，并在高等教育改革发展过程中，不断使其凸显，最终形成了日本特有的双重二元制度结构，有效落实了差异化发展战略目标。实际上，日本高等教育两大系统的制度类型并非政府或国家行政政策规划所使然，而是政府与市场联动的结果。如果说，日本国立院校的制度安排和分类发展是政府精心设计安排的，是基于"国家必要"、发展战略需要形成的，那么私立高等教育的制度类型则是由市场调节形成的，是经济高速发展的产物。

（三）日本高等教育大众化阶段分类发展政策的提出

战前，日本高等教育分类发展一词从未出现在日本高等教育政策文件中，更没有相关的明确的指导性政策文件或相关法律法规，只是从政府提出的"国家必需"这一角度强调了国立学校的办学方向和功能定位，从而明确了国学走精英教育路线，承办普通教育与职业教育的办学方向。战前，日本精英教育的发展方式主要模仿德国传统大学和专科学校，将教育研究和应用教育，即理论精英和应用精英融入在统一教育系统，通过两种教育机构加以实施，在国立教育系统内部落实理论与应用的结合。战后，随着高等教育发展和扩大，20 世纪 70 年代日本政府在第三次教育改革中，首次提出高等教育向类型化、个性化发展的设想。1971 年“四六审议”报告中指出，根据学位授予资格和标准修业年限，高等教育进行分类发展，各类高等教育机构要根据自身定位进行相应的课程改革等。报告中提出五种学校类型，并根据学科设置，进行分类。1. 大学分为综合型、专业型和单科型三种；2. 短期大学分为文化教养型和职业型两种；3. 高等专科学校类型；4. 研究生院（以培养高级职业性人才为目的）；5. 研究院（以培养理论研究型人才为目的）。就各类院校建设问题报告中还写道：1. 改善教育课程及其教学方法；2. 扩大教育机会、完善职业资格认定制度；3. 教育组织与研究组织分离；4. 完善研究型研究生院；5. 管理运营体制应进一步合理化；6. 改善教师人事制度和待遇等，以实现战后日本高等教育结构性变革。此次分类发展设想突破了原有研究生院的制度框架，将研究生院分为以职业或专业教育为主的研究生院和以理论研究为核心的研究院。从而使研究生阶段的教育机构类型从单一转向多元、区别化发展，进而提高了应用型人才培养的层次。第三次改革提出的类型化发展设想的创新之处主要集中在研究生阶段，其他内容基本是在原有基础上，要求通过调整课程设置、课程内容和教育方法，使各类院校的定位进一步明确化和系统化。但是，“四六审议”报告涉及的上述内容未能付诸于实施，只是停留在政策文本上。究其原因主要有两点：1. 当时日本高等教育适龄人口处于高峰期，高等教育需求量大，无论国立还是私立院校都未因生源不足出现危机；2. 日本国内经济增长平稳，来自社会及政界的压力小，学校法人没有强烈地紧迫感，或者说教育改革的机会不成熟。直到 20 世纪 90 年代末该设想才再次浮出水面，成为改革的焦点。20 世纪 90 年代末，日本启动了第四次教育改革，此次改革以“远山计划”

为契机，率先提出构建 30 所国际一流院校或学科（也称为研究据点大学）计划。指出，高等教育必须向高精尖及个性化方向发展，提高教育研究质量、实施外部教育评估制度，将评估结果与政府拨款挂钩，力图通过竞争机制打造国际一流大学，以提高资金配置使用的效率和效果。日本第四次教育改革提出的建设国际一流大学的想法实际上是第三次改革中提到的研究院，是一种以科学研究为办学目标的研究型据点大学。在第四次教育改革中，职业研究生院制度产生，标志着应用型研究生院以职业研究生院的形式得以确立。因此说，日本真正意义上的类型化发展设想出现在 20 世纪 70 年代，而落实在 20 世纪 90 年代或 21 世纪初期。20 世纪 90 年代后期，日本提出转变经济增长方式，通过科学技术创新重振日本的“科学技术创新立国”的基本国策，要求教育、学术和科技一体化及向高精尖方向发展。于是，提出调整教育结构，构建 30 所国际一流研究型据点大学计划。此时，正值日本高等教育适龄人口急剧减少，生源不足成为推动高等教育改革的又一重要因素。政府及教育界正面临着如何改革，如何获得更多生源等难题，因此，上述两大因素便成为第四次教育改革中，学校类型化或区别化发展得以实施的主要因素。目前研究据点大学建设项目（CEO 项目）还在继续进行，获得该项目建设的学校大部分仍集中在战前设置的帝国大学和部分其他学校的学科专业，也有一些是私立大学，这些院校具有极强的研究能力和研发活力。不仅如此，日本政府还积极构建有特色的高等教育、不断推进个性化发展、提高职业教育层次，努力创设职业研究生院。截至 2013 年 7 月，日本共建成职业研究生院 182 所[9]，为培养高层次职业人才发挥着重要作用。

第二节　日本高等教育多元制度结构形成的理论依据

我们知道，在欧洲诸国实现经济近代化之后，日本才开始效仿欧洲发展近代经济，这就决定了日本社会经济发展的后发性特征。这一特征表现在教育领域，就是教育投入严重不足，公共教育资源有限。而近代社会经济发展急需大量人才，同时需要接受高一级教育的士族阶层的人们不断增加，于是就在有限的教育资源与无限的需求者之间出现了供不应求的矛盾。为化解这一矛盾，日本政府选择双重二元制度，并为其找到了“国学为国家所需”、“私学为庶民所用”的理论依据，旨在通过两种高等教育需求主体和由此出现的办学主体解决教育资源的稀缺性和教育的公益性，即公平与效率问题。

一、日本高等教育需求主体“二分法”理论

“对高等教育的社会价值判断实际是一种个人、团体和国家对教育需要或必要的概括说法，旨在解决教育经费由谁支付的问题。[10]”而提出这一问题的直接契机是教育经费不足，利用已有资源难以兼顾高等教育既满足全民需要又保障社会必要两大功能的有效发挥。

为此日本提出通过高等教育需求主体“二分法”理论，即“国家与庶民”，解决教育经费不足问题。

日本“二分法”理论认为，高等教育需求主体和收益主体难以划分为了国家还是个人、社会中的哪一方，即使受益者属于个人，也离不开国家和企业、事业单位，难以完全分割开来。但是谁是主要受益者？是根据国家长期发展战略还是基于个人需要？二者的侧重点有所不同，其主要需求者也是受益者，为此需求主体大致可以分为两种，一种为国家，另一种为个人。从经济学的角度来分析的话，首先要搞清庞大的高等教育经费由谁负担、从何而来、教育为谁而存在等一系列问题。如果明确了教育为谁而存在的问题，那么教育费用由谁负担、从何而来的问题就会迎刃而解。日本正是基于这一逻辑思维，将高等教育需求主体划分为两种，坚持高等教育需求主体由国家和个人构成。根据需要者付费原则，因个人需要而存在的高等教育成本则由个人负担，而国家所必必需的高等教育成本则由政府通过国民缴纳的税金支付，从而使需要者和受益者达到统一。根据矢野真和的解释，

人的欲望或需求多种多样，而且是无止境的，但是社会资源是有限的，当人的欲望或需求大于社会资源时，自然会出现供不应求，那么如何平衡这种关系，通过何种方式解决这一问题则有赖于政府的执政理念和社会价值判断。不过政府出台的政策制度必须具有极强的说服力，使教育费用支付者做到心服口服，进而稳定社会大众。也就是说，高等教育需求主体"二分法"理论表面上符合了供需关系，具有一定的说服力，但却忽视了高等教育准公共产品的属性。是一种将高等教育等同于一般的商品，按照交换理论处理教育问题，忽视教育规律的做法。从严格意义上说，教育是一个极其复杂的问题，难以解释清楚是为了哪一主体而存在，它在"个人和社会"之间存在着诸多交叉环节，往往受益者既是国家也为个人，或者说还有企业。企业雇佣高校毕业生和高素质劳动力本身也是其受益方之一。目前，对高等教育成本实行三方分担已成为世界上普遍采用的方法，即使政府、社会和个人成为教育成本分担的主体。但是，三方如何分担或分担多少？各国不尽相同，日本受教育者个人负担的比率远高于其他发达国家，近80%的高等教育费用转嫁给受教育者个人，而政府和社会分担比例却远远低于其他国家，市场机制在日本高等教育领域发挥了巨大作用，这就是需求主体"二分法"为解决公共教育资源稀缺性做出的贡献。

自19世纪中期，教育经费不足问题一直伴随着日本高等教育的发展，成为日本高等教育难以绕开的核心话题，可以说每一次重大改革都涉及到国家教育财政如何分配、倾斜何方、倾斜力度等。经费分配、使用的效率问题，反映出教育经费的稀缺性一直伴随日本高等教育的改革与发展，而且越来越突出。众所周知，日本近代经济发展源于19世纪中后期，当时，日本为效仿欧洲各国，制定了"文明开化"、"殖产兴业"、"富国强兵"等基本国策，提出培养"和魂洋才"，大力吸收西方文化和技术，为己所用。而"洋才"的培养需要大量的投入，国家教育财政难以支撑，日本政府便提出了优先发展"国家必要"型教育。"国学为国家所需"的思想贯穿于日本高等教育发展的全过程。例如自 19 世纪至今，以高等教育“二分法”理论为依据，日本中央教育财政投入只对仅占 20%的国立院校进行投入，而占 80%的私立院校基本靠学生的学杂费支撑，也就是说，由市场解决了近 80%的高等院校教育经费。使个人需求主体承担起教育经费的绝对量，而中央政府只负担属于国家必需的部分，这就是日本在经济欠发达时期，国家教育投入不足、民间资本有限，难以向欧洲诸国那样，选择以公办高等教育事业为主体的发展模式和美国以社会捐赠为主要来源开办国家必需型精英教育，而政府重点承办社区学院发展模式的原因所在。“教育政策作为社会政策的重要组成部分明确个人需要还是社会必要，优先考虑社会（国家）必要是十分必要的，是制定高等教育政策的决定性因素”。[11] “日本高等教育的成长不是靠国家必需型教育，恰恰相反，是个人需要型高等教育扩大的结果，这在世界发达国家是极其另类的。[12] ”

二、日本高等教育需求主体“二分法”理论体系

国家或社会必需型不仅仅局限于教育领域，它作为社会政策的重要组成部分，具有与社会政策相同的基本运作模式。社会政策基于建设良好的社会特性。“国家必需”（social needs）实际是相对于“个人或集体需要”而言。“必要”一般指应该有或必须有。“国家必要”则是指全社会发展所必需，是由有必要改善社会现状、构建理想未来这一社会价值判断来支撑的。根据国家社会长期发展战略需要接受高等教育的人称为国家必需型，其收益主体主要强调的是国家。相反，处于个人兴趣、爱好或个人需要等接受高等教育的人则称之为个人需要（personal needs），受益主体主要强调的是个人。基于这一理解，自明治时期以来，日本就出现了国家必要型和个人需要型两种对立的高等教育需求主体。据矢野真和的解释，国家必要型是为了适应国家发展需要、为国家建设提供所需人才的高等教育，而个人需要型则是以满足学习者个人的需要，实现自我价值，为不断增大的教育需求、实现高等教育大众化提供更多机会的高等教育，两种需求主体成为促进

日本高等教育快速发展的动力，亦是形成国学与私学二元结构的理论依据。

由于需求主体不同，反映出的体系特征各异。首先表现在各自的职能特征上。基于日本传统观念，认为国家必需型教育肩负着培养国家所需人才、承担着国家重大研究与开发的重任，它的存在直接关系着国家社会发展的前途与命运；而个人需要型则主要承担着区域经济及中小企业所需人才的培养、满足个人对高等教育的需求以及实现高等教育大众化及学习型社会的任务。其次表现在两种教育类型解决的问题、对象不同。国家必需型教育主要解决社会团体面临的问题，而个人需要型则主要解决个体面临的问题，二者的对象形成了集体与个人的关系。由此便决定了两者所解决的问题各异，前者属于社会问题，后者则属于个人问题[13]。再次是二者解决问题时的判断标准各异。国家必要型是根据社会需要解决教育供求关系，而个人需要型则主要是基于个人需要，平衡供需关系。第四是解决两种问题的依据也不尽相同：一是通过价格体系，市场交换理论；二是通过公民选举反映社会价值（社会价值往往是通过每个社会成员的投票行为来判断的）。第五是二者的资源分配标准及其理念各异。国家必要型一般以均等或平等为主要基准来决定资金配置的重点，但这一基准是否符合时代发展战略需要，则受不同时期社会价值判断的制约。而个人需要型的分配则以效率为基准，其方法主要依据价格体系判断是否投入或投入的重点。最后是两种需求类型所考虑时间角度问题。国家必需型立足于长期的社会价值判断，属于长期预测，而个人需求型一般来说是对未来的短期预测，属于短期行为。因为从研究开发角度看，企业重视眼前利益和短期效应，而基础研究所需时间长、见效慢，而且不确定性高，因此企业对长期基础性研究开发项目投资的可能性小，只能靠政府投资完成基础性研发项目[14]。综上所述，如表1—5所示，两种需求类型有着各自不同的体系特征，它对日本高等教育的形成与发展产生了巨大影响，是双重二元结构形成的重要依据。

	个人需要型	国家需要型
分析单位	个人	集体
问题对象	个人问题	社会问题
判断标准	实际需要	价值
解决依据	价格	选举
解决标准	效率	平等 / 公正
时间角度	短期	长期

图表 1−5　日本高等教育两种需求主体的体系特征

第三节　日本高等教育制度结构特质

日本在实现工业化和现代化过程中，凸显出强烈的政府主导型特征。政府将高等教育制度视为全面推动国家现代化的重要手段和政治经济、科技政策的重要组成部分，期待它为国家培养高精尖型人才，为国家知识创新、技术改造发挥前所未有的重要作用。因此，在日本中央政府严格控制下，国立高等教育机构具有“国家必要”之属性和服从国家必需的重要使命，培养国家建设必需的精英人才。与之相反，不具有这一属性或使命的私立高等教育机构无缘纳入政府控制或政府主导范畴，属于市场主导下的高等教育机构——大众型教育机构，也称为“庶民教育”机构。“国家必需”和“庶民需要”两种教育的特质不同，前者为中央政府主导型高等教育，具有精英教育基因：小规模、高投入、低收费、高附加；后者为市场调节、自由放任的私立院校，具有大众教育基因：大规模、低成本、高收费、低附加。两大基因源于两种制度，在官与民两种教育制度产生之时便有之，并在不断发展演变过程中，不断培育并显性化，为日本如何解决教育规模与质量这一命题提供了制度保障，这或许就是日本著名学者天野郁夫指出的日本为何能同时实现规模扩大与质量提高的关键所在。

一、政府主导型精英教育基因

（一）日本国立大学高投入、小规模的发展方式

日本政府主导型高等教育主要集中在国立教育范畴，其特征表现为：中央政府直接出资和管理，给予政策支持和倾斜配置。首先，从国立教育机构属性看，日本国立高等教育机构作为中央政府行政机构的组成部分，纳入政府行政机构管理范畴。教师根据《教育公务员特例法》规定，纳入国家公务员（2004 年国立院校法人化制度实施后，国立大学教师由公务员转变为事业人员）人事管理系统，享有国家公务员待遇。其次，国立教育机构的运营费用直接由中央教育财政拨款。为了不受国家一般性财政状况的影响，日本政府以《国立学校特别会计制度》的形式对国立教育机构给予特殊保护。战前，日本政府为保障国立教育机构的重点投入，将国立学校会计制度从一般性财政制度中独立出来，制定了《国立学校特别会计制度》，使国立学校财政收入不受国家财政状况的变化而改变，这在一定程度上保障了国立教育机构财政收入的稳定性。战后，日本政府曾一度废除了该制度，将其纳入国家一般性财政会计制度，但是仅实施了 10 多年便告废除，于 1964 年再度恢复了《国立学校特别会计制度》，使国立院校又在国家重点保护下，继续坚守精英属性。从日本国立教育机构的财政收入结构可以看出，战前日本政府对国立院校的财政投入达到总收入的近 90%，战后虽然有所下降，但一直保持着 70%～80%的水平，直到 20 世纪 90 年代才出现下降趋势，降到了 60%多，即使如此也远高于美国州立大学，约高出十五个百分点。而学生学杂费在国立教育机构收入中的比例却低于美国州立大学 7.3 个百分点（见图表 1—6），显示出日本中央政府对国立大学的财政支持力度之大。另外，从日本公共财政对高等教育支出占 GDP 的比例看，日本公共财政对高等教育支出占 GDP 的比例仅为 0.4%，而美国为 1.2%。也就是说，在日本高等教育公共财政如此稀缺条件下，却对国立教育机构进行过度倾斜，将高等教育财政总额的 80%强投向国立院校，而只用 10%强的

财政拨款资助私立学校及用于奖学金制度，难怪诸多学者称日本高等教育财政即国立教育财政揭示了日本政府对国立教育机构财政的支持力度及过度保护现象。

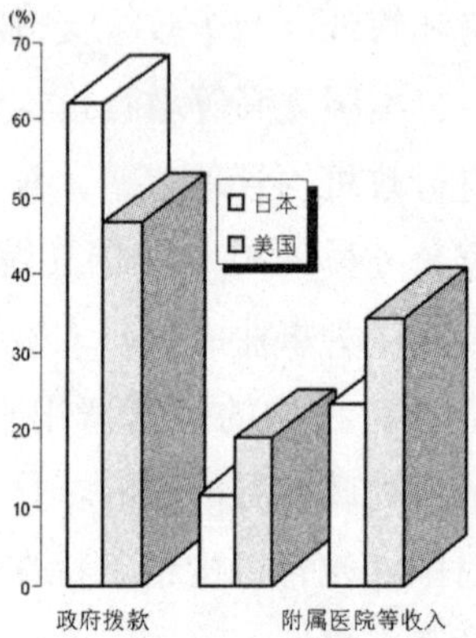

图表 1－6 日美国（洲）立大学财政收入比较

注：日本数字为 1999 年，美国为 1996 年数据

由于日本中央政府的重点投入，使国立院校办学条件保持较高水准，为维护中央政府对国立教育的控制权和国立教育精英属性提供了坚实的物质基础和制度保障。国立院校的办学条件远远好于私立学校，以 1962 年国、公、私立大学办学条件为例，1962 年国、公、私立大学师生比平均为 1∶18，其中国立大学为 1∶7.3，十年后的 1972 年仍保持同样水平，而私立大学为 1∶28，1972 年扩大到 1∶30.8；生均校舍面积国立大学为 8.7m^2，私立大学为 4.3m^2（见图表 1—7）；再从文理科师生比例看，国立与私立大学分别为：文科，国立大学 1∶11，私立 1∶54.7；理科，国立大学 1∶5.5、私立 1∶17、其他学科领域，国立为 1∶6.8、私立为 1∶16.9，就文科师生比来看，私立大学是国立学校的近 5 倍，理科则高达两倍多，无论师生比还是校舍面积二者的差距显而易见。国立院校即使在 20 世纪 60～70 年代高等教育大众化期间，仍保持了较好的办学条件，没有因为大众

化的发展而降低办学条件。再从60～70年代国立和私立大学提供的教育机会看，国立大学远不如私立大学。1960年、1965年、1970年和1975年日本全国大学和短期大学的在校生总数分别为21万、33万、46万和60万人，其中国立大学（包括国立短期大学）分别为4.7万（22.4%）、5.7万（17.3%）、6.8万（14.8%）和8.0万人（13%）。随着高等教育规模的扩大，国立院校在校生所占比例快速下降，到1975年高等教育升学率高达37.8%、全国在校生总数达到60万人时，国立院校在校生数只有8万人，所占比率仅为10%强。相反，私立院校不断攀高，占全国在校生总数的87%（见图表1－8），为日本高等教育规模化发展提供了绝对量的教育机会。与之相比，美国私立学校在校生仅占全国在校生总数的29%（1998年），州立大学却占到了71%，与日本形成鲜明对比（见图表1－9），透视出日本国立大学即使在高等教育规模扩大期，依然坚守19世纪帝国大学高投入、小规模的精英主义教育发展方式。

区分	专职教师师生比					生均校舍面积	
	1962年	1972年	文科	理科	其他	1962年	1972年
计	14.6	18	33	9.9	15.4	8.7m²(48)	9.58m²(38.8)
国立大学	7.3	7.3	11	5.5	8.6	18.8m²(105.3)	23m²(38.8)
公立大学	6.3	8.7	19.7	3.7	9.5	15m²(62.8)	15.9m²(59.4)
私立大学	28	30.8	54.7	17	16.9	4.3m²(24.2	6m²(26.5)

图表1－7　日本国、公、私立大学办学条件之比较

注：1. 分科数据为1972年数据。2. 生均校舍面积中（　）外的数据为校舍面积、（　）内为生均占地面积。

资料来源：日本文部科学省《学校基本调查报告》1962年、1972年。

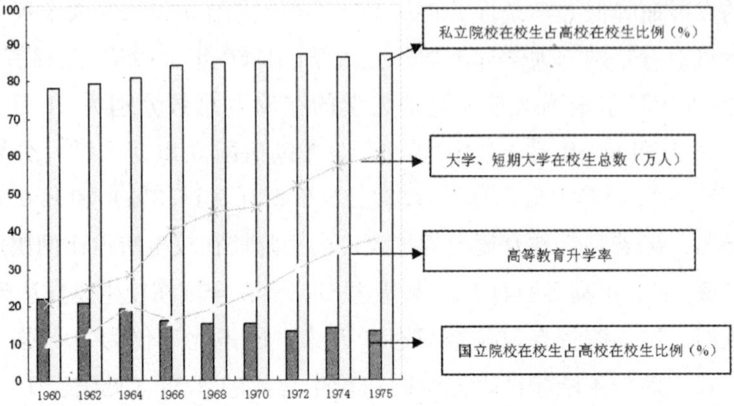

图表 1－8　国、私立院校规模扩大中的作用

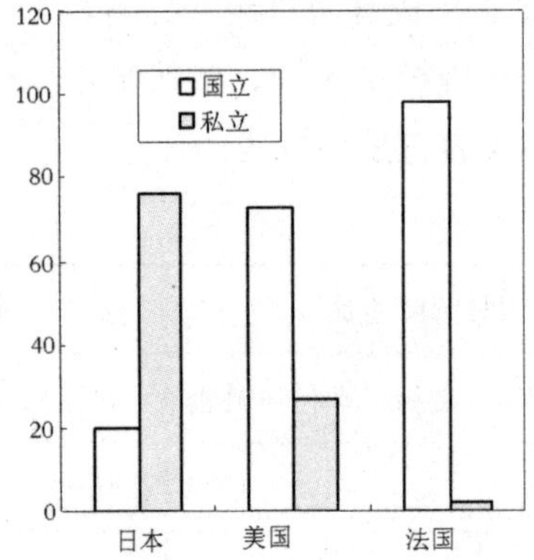

图表 1－9　发达国家国（州）立和私立大学在校生分布情况

（二）日本国立大学高层次人才培养及很强的科研能力

“研究型大学必须具备三个基本要素：培养高层次人才，从事高水平科研，高层次人才培养和高水平科研同期同步相融合。[15]”分析日本国立大学在高层次人才培养和科研领域的优势地位，可进一步了解国立大学研究型或精英教育属性。首先通过分析日本国立大学本科、硕士、博士在校生占全国高校在校生总数的比例，可以发现三者分别为20％、57％和70.1％，呈层次越高所占比例随之增加的趋势。

特别是自19世纪末出现的7所帝国大学和开设的少数新型大学以及战后设置的地方性国立大学，其理工学科博士课程的在校生数在全国高校占有绝对优势，承担着全国80%以上理工科博士生的培养任务，成为理工科高精尖型人才培养的据点大学和科技成果辈出的研究基地。据日本学术信息中心2000年3月进行的《1981～1997年我国大学发表的论文数和被引用次数情况》统计结果表明，在位于前20名的大学中，私立大学只有一所（庆应义塾大学），公立大学一所（大阪市立大学），其余18所均为国立大学[16]。另据美国对于1995～2005年物理、化学和材料科学领域论文数和被引用率世界排名的统计情况来看，在物理学领域东京大学连续两年排名第二；化学领域京都大学、东京大学分别名列第三和第四；材料科学领域东北大学排名第二[17]，排名在30名以内的日本大学均为国立大学。国立大学在科学研究领域占有重要地位，凸显出研究型院校强有力的研究能力和日本中央政府主导下研究型大学的基本属性——以研究为重心，培养理工科高精尖人才。

排名	物理	排名	化学	排名	材料科学
2（2）	东京大学	3（3）	京都大学	2（2）	东北大学
13（15）	东北大学	4（4）	东京大学	9（8）	京都大学
24（26）	大阪大学	13（13）	大阪大学	11（9）	大阪大学
27（28）	京都大学	17（16）	东京工业大学	15（16）	东京大学
		22（19）	东北大学	17（14）	东京工业大学
		29（28）	北海道大学	29（29）	九州大学
		30（31）	九州大学		

图表1－10　日本大学在物理、化学、材料学科的世界排名（1995～2005）

注：1. 上述日本排名是在物理学591所排名中、化学769所大学排名中、材料科学535所大学排名中的结果。

2. 排名一栏中的（　）内数字为上年度排名。

二、市场主导型大众教育特征

（一）私立院校财政收入中市场份额

所谓市场化“就是国家通过在公共部门引入市场因素，把原本由国家承担的责任转嫁到非国有部门，或者是改变国家参与公共服务的性质。这样‘教育市场化’就可以理解为运用‘私有领域’或者‘市场’原理、原则和做法，运营作为公共事业的教育，以令其提供的服务更适应市场需要。[18]”教育市场化现象伴随全球化进程的推进，不断进入学者和教育决策者的视野。其背景主要有两点：一是随着高等教育的大众化，出现高等教育成本补偿理论；二是随着高等教育向高层次发展，财政投入不断增加，但仍难以满足其需要，使得高等教育不得不寻求其他渠道，拓宽教育经费来源。其理论支撑主要来自新自由主义思想。“在这种蔓延全球现象市场化的背后，实质上反映出一种管理哲学的改变，即出现了以新自由主义为基本取向的‘新公共管理’或‘管理主义’”[19]。新自由主义强调市场化，反对任何形式的国家干预，要求政府的角色发生改变。在对待包括教育在内的公共事业的管理上采取新的方式，即公共服务组织的分权化；选择成本效益的办法，代替由政府提供和管制的办法；从过程转向产出的控制和问责机制等，简而言之，政府的角色转变实际就是市场进入，政府淡出。虽然新自由主义产生于20世纪70年代，但在日本高等教育领域，市场进入、政府淡出理论早在19世纪末就已出现，并付诸于实施，其结果使市场发挥了巨大作用，私立高等教育成为主体，提供了近80％的准公共教育事业服务。

市场化程度一般可从两个方面探讨，一方面看私立院校占整个高等教育领域的比重，另一方面看其财政收入中来自市场的比重。19世纪日本政府选择了跨越式经济发展方式，明确了教育先行的发展方向。但教育资源稀缺制约了教育先行的进程，于是日本政府引入市场机制，拓宽教育经费渠道，允许社会团体或个人开办学校，以减轻政府财政压力，满足大众对高等教育的需求。明治时期，日本政府将高等教育视为国家事业，私立学校也随之被纳入国家事业范畴。1918年日本政府颁布的《大学令》中指出，私学也是“为国家之需要”的高等教育组织，将私立教育纳入了国家事业中。然而，在该法令中还进一步规定，私立学校不同于国立和公立院校，私立学校的设置主体必须是具有维持学校正常经营活动的资金和具有能获得足够收入的基本财产的财团法人[20]。1949年日本颁布的《私立学校法》规定，“私立学校是基于教育自由理念设置的学校，尊重其办学自主权。私立学校具有公共性，享有与国立、公立学校同等的权利和义务，提供公共教育服务”[21]。但是在实际操作上日本政府却只是将国立院校提供的教育服务纳入国家事业，而把私立学校提供的教育机会排除在外，将其定位在国民事业范围，即满足国民需要的公共教育，赋予私立学校必须向市场开放，满足市场需求、走大众主导型教育之路的属性。由于这一定位，日本私立院校具有极大的自主性，政府不直接干预，对私立学校的发展采取自由放任的态度，旨在通过市场调节私立学校的改革与发展。“对私立学校的放任也是一种政策选择，而且这种选择不一定带来非效率性，即效率低问题”[22]。这就要求私立学校必须适应市场需求、对市场要有强烈的敏感性，以吸引更多的学生入学，求得生存。正如日本私立学校经费收入结构所示，其近90%的经费来源于学生家庭和学校自筹经费，主要是靠学生缴纳的学杂费维持学校的基本运营，与美国有着明显的不同。美国学杂费收入占学校财政总收入的43%，而日本为61.7%，政府补贴美国为16.4%，日本为9.1%，基本财产收入及捐赠款美国为14.3%，日本为2.6%[23]，（图表1—11）在日本私立院校财政收入中，学杂费比例之高意味着受教育者个人或家庭负担的教育成本比例高，而来自日本政府的资助和其他社会捐赠款少，这便是私立学校学杂费财政的特点。

（二）改变财政拨款方式、建立高等教育新秩序

21世纪以后，日本政府在财政紧缩政策及国际科学技术竞争日益激烈背景下，出台了提高财政分配和使用效率等政策措施。其中引进竞争机制，提高国立院校办学效率，国立大学实施法人化制度，教

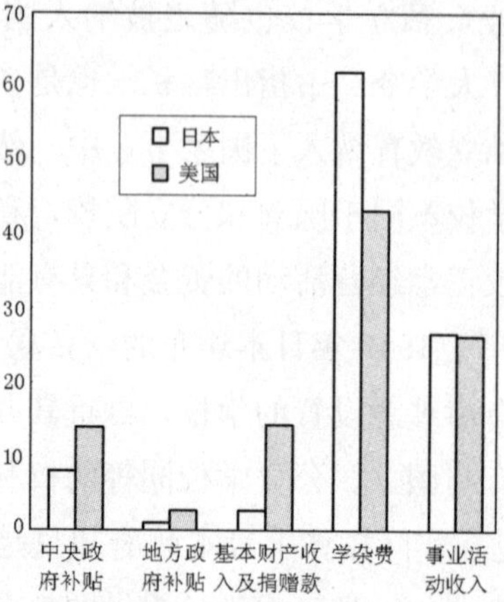

图表 1－11 日美私立大学财政收入结构之比较

育拨款由定量逐渐向定性转移，每年减少定量拨款的1%，减少部分纳入定性拨款部分等举措对改变日本原有高等教育的秩序、结构具有重要意义。国立大学法人化制度实施后，采用企业经营方式，吸收外部企业人士纳入学校管理层，并设立专门的大学经营机构，以改变脱离社会需要、产学研不相匹配，学校重管理、轻经营的办学模式。国立学校的教师由国家公务员身份改为事业人员，采用聘任制等，一系列的重大举措无疑对国立院校来说具有极大的冲击力。于是大学人产生了强烈的危机感，开始积极接受外部评估和社会监督，以争取获得定性拨款和社会资金。这场具有革命性的变革给私立学校带来了机遇，使私立学校有权利与国立学校进行公平竞争，从而获得竞争性或定性拨款。

参考文献：

[1] 肖海涛、一种理念：高等教育规模与质量可以兼得［J］. 复旦教育论坛，2004（6）：32
[2] 赵应生等、转变教育发展方式：教育事业科学发展的必然选择［J］. 教育研究，2012（1）：32
[3] 赵应生等、转变教育发展方式：教育事业科学发展的必然选择

[J]. 教育研究，2012（1）：36～37

[4] 尾吹善人、藤井俊夫、教育基本法规集 [M]. 有斐阁新书，（东京）1980.

[5] 益井重夫、私立大学的社会性结构 [M]. 东京：广济堂，1978：18

[6] 矢野真和、高等教育の経済分析と政策 [M]. 东京：玉川大学出版社，1996：126

[7] 上井长久、藤井俊夫、尾吹善人、教育关系基本法规规集 [M]. 有斐阁新书，（东京）1980：31

[8] 上井长久、藤井俊夫、尾吹善人．教育关系基本法规规集 [M]. 有斐阁新书，（东京）1980.

[9] http：//www.mext.go.jp/a_menu/koutou/senmonshoku/08060508.htm

[10] 赵应生等、转变教育发展方式：教育事业科学发展的必然选择 [J]. 教育研究，2012（1）：31

[11] 矢野真和、高等教育の経済分析と政策 [M]. 玉川大学出版社（东京）1996：20

[12] 财团法人、高等教育研究所；高等教育研究纪要 [J]. 1999 年（7）：21

[13] 日本学者认为，社会问题和个人问题的区分标准视其规模而定，规模大、范围广则视之为社会问题。究其责任如果属于个人责任则是个人问题，如果是社会责任就归结为社会问题。但是这种判断最终归结为价值问题。

[14] 矢野真和、高等教育の経済分析と政策 [M]. 玉川大学出版社（东京）1996：17

[15] 沈红、研究型大学的基本要素及其体制和组织满足·教育研究 [J]. 教育研究，2003（1）：64

[16] 高等教育改革课题 2006 年 7 月，东京大学大学经营研究科讲义：36

[17] 日本论文引用动向，高等教育改革课题 2006 年 7 月，东京大学大学经营研究讲义：39

[18] 卢乃桂、操太圣、中国改革情境中的全球化：中国高等教育市场化现象透视 [J]. 北京大学教育评论，2003 年（1）：49

[19] 卢乃桂、操太圣、中国改革情境中的全球化：中国高等教育市场化现象透视 [J]. 北京大学教育评论，2003 年（1）：49

[20] 天野郁夫、日本高等教育模式 [M]. 玉川大学出版社（东京）1986.

[21] 尾吹善人、藤井俊夫、教育基本法规集 [M]. 有斐阁新书，（东京）1980：157

[22] 矢野真和、高等教育の经济分析と政策 [M]. 东京：玉川大学出版社，1996：127

[23] 国立学校财务中心、欧美主要国家大学设置形态与管理·财政体系 [R]. 2002（12）

第二章　日本高等教育双重二元制度的形成及其发展

日本近代高等教育制度的确立始于明治政府颁布的《帝国大学令》等一系列法律法规。1886 年 3 月，明治政府首次颁布近代高等教育法《帝国大学令》，并于同年 4 月开始实施。《帝国大学令》中明确地指出帝国大学是为培养国家必需人才而存在，国家是帝国大学唯一的设置主体等，这就意味着日本中央政府主宰的大学制度由此产生。1918 年，随着近代经济政策的不断推动及高级人才需求量的增加，日本政府废除《帝国大学令》，重新颁布了《大学令》。指出“私学也是‘为国家之需要’的高等教育组织”，正式认可了民间财团法人等办学主体的存在，从而日本高等教育办学主体由单一趋向多元，由中央政府扩大到地方政府和民间团体或个人，日本迎来高等教育发展的新阶段——二元或多元办学主体共存时代。为规范高等教育，特别是高等专科学校的办学行为、提高办学质量，1903 年日本政府又出台了《专门学校令》，在法律法规层面，使高等教育机构类型又由单一扩大到二元——大学和专科学校，教育制度类型不断趋于多元。

第二次世界大战结束后，日本进入了以美国为首的联合国军占领期。在这一时期，日本开始了新的教育改革。为了消除战前学校内部出现的等级序列制度，落实民主、平等的教育改革理念，日本政府于 1947 年颁布了《教育基本法》，并据此制定了战后新学制。从此，日本开始了以普通教育为核心的“六、三、三、四”单轨学制。在新学制仅仅实施十几年后，作为新学制的补充版，日本政府又出台了《高等专科学校法》，以培养高级工程技术、技能人才，满足20世纪60年代《国民收入倍增计划》的需要。也就是说，在实施战后单一学制的同时，日本政府又实施了以职业教育为目的的专科教育，这就意味着恢复了战前高等教育双轨制。20世纪70年代，日本高等教育制度为进一步向多元化方向发展，提出实现广义的高等教育概念，在原有大学和高等专科学校的基础上，建立新型学校制度，并很快出台了《专修学校设置基准》，力求实现大众化与多样化相匹配的应然状态。通过出台一系列的法律法规，日本形成了战后四年制大学、短期大学、高等专门学校和专修学校等多类型、多层次的高等教育制度结构。但是，在日本由于经济效率动机使整齐划一的教育类型占有统治地位，因此无论制度结构如何变化，短期大学、高等专门学校和专修学校在战后新学制中的旁系地位未能改变，它始终附属于普通高等教育体系。

第一节　战前日本高等教育“官与民”两种办学主体

为了快速达成“富国强兵”、“置产兴业”的战略目标，日本政府决定学习西方科学技术知识和文化，进行“文明开化”；通过大力发展教育事业培养掌握西方技术知识的人才，进而达到“富国强兵”、“殖产兴业”的目的。基于这一思路，日本选择了国立与私立高等教育并存、共进的发展方式，并通过颁布《帝国大学令》和《大学令》使其制度化，形成了“官与民”两种办学主体相互依存，共同发展的办学格局。

回顾日本高等教育发展史，不难看出，专科学校对近代日本高等教育的发展，特别是对大学制度的形成与发展做出了巨大贡献。无论近代国立帝国大学还是著名的早稻田、庆应义塾大学等私立大学，其前身均为专科学校。专科学校成为战前日本大学的主体。在日本中央政府直接掌控的国立帝国大学建设过程中，由于专科学校基础薄弱，且单科性特征等因素的制约，使得日本政府耗费长达半个世纪的时间才得以建成7所帝国大学。这一方面说明在专科学校基础上，建立帝国大学的艰难程度，另一方面也反映出帝国大学建设的高标准。与之相比，私立大学在《大学令》颁布当年就产生了28所，私立大学的发展速度之快可见一斑。不过，这也侧面反映出了私立与国立大学之间的差距。

一、帝国大学的产生与《帝国大学令》的颁布

（一）《帝国大学令》颁布的背景

1868年是日本历史发展的重要时期。以中、下级武士和藩主为代表的倒幕派推翻了长达265年的德川幕府的封建统治政权，发表“王政复古”、废除将军制的宣言，以天皇誓言的形式发布了政府施政纲领《御誓文》，成立了明治政府。新成立的明治政府在政治、经济、军事、文化和教育等方面实行了系列改革，史称“明治维新”。从此，日本进入了资本主义近代化的历史时期。在明治维新过程中，日本政府提出“富国强兵”、“殖产兴业”、“文明开化”三大国策。其中，“富国强兵”就是建立一个经济发达、军事强大的资本主义国家；“殖产兴业”就是鼓励与扶持日本资本主义经济发展；“文明开化”则是全面学习西方资本主义文化、技术和知识，以保障日本独立、富强，免受西方资本主义国家的侵略。实际上明治政府施政纲领《御誓文》中就已明确提出“破从来之陋习”和“求知识于世界”，清楚地表明了日本新兴资产阶级放弃闭关自守政策，向西方学习的决心。为了尽快实现这一目标，明治政府以19世纪40～50年代已完成资产阶级革命和工业革命的英、法、美等资本主义国家为典范，采取拿来主义，通过积极学习西方科学技术等措施，快速培养掌握西方科学技术的国家急需人才、积极推进文明开化政策。

在明治政府推行的一系列资本主义改革中，改革中央政府管理体

制，设置适应日本资本主义发展需要的新官僚机构，建立相应体制成为首要任务。为此，明治政府首先从教育管理体制入手，加强教育事业的统一管理，并于 1871 年 7 月设置教育事业行政管理顶级机构——文部省，负责管理全国文化教育事业。文部省成立后，立即着手学校教育制度改革，以便改革旧教育体制，逐步建立一套近代教育制度体系。1871 年 12 月，总揽教育行政大权的文部大辅（相当于教育部副部长）江藤新平组建了“学制调查研究委员会”，草拟制定全国统一学制。1872 年 8 月，日本颁布了近代第一部学校教育法规《学制》令。该《学制》以法国学制为蓝本，参照英、美、德、荷、俄等当时先进国家教育制度制定而成。其内容主要由学区、学校、教员、学生、考试和学费等五个部分组成，表明学校教育体系由小学、中学和大学构成，是一部单一的学校教育制度体系。该《学制》的颁布是日本首次绘制近代学校教育制度的蓝图，它饱含了日本政府对于欧美发达的教育制度的崇拜，也充分体现了日本政府急于发展本国教育的强烈愿望。就高等教育问题，《学制》第 38 章规定，“大学是高尚的诸多学科构成的专科的学校。设有理学、化学、法学、医学、数学”。可以说这一规定勾勒出了未来大学的学科框架。为实现这一构想，就在这一近代《学制》颁布 8 个月后的 1873 年 4 月，“专科学校”一词便出现在《学制二编追加》文本中。《学制二编追加》中规定了设立专门学校的性质和目的。例如，在其 189 章中写到：“专门学校聘用外国教师，适用外语，学习其国家的学艺技术，即法学、医学、数学、物理、化学、工学等，神学等其他修身学科除外”。第 190 章中又强调“由外籍教师传授的高尚学校，即法学校、理学校、技能学校等统称之为专科学校。专科学校与师范学校相同，均为以掌握学问和技术，将来以母语教授本国人为目的的教育机构”。由此可见，当时出现的专科学校属于传统教育体系之外的一种特殊教育机构。这个时期，为使学生掌握西方先进知识和技术，学校聘请外国教师直接授课，以培养既懂外语又掌握外国先进知识、技术的高级人才。不难看出，该学校类型是以培养既懂外语又通晓西方科学知识技术的教师为目的的师范院校。根据《学制二篇追加》专科学校的规定，1873 年明治政府将旧幕府时期开设的开成所（前身是建于 1855 年的洋学所，经“番书调所”、“洋书调所”等两次易名后，于 1863 年改称为开成所）命名为开成学校，设有法学、化学和工学 3 个学科，并规定教学用语为英语。1874 年又将以德国医学为主要学科的大学东校改名为东京医学校。

与此同时，明治政府还着手规划在日本千叶县管辖内的国府台地区创建国府台大学校，占地约 7 万 3520 坪（1 坪≈3.306 平方米），并将开成学校迁入此地[1]。获得政府大力扶持和财政支出的开成学校等国立专科学校发展迅猛，这不仅为国立大学的产生和发展奠定了基础，也对其后大学的快速发展发挥了重要作用。

（二）帝国大学的产生与《帝国大学令》的颁布

基于 1872 年日本近代《学制》描绘出的大学构想，日本政府出台了《学制二篇追加》，建立了以学习西方科学技术为目的，以实用学科为重点的专科学校制度。专科学校制度的建立实际是为创办新型综合性大学做铺垫、打基础的一种过渡性举措。自 1872 年《学制》颁布到《帝国大学令》出台，在 14 年的时间里，明治政府一直将创办明治帝国大学视为教育制度改革的核心课题，不断出台政策并付诸实施。

1875 年至 1880 年间，文部省和太内务省等机构审议了国府台大学校建设规划。此规划中明确指出，开成学校等专科学校是以外语授课，学习专业教育的学校。在中小学不断完善后，逐渐设立高一级的真正意义的大学校，专科学校与国府台大学校是完全不同的学校类型。在这一背景下，1877 年明治政府通过合并东京开成学校和东京医学校，创建了东京大学。当时东京大学只开设了法学、理学、文学、医学 4 个学部，主要由外籍教师授课，使用英语传授西方近代科学技术和近代医学、法律等先进知识。实际上当时的东京大学只不过是东京开成学校和东京医学校这两所专科学校的简单合并。关于这一点，教授医学的外籍教师 Erwin von Baelz（1849～1913）谈到：“除了改变了学校名称，其他一切如故”[2]。也就是说，虽然开成学校和医学校在形式上被合并了，但这两所学校仍处于不同的校园，与专科学校时未见两样。为实现1872年《学制》中描述的综合性大学，日本政府不断合并各种专科学校。1880年12月，就任文部大臣的河野敏镰在向三条太政大臣提交的教育令改正方案中献策道：“现行教育令中的高等学校只是停留在文字中，缺少具体条例，当务之急应挽回普通教育之衰退”[3]，表明了文部省积极改革，建设各种高等学校的姿态。同年5月，河野大臣向三条太政大臣提出了《增加经费之申请》。据1881年6月15日太政官文件第51号《文部省官立学校图书馆、教育博物馆官员职制及其官职名称、待遇》相关规定，东京大学在法律、理科、文科和医学各学部长之上设置负责全校事务的管理人员，实施全校统一管理体制，赋予其“总理”一职，协调各学部的发展事宜。由此，学校内部实现了一体化管理。同年7月，时任文部大臣的福冈上奏太政官，提出应在东京大学内设置大学咨询会，负责各学部的有关事宜，借以均衡四学部[4]。基于福冈大臣的请求，东京大学增补了《东京大学事务章程》，设置了东京大学咨询会，作为东京大学“总理”和四名学部长的咨询机构。咨询会内分总会和分会，总会负责审议学校总理的咨询事宜，分会则负责审议各学部的有关咨询事宜。与此同时，东京大学积极开展学科课程改革。1882年10月，在东京大学第一批毕业生学位授予仪式上，学校最高管理者加藤弘之总理指出，现在精通他国学术的学者辈出，所学方法已达到研究日本事业程度，已进入改良教授之学科，培养适用于本国学士的时期。并进一步指出除教授英国刑法外，在法律学科中，应增加民事诉讼实习和诉讼程序的课程，以通晓今日法庭的实情；政治理财学中，应增设日本租税通关税、日本理财史、日本银行构成等课程[5]。各学科的课程不断向实用型或应用型方向改革和发展，成为东京大学办学特征。

1880年以后，由于日本财政困难，采取了紧缩政策，要求其他官公厅设置的各种学校移交给文部省，以减少行政财政开支。这一举措为东京大学走综合化发展道路创造了条件。首先，大藏省为压缩财政开支，将本省开办的工学部大学校交由文部科学省。对此文部省表示接收，但其运营经费需由大藏省支付。之后，1884 年法务省将本省开办的法学大学校移交文部省，1890 年农商省将东京农商学校移交文部省。这些学校均并入东京大学，分别成立了各种学部。大刀阔斧地将东京大学建成具有法、医、工、文、农、理六个学科的综合大学，折射出明治政府为早日实现本国经济近代化，建立符合本国需要、富有实用性和技术性大学的迫切愿望。1881 年通过合并各类学校，使东京大学向综合化发展的改革设想迈出了第一步。校内管理机构的不断完善及其学科目的的“本土化”、由本国教师用母语教授等一系列措施对其后帝国大学的建立产生了重要的促进作用。在帝国大学形成初期，一些有识之士呼吁，要推进本国近代化建设，需引进开明、合理主义。在国际主义和以儒教为核心的爱国主义对立的背景下，文部省选择开明之路，将帝国大学积极引入高等教育领域。综合性大学构想是在 1880 年以后，政府以近代国家建设为目标，通过不断采取措施，付诸实施的。东京大学的建立及其完善可以说实现了 1872 年《学制》中提到的构建综合性大学的构想，为明治政府建立日本帝国主义大学奠定了基础，提供了基本框架。

1885 年森有礼得到总理大臣伊藤博文的信任出任文部省大臣，就任后立即着手制定各种学校条令，以明确各种学校的关系。森有礼基于“学制以国立教育为主，其功能满足国家经济需要”办学方针，于 1886 年 3 月 2 日颁布了第 3 号《敕令》即《帝国大学令》。《帝国大学令》的制定实际上是在考虑东京大学的建设过程及其实际状况、参考欧美诸国实例的基础上形成的，在一定程度上对东京大学的改革给予了制度保障。《帝国大学令》第 1 条规定“帝国大学的目的是为满足国家之需要，教授学术技艺、研究其蕴含奥秘”，明确了帝国大学的办学理念和使命，指出其是一种以满足国家需要为使命的高等教育机构。通过东京大学的建设、完善过程可以清楚地看出其满足国家需要的办学方向。对此，担任森有礼秘书的木场贞长这样解释道：森氏制定大学令，将东京大学改名为东京帝国大学是由于东京大学以前的英语校名为Imperial University of Tokyio，可能这是官立大学的意思。森氏把Imperial译成帝国，或许这是日本帝国的省略语[6]。帝国大学构想实际上就是建立国家统治的官立大学。也就是说，以国建为本，标榜国家主义的大学教育。帝国大学的办学目的“帝国大学是为满足国家之需要，教授学术技艺、研究其蕴含奥秘”充分说明了这一问题。帝国大学即国家大学的性质实际上反映了日本帝国宪法以国家体制为核心的本质。

《帝国大学令》共分十四条，第一条规定了大学的办学目的。第二条规定：“帝国大学由研究生院（University Hall）及分科大学（Colleges）构成。研究生院研究学术技艺蕴含的奥秘，分科大学教授学术技艺的理论及应用。”分科大学由上述工部大学校、司法学校等合并而成，包括法、理、医、工、文五个分科大学。1890年东京农林学校并入东京帝国大学，成立了农科大学。这样，东京帝国大学由5个学院发展为6个分科学院，使其向综合化发展又迈进了一步。研究生院因以往没有，属于新设机构，因此，《帝国大学令》中没有具体涉及。不过，从《帝国大学令》第二条规定可以看出，研究生院与本科的教育研究目标定位不同，即研究生院以研究为主，本科以基础理论与应用为核心，这就强调了理论与实践的结合。关于本科学科结构，该令第十条规定，“分科大学由法学大学、医学大学、工学大学、理学大学和文科大学”构成，设置教授会，采用讲座制。从帝国大学的学科结构看，帝国大学的建立是迫于日本近代科学技术和经济建设需要，满足“富国强兵、殖产兴业”国家发展战略所做出的重要决策，是中央政府行政组织机构的组成部分之一。例如《帝国大学令》第六条规定“帝国大学总长（校长）需接受文部大臣的（指令）任务”，大学总长的职责是“维护大学秩序，监视帝国大学的情况”，政府通过“总长”控制大学的办学行为。修改后的《帝国大学令》还规定，帝国大学教师身份列入国家官僚制度范围，视为国家官员，大学总长由文部大臣任命。帝国大学总长隶属于文部省，无条件地服从政府所需，行政色彩十分浓厚，凸显了帝国大学听从于中央政府的官方属性。为把东京大学建成与欧美相媲美的高等学府，教育行政最高管理机构文部省将高等教育经费总额的 40%用于东京大学建设，财政上给予极大的支持。从当时各分科大学的招生情况看，法学分科大学招生人数最多，占东京帝国大学招生总人数（400 人）的近 4 成（150 人），成为培养中央政府官僚的主战场，在东京帝国大学占有显著地位。为使政府官僚能够顺利掌握吸收大学本科教授的西方知识和思想，要求报考以培养官僚为目的的学科专业的考生必须在作为大学预科的“高等学校”接受过以西方语言为主的高水平的教养教育。依据《帝国大学令》，帝国大学为多层次、多学科综合性大学，培养的是适应国家发展需要的政府官员及社会精英，成为为明治政府推行文明开化、殖产兴业和富国强兵改革服务的工具。

帝国大学作为培养国家精英的最高学府，中央政府对在校生给予极大的重视与经费支持，对学校进行集中投入，鼎立扶植。学生毕业后享有诸多特权。例如，不参加官僚资格考试，便可直接被任命为高级官员；可免除法官、律师、医师等国家考试，直接获取相应职业资格等，毕业生被列入免检产品。这对于确立帝国大学的社会地位，树立帝国大学的威信、增加毕业生的附加值无疑起到了推波助澜的作用。

随着日本国内资本主义经济的不断发展和无止境的对外侵略扩张，东京帝国大学远远不能满足国家对日益增长的人才的需求量。于是，明治政府着手制定增设帝国大学计划，并通过了议会审议，于 1897 年在京都建立了第二所帝国大学，即京都帝国大学。初建时，京都帝国大学只有法学、医学和理工学三个学科，10 年后才又增设了文学学科。教师均由东京帝国大学毕业生及留学生担任。京都帝国大学与东京帝国大学不同，没有采用“年级制”，而是采用“科目制”，即按科目进行选修登统，如果未通过考试，只重修未及格的科目即可。修学年限从三年可延长至六年，采用了具有弹性制的修学年限。之后，日本又先后于 1907 年建立“东北帝国大学”（仙台）、1911 年建立“九州帝国大学”（福冈）、1918 年建立“北海道帝国大学”（札幌）、1931 年建立“大阪帝国大学”（大阪），1939 年建立“名古屋帝国大学”（名古屋）。7 所帝国大学为提高日本科学技术水平，推动社会进步发挥了不可忽视的重要作用，同时也为重构社会上层开通了新途径。

日本近代高等教育制度是在吸收欧美国家教育制度基础上建立起来的，是日本由封建社会向资本主义社会转型的产物。从帝国大学的建立历程看，通过合并各关公厅管辖的高等教育机构产生的帝国大学是基于建立日本特有的综合性大学模式而形成的，是为早日实现日本近代化这一特殊性的具体体现。从日本当时国内情况看，要实现近代化，引进西欧先进科学技术是必不可少的，因此，设立了以外籍教师传授西方科学技术为主的专科学校，目的是培养本国教师，设立由本国教师向本国学子传授其先进科学知识和技术的真正意义上的高等大学校。如千叶国府台大学建立规划的出台表明了日本明治政府这一发展思路，只是因当时财政困难未能付诸于实施。取而代之，日本政府通过合并各类中央政府主办的高等教育机构，创立东京帝国大学实现了其目标。

以培养国家必需人才为宗旨的帝国大学的建立成为明治政府迫切发展国家需要型、国家主导型教育的中心任务。从日本近代历史第一所高等学府—东京大学到其后的数所帝国大学，均在成立伊始，便深深地打上了“国家必需”的烙印。在“精英主义”教育理念指导下，帝国大学为日本政府培养出大批国家急需的人才，为日本社会经济、科学技术的发展做出极大贡献。战后，在新的教育理念指导下，帝国大学改称为○○大学，如东京大学、京都大学等，消除了战前的历史烙印，同时帝国大学时代随之宣告结束，日本高等教育界迎来了新的变革。

二、私立大学的出现与《大学令》的颁布

（一）《大学令》颁布的背景

《大学令》的颁布是在 1917 年 9 月日本成立的内阁直属机构——

临时教育会议审议报告的基础上出台的。该报告对《大学令》的形成产生了巨大作用，甚至起到了决定性作用。

明治政府确立后，箕作麟祥、神田孝平、森有礼等西洋学派掌控了新政府的教育主导权。他们以欧美等先进国家为蓝本，一方面探讨、制定新的教育发展规划，另一方面倡导西洋学派利用民间力量开设以传授西洋文化及科学技术为主要内容的私立学校。当时，在普通学校教育领域最高层次的私立学校只允许设立中学，法律上不允许在其之上再有私立学校存在。但在实业教育领域却根据1903年《专门学校令》认可专科层次的私立学校存在。同时，依据《专门学校令》的规定，文部省允许设置预科班（修学年限一年半）的专科学校设立大学部，可以称之为大学。以此为契机，当时发展较好的专科学校开始在原有学校名称上附加“大学”字样。实际上，在《专门学校令》颁布以前，一些专科学校就已适用大学名称了。如1890年庆应义塾就开设了“大学部”，随后出现“早稻田大学”一名。早稻田大学在组建过程中，将教育课程分为大学部和专科部两部分。大学部下设学制为1年半的预科，预科课程结束后可升入大学。专科部接收中学毕业生，以母语日语授课。到1902年，私立专科学校共46所，其中名为大学的学校仅有4所，到1905年称为大学的学校增至16所。虽然这些学校名称上使用了“大学”二字，但法律上不认可，依然为专科学校，适用于《专门学校令》。在当时大学教育发展及其落后的背景下，政界和教育界出现各种意见或建议，要求高等院校进一步向公、私立教育开放，以满足国家近代化建设的需求，解决国家财政困难等问题。于是，1917年日本内阁成立了“临时教育会议”，作为政府咨询审议机构，专门接收政府提出的教育制度改革的咨询。首先政府提出了“关于全面改革国家教育制度的政策措施”问题，交由临时教育会议进行审议。这个时期日本政府正急于解决大学制度问题，特别是大学类型问题。其中“除国立大学外，是否应认可公私立大学的存在?”、“除综合性大学外，是否认可单科大学的存在?”这两大问题成为当时亟待解决的核心问题。因此，政府向临时教育会议提出了改革大学制度，即“是否应改革大学教育与专科教育？如果改，其改革要点及其方法如何?”的咨询课题。从当时情况看，认可了单科大学的存在实际就等于认可了公私立大学的存在，看上去是两个不同类型的问题，但实际上属于同一内容，其核心是是否认可单科大学的存在。因为，无论国立还是私立专科学校基本上都是由单一学科构成的，专科学校使用大学名称实际都属于某一学科领域的大学学部性质，许可单科大学的存在也就是对公私立专科学校升格为大学的认可，因此公、私立单科大学成为当时大学制度改革的核心问题。在临时教育会议审议过程中，就私立大学设置认可问题展开了讨论。讨论的焦点集中在使用大学名称的专科学校是否通过颁布法律给予认可为私立大学。就此问题委员们各抒己见，认为专科学校教育质量低、设施设备简陋，如果认可其为大学则会大大降低大学教育水平，使大学教育下降到专科学校水平。在1918年临时教育会议第11次审议会上，庆应义塾塾长镰田讲到：私立学校教育程度低、设施不完善，不能完成真正意义的大学教育功能。但是，在学校尚且不足的今天，苦心经营的私立学校的存在是十分必要的[7]。虽然有反对的声音，但是迫于当时近代经济建设需要，赞成认可公私立大学的委员占绝对多数，他们更强调社会需要，而非大学教育应如何发展的问题。因此，临时教育会议表面上讨论大学制度改革问题，实际上不是就大学制度本身应如何改，如何使其进入应然状态，而是主要讨论如何满足当时社会需要，使其适应或满足其需要的问题。积极主张设置私立大学的小山健三委员谈到，“私立学校向社会输送了大量的优秀毕业生，就此来看，我们是不应将私立学校作为继子对待的。应对私立学校的发展不断进行帮助、指导，逐渐使其完善。”同时，小山委员还指出：本次讨论不是就学术研究及教育功能为核心内容的大学论，而是以创建单科大学为前提，重点研究单科大学的制度地位问题[8]。就单科大学与帝国大学的关系、单科大学和综合大学等在大学制度上如何处理等问题，当时担任贵族院议员的木场贞长指出：学问的最高学府—帝国大学研究学问的蕴含奥秘，主要接受在帝国能接受到的最高学问。……但最高学问是世界的，绝不是帝国一国之学问[9]。虽然在经济、法律领域，私立大学与帝国大学相差不大，但是私立大学学生的外语能力及在专业领域的学习能力却明显不足。基于此种情况，木场指出："或许有必要设置高水平大学和低水准大学，具体说就是帝国大学和私立大学[10]。"木场的这段话，可以理解为国立大学是"高级的"和"正统的"大学，而私立大学是"低级的"、"旁系的"大学。日本内务辞官也指出，认可私立大学的初衷就是使私立大学作为国立大学的补充而存在。虽然这些讲话有些直白，但反映了当时赞成设立私立大学的诸多委员及其官员的心声，即：大学教育水平存在着巨大差距，不能同日而语，应在制度地位上加以区别。在明确这些关系的基础上，临时教育会议达成一致，提出公私立大学设置认可报告。就创设私立大学制度的理由，报告主要涉及了三点：一是专科学校名称上使用了大学，但法律制度上未予以认可，应在法律层面加以解决，即理顺法律制度与专科学校的大学部的关系，使其一致。二是在私立专科学校中，部分学科，如法律、经济等已接近国立大学水平，应给予认可。但要以单科大学的名称出现。三是未来，国立大学难以满足更多升学者的需要，无论学校数还是学校招生数量都不会大规模扩大。为此，有必要设立私立大学，以补充国立大学数量的不足。临时教育会议的研究审议结果对1918年《大学令》的颁布起到了重要作用，《大学令》的内容基本反应了临时教育会议讨论研究的结果。

（二）私立大学的产生与《大学令》的颁布

日本政府根据临时教育会议咨询报告，于1918年12月颁布了《大学令》，使日本大学制度迎来多元化、规模化发展的新阶段。从1886年《帝国大学令》到1918年《大学令》的出台，时隔32年。私立大学终于在"文明开化"、"殖产兴业"和"富国强兵"的国策下浮出水面，成为日本大学教育制度二元结构特征的重要标志，对日本高等教育规模扩大具有重要意义和推动作用。

《大学令》共由21条构成，在该令第四条写到，"除帝国大学及其他官立学校外，根据本令规定，公立和私立亦可设置大学"，从此私立大学制度的产生获得了法律层面的认可，盼望已久的专科学校终于成功升格为大学。在日本大学史上，从法律层面首次出现了国立、公立和私立三种大学类型并存的局面。就私立大学的办学目的，《大学令》第一条明确指出："基于前内阁高等教育扩张政策，公私立大学以教授国家必要的学术理论及应用知识，探究其奥秘，陶冶人格情操和国家思想涵养为目的。"这就明确了公私立大学的目的在于传授国家需要的理论知识和陶冶国民情操，培养国家思想素养。这与帝国大学以教授适应国家必需之学术技艺，致力探究其奥秘为目的的办学方向不同，对前者使用了"必要"，后者使用了"必需"；赋予前者传授国家需要的专业性教育和人格教育，培养具有国家核心价值观念，而赋予后者传授探究国家必需的学术技艺。从国立和私立大学两种办学目的看，出现了明显差异，即私立大学服务于"地方"、"为庶民所用"，而国立大学为"国家所必需"。在私立大学的办学目的中，特别增加了陶冶人格，培养以国家思想为核心的价值观念，折射出当时明治政府害怕私立大学教育远离国家思想的统一，对政府或形成国家核心价值观念产生不利影响。从对办学主体的相关规定看，《大学令》指出，官立国立大学及其他国立大学不列入本法令范围，公立大学只适用于北海道、府县一级的地方政府，而私立大学必须是具有维持大学经营能力的财团法人，即财团法人应有足够的用以维持大学的资产收入，明确了私立大学的办学主体必须具有财团法人的资格。《大学令》第二条规定，公私立大学以学部为单位，一所学校原则上设置数个学部，学部种类有法学、医学、工学、文学、理学、农学、经济学和商学，并在学部之上设置研究科和研究生院。但是，特殊情况下，也可设置单一学部之大学，这实际就是对私立专科学校升格为单科大学的认可。在帝国大学的构成中，使用了分科大学，而私立大学则使用了学部的字眼，表明了二者在规模与学术水平上的区别。另外，还规定，公私立大学的设置与关停、学部的设置与关停必须经过文部大臣批准，大学经营情况也须接受文部省监督；公私立大学应配备相应数量的专职教师，录用教师须得到文部大臣批准等。从上述相关规定可以看出，法律上正式认可了私立大学制度，并制定了统一的设置标准。但是，由于原有私立专科学校配备专职教师的学校较少，苦于学校正常经营的私立专科学校居多，因此要想满足《大学令》中所规定的“有足够的用以维持大学的资产收入”及“应配备相当数量的专职教师”标准是一件非常困难的事情。之所以对私立大学设置主体要求必须是财团法人，目的是为保障私立大学教育研究水平，保障大学应有的基本条件及其经费来源。“国家认可私立大学的存在，就要保障其品质，否则有损于国家名誉和体面。因此，为保障私立大学的教育品质，必须具有保障大学设置标准以及维持设置后正常运转的经费，确保其财政来源，这是设置私立大学的先决条件。[11]”1919 年，文部省根据《大学令》出台了《大学规程》，明确了大学设置标准。规程要求，在申请设立大学时，须明确填写以下 10 项事宜：1. 大学名称；2. 学部种类及名称；3. 是否设大学院及大学预科；4. 校规；5. 校舍位置及其学校占地；6. 校舍图纸及其建设设计；7. 各学部及大学预科的名称；8. 各学部专职教师数；9. 学部或大学开设日期；10. 经费来源及维持其经费来源的方法。上述材料备齐后提交给文部大臣，由文部大臣决定是否给予认可。由于当时专科学校教育水平及其设施设备、经费等严重不足，能够升格为大学的专科学校仍为少数，获得批准的私立大学仅有庆应义塾大学、早稻田大学、同志社大学、日本大学、中央大学、法政大学、明治大学、国学院大学等 28 所，几乎都是在《大学令》颁布前就设有大学部的学校。这些学校大多数是在法律、宗教类私立专科学校基础上发展而成的，并成为私立大学的强势学科。

私立大学的出现为更多需要接受高等教育的人群提供了机会，也为日本社会输送了大批专业技术人才（图表 2－1），成为日本高等教育的重要组成部分和帝国大学的有益补充。

年度	高等教育机关		大学	
	私学在校生数（人）	占全部在校生数的比例（%）	私学在校生数（人）	占全部在校生数的比例（%）
1905	19,422	46.4		
1910	20,576	42.5		
1915	25,816	45.5		
1920	45,041	56.3	9,891	45.1
1925	71,880	53.7	26,140	56.0
1930	108,131	59.4	40,777	58.6
1935	113,034	60.4	41,960	58.6
1940	150,463	61.4	50,278	61.3
1945	177,876	45.2	51,059	51.7
1950	231,373	57.9	174,670	55.8
1955	377,437	61.9	314,269	59.1
1960	469,605	66.0	403,886	64.3
1965	787,556	72.2	660,899	70.5
1970	1,286,116	76.3	1,046,823	74.4
1975	1,650,603	78.3	1,325,430	76.4
1980	1,715,043	77.1	1,376,586	75.0
1985	1,678,348	75.0	1,344,381	72.7
1990	1,990,027	75.6	1,550,613	72.7
1993	2,245,613	76.4	1,753,644	73.4

图表 2－1 私立高等教育机关在校生数变化[12]

二战前，尽管私立大学在规模上不断发展、壮大，对日本近代工业发展起到了重要的推动作用，但是正如永井道雄指出的那样，“政府之所以把私立学校升格为大学，既不是为了加强其经营，以巩固其学问的基础，也不是为了扩大大学、有计划的进行财政援助，只是为适应资本主义经济的快速发展，要求向社会输送更多的高层次就业人员而已。也就是说，将私立专科学校升格为大学，是为了谋求扩张资本主义经济的需要”[13]。正是由于“日本私立高等教育是在国家本位或国家主义政治观和教育观的基础上形成的”[14]，因此注定战前日本私立学校虽然与国立学校并存，但却不能与其并重的先天不良的地位，决定了它只能作为一种辅助国立学校的教育机构而存在。

私立大学虽然与国立大学职能相同，均为国家所必需，但却不能享受与国立大学相同的待遇，这主要是来自两方面的影响：(1) 日本以官学（帝国大学）为中心的“精英主义”教育理念影响。国立大学的“精英主义”与私立大学的“庶民思想”在战前日本高等教育发展过程中占据主导地位，并成为当时教育决策层的重要依据。(2) 财政倾斜投入的影响。国立学校教育经费来自国家财政拨款，而且给予倾斜配置。但私立学校只能依靠财团法人的投入及学校自身规模的扩张。日本政府虽然出于国家发展的需要，将国立与私立两种办学主体以制度的形式确立下来，但是“重国立轻私立”的做法却一直持续。即便到战后，日本虽然在民主、均等的教育理念指导下，展开了较为彻底的教育改革，国家也以财政补贴的形式扶持私立学校的发展，但是在高等教育财政分配制度中依然可以看到主辅关系的存在。战后，日本高等教育财政制度中出现了多元化特征：以国家财政性投入为主体的国立学校特别会计制度、通过地方自治体会计制度向公立高等院校支付补助金的制度以及以国家财政性补助为辅的私立学校振兴补助制度。这样，国立高等学校主要通过国立学校特别会计制度获得政府财政性拨款或补助，而私立高等学校则通过私学振兴财团的各种补助制度获得政府财政性拨款或补助。国立学校财政制度是构成日本高等教育财政制度的核心，而对私立院校的财政补助制度及对公立院校的拨款则为辅助，二者只占财政拨款的极少部分。这说明日本高等教育财政制度中主辅关系的存在。可以说这种教育财政分配制度的主辅关系成为日本国立与私立并存而非并重的二元结构特征得以实现，并一直延续至今的物质保障。

三、专科学校制度化与《专门学校令》的颁布

1872 年颁布的《学制》以欧美为范本制订而成，但单轨制《学制》不符合日本当时国力、民情和文化，实施单一学制困难重重，出现了诸多问题。为此，1873 年 4 月“专科学校”一词虽然出现在《学制二编追加》中，但这并非是真正意义上的专科学校，直到 1879

年修改近代《学制》、重新颁布《教育令》后，才出现具有现代意义上的专科学校，由此专科学校也走出了特殊学校时代，进入了正规的学校教育体系。《教育令》明确规定，学校体系由初等、中等、专科学校、师范学校和大学构成，专科学校是教授单科教育的场所。

1877 年文部省内设置了以文部大辅田中不二麻吕为核心的教育改革委员会，着手学制改革。经过长达 10 年多的调研和方案制定，1890 年当时就任文部大臣的井上毅提出新的改革设想，并以《专门学校令案》的形式出现。该方案首先指出了专科学校的性质，“专门学校是传授专门业务和职业所需的学术技艺之场所”，明确了专科学校与普通教育机构不同，是以教授专业、职业知识和技术的教育机构，专业性和职业性较强。由于专业或职业多样化特性，《方案》还规定，根据学科专业设置情况，专科学校可划分为两种，一种是以经、医、药、文、理、美术为主的专门学校，一种是以工、农、商科类为主的实业专科学校。就学校层次而论，专门学校可分为三个层次，一是相当于大学学部层次，一是相当于高级中学附属专科学部或其他国立专科学校，另一种是中专层次等等。方案具体，涉及面广，且具有系统性，以便扭转当时专科学校自由放任、办学行为缺乏法律依据的状态，使职业教育真正纳入学校教育体系，按照普通教育进行规范化和标准化。这一改革方案未能付诸于实施，以失败而告终。这是由于当时社会经济、特别是地方工业经济发展还较落后，专业人才需求量不大，供需矛盾没有显性化，原有各种学校维持以往状态便可满足需求，无需改革，即改革的经济和社会环境还不成熟导致的。直到 1903 年《方案》的基本内容才以《专门学校令》的形式得以颁布实施，从这一意义上看，当时《方案》虽然未能公布于世，但它为 20 世纪初专科学校制度的规范化和法制化奠定了基础，发挥了基石作用。

18 世纪末，日本为实现“富国强兵”、“殖产兴业”基本国策，将“文明开化”视为实现上述目标的重要手段，一方面积极推进地方工业发展，将近代工业发展的重点由中央转向地方，并不断扩张延伸。其结果加快了地方资本积累，地方工业经济实体不断壮大。另一方面由于地方近代工业实体的增加，急需拥有一定数量的专业技术人才。这就刺激了劳动力对掌握近代工业知识技术的渴望，进而促进接受高一级教育的需求。可以说，当时的日本工业资本已充分表现出对扩大高等教育规模的强烈需求。但是，当时能提供高等教育机会的帝国大学由于资源严重稀缺，可望不可及的状态难以改变，而私立的各种学校由于缺乏统一要求或设置标准，教育质量差，难以满足社会需要，在这种社会背景下，考虑到扩大职业教育的条件基本成熟，日本政府便于1903年正式颁布了《专门学校令》。《专门学校令》的颁布解决了专科学校长期以来悬而未决的一系列制度性问题，是一部具有划时代意义的法律法规。对日本职业教育的快速发展起到了巨大的推动作用。该法令一直沿用到战后学制改革前，长达40多年之久，是日本战前最具生命力的一部职业教育法令，意义重大。

《专门学校令》由16条构成，第一条首先规定，“以传授高等学术技艺为目的的学校称之为专门学校”[15]，明确了专科学校的概念和内涵，与1879年《教育令》中所规定的“专科学校是教授专门一科之校”概念相比，不仅扩大了其内涵，还明确了专门学校的职业教育属性。第二条规定，在没有特殊规定时，所有专科学校必须按照该令所规定的条例执行，表明了专科学校必须在该法令管理控制下运行。第五、六条分别就专门学校的入学条件和修业年限做了具体规定，指出，专门学校接收中等学校毕业生和修业年限4年以上的高中女子学校毕业生或具有同等学历者，修业年限3年以上，属于高等教育范畴，纳入高等教育阶段，专门学校从而成为日本高等教育的重要组成部分。为有效落实《专门学校令》，政府还出台了《公私立专门学校规程》（简称《规程》）。《规程》首先规定，除国立专科学校外，设置公私立专科学校须经文部大臣认可，专科学校的设置标准按照《公私立专门学校规程》执行，明确了《专门学校令》只适用于公立和私立专科学校，而属于国家必需的专业教育机构按照其他标准设置。此外还规定，公私立专科学校设置审批权限由地方长官移交到文部大臣手中，加强公私立专科学校的审批权。教师应具有如下资格：(1) 拥有学位者；(2) 国立学校毕业的“学士”；(3) 文部大臣指定者；(4) 获得认可的人员。这是以前专科学校设置标准“标准判断”中所没有的。“专门学校必须有学校用地、校舍、教学用具等其他必备的设备”(第 2 条)，“学校占地面积应与学校规程吻合，且必须是有利于学生道德培养和卫生条件良好之场所”(第 3 条)。《专科学校令》的颁布对私立专科学校“教师资格和学生入学条件”(软件) 和“物质条件”(硬件) 进行了硬性规定，使专门学校发展规范化，在一定程度上提升了教育质量，为日后日本高等教育发展奠定了基础。但是由于政府对私立学校未给予财政支持，私立学校只能在低成本状态下谋求生存与发展，学校经营可谓步履维艰，这就决定了整个私立教育的办学条件、教学水平以及学科专业设置难以与国立院校抗衡。

长期以来“私学为庶民所用”的办学理念是日本私立高等教育办学主体的重要理论支撑和办学依据。私立专科学校也不例外，它是以满足个人需要、大众需求为目的，而非国家必需型教育机构。私立专科学校如同私立大学，日本政府长期以来对其采取自由放任的态度，认为私立教育应交给市场，通过市场调节、市场价格体系解决供需关系和教育经费问题，国家对其少干预或不干预。基于这一发展思路，私立学校设置的审批权和设置标准采取了不同于国立学校的制度标准。“高等教育规模扩大不仅仅是学生数量的增加。随着高等教育机构的增加，吸纳学生的数量必然扩大，假如学校设置标准低、学校条件简易，学校增设速度就会加快，教育质量趋于多样化的学校将大量产生，这样会对扩大学生数量带来促进作用。相反，以高标准限制高等教育机构增设，学生规模将受到限制，难以实现规模扩大。[16]”日本高等职业学校的发展正是如此，私立学校采用前者，国立学校适用后者，出现了两种不同的学校设置标准。也就是说，日本政府在发展高等教育初期，并没设想采用欧洲大学发展道路，制定严格的学校设置标准限制学校规模扩大。因此，在 1903 年《专科学校令》颁布前，私立学校设置审批权交由地方长官，而地方政府基本采取了注册方式，任其自由发展，目的是通过制定较低的学校设置标准，增加私立学校，进而扩张受高等教育的数量。直到 1903 年《专门学校令》和 1918 年《大学令》颁布后，才将私立学校的审批权收回到中央政府，开始规范私立学校的办学行为和条件。1903 年《专门学校令》颁布后，中央政府首先从地方政府手中收回私立专科学校设置审批或认可权，集中由中央政府统一掌管，以便统一全国私立专科学校的设置标准。但是，在审批私立学校办学条件时，中央政府却没能够统一标准，基本上只是采用对原有私立专科学校已有条件给予追认的方式，完成了法律层面上最低标准的认可程序，结果未给予认可的私立专科学校很少。同时，在通过认可的学校中，学校之间出现了教育研究条件的良莠不一，无论教学设施、设备还是师资队伍都存在一定差距。战前，日本中央政府虽然出台了各项有关私立学校的法律法规，不断规范私立学校的办学行为，提高办学质量，但效果不佳，教育质量低、办学条件差依然与私立学校的属性难以分开，二者之间似乎有着难以分割的必然联系。1903 年出台的《专科学校令》及其《公私立专门学校规程》（简称《规程》）虽然明确规定教师原则上是帝国大学及其他国立学校毕业的“学士”，否则必须经文部大臣认可；入学学生必须是正规中等学校毕业生及文部省实施的统一考试合格者等等，一定程度上规范了私立专科学校的办学行为，提高了办学标准。但并未能从根本上解决问题，与国立专科学校办学条件和生均教育经费无法相比。“政府设置的官立专门学校在设施设备、教师等方面有统一的标准，新设学校常常以既有学校为标准，具备相同的教育研究条件，但是私立专门学校并非如此，二者间存在着巨大差距”[17]。

第二节　高等教育制度多样化与战后新《学制》

《帝国大学令》，明确了国家必需和个人需要两种不同的高等教育需求理念。国家必需型教育目的在于培养国家必要的高级人才；而个人需要型则主要满足个人需要，协助个人实现自身价值。不同的发展理念，使日本在第二次世界大战之前出现了两种高等教育系统——国学与私学，并形成了以帝国大学为金字塔尖的官立大学[18]和以私立高等院校为塔基的序列制结构。这一结构为战后日本高等教育多化样发展奠定了基石。

在第二次世界大战战败后的 1945 年至 1952 年旧金山和约生效的 7 年里，日本进入了以美国为首的联合国军占领期。1946 年 3 月美国教育使节团经过了解考察，认为日本教育制度体系是封建等级制的产物，具有强烈地等级序列和尊卑色彩，不适应战后民主、平等理念的贯彻实施，建议从制度上应树立高等教育学术自由的研究氛围，高等教育机构应向大众开放。对此，日本政府首先对战前高等教育体制进行了认真地反思，并决定接受美国教育使节团的规劝，将战前多层次、二元化结构的高等教育制度统一在四年制、单一的大学制度上来，实现高等教育统一化和一体化。于是在同年 11 月 3 日颁布了日本新《宪法》。《宪法》第 26 条写道："全体国民根据法律规定，拥有接受与其能力相适应的教育平等权"[19]。基于这一民主、平等的教育理念，日本政府于 1947 年出台了《教育基本法》，从而对学制进行了全面改革，实行"六、三、三、四（小学 6 年，初中 3 年，高中 3 年，大学 4 年）"新《学制》。新学制首先废除了二战前中高等教育双轨制教育体系，实行以普通教育为核心的单轨制教育，旨在为男女青少年提供平等的教育机会。新学制以教育机会均等为原则，高度重视民主及人们享受教育的权利，与战前实行的国家保护型精英主义教育相比，发生了根本性变化，具有划时代意义。但是如何贯彻执行民主、平等理念？照搬美国式教育制度，将高等教育统一为四年制普通大学是否适应日本土壤？一系列问题摆在了日本教育决策层面前。面对新学制实施过程中遇到的种种问题，日本政府最终选择了一方面实施新学制的单轨制，另一方面又不断颁布新法令，恢复战前双轨制度，使普通教育与职业教育、四年制本科与 2～3 年制专科共存。这便形成了战后多层次、多类型的高等教育制度结构—四年制大学、研究生院、短期大学、高等专门学校和专修学校等多种高等教育机构并存的格局。多层次、多类型的高等教育制度结构的出现，不但解决了新《学制》不适应日本土壤或水土不服问题，而且适应了战后高等教育满足社会需求、解决扩大教育规模、提升教育质量等命题。

一、战后地方国立大学的诞生

（一）战后日本国立大学地方化背景

长期战争消耗了日本大量的人力、物力和财力。因此，战后初期日本国民经济遭到巨大损失，全国成为一片废墟。在这种情况下，1947 年在美国政府扶植及麦克阿瑟主持下，日本开始了战后经济重建工作。依照波茨坦公告精神，为彻底铲除日本军国主义思想，美国在日本经济领域实施了三大改革：土地改革、解散财阀和劳动立法。进行了民主化改革，以消除日本封建时期社会等级制等，日本社会经济结构由此随之变化。战后由于工业重建及朝鲜战争，日本从美国获得巨额军需订单使战后日本经济得以迅速恢复和快速发展，由此诱发出社会对大量高级人才的需求，“新制度下的大学”数量随之激增。1946 年日本大学数量仅为 48 所，到了 1950 年扩大到 201 所[20]。但是，此时日本高等教育资源区域分布不均匀，集中于大城市的现象比较突出，不利于满足区域经济建设及教育机会平等理念的贯彻执行。究其原因主要是，战前日本一度贯彻“初等教育、中等教育和高等由各级政府分权管理，即市、町、村、府县和中央政府分别管理”政策所致[21]。但是由于财力不足，地方政府无法开办高等教育机构，导致中央政府成为公立高等教育的唯一办学主体，而中央政府由于资源的稀缺性，开设的国立大学数量有限，无法形成规模，更无法使国立大学资源惠及到基层地区。而私立大学出于经营上的考虑，常常把校址选在大城市[22]，结果出现高等院校区域分布不均衡现象，阻碍了战后高等教育资源均等化进程，在此背景下，占领军当局要求日本将高等院校进行均匀分布，进而推进高校分布的区域化。

（二）地方性国立大学的诞生与《国立大学实施纲要》

1872年实施的《学制》是日本以西方先进国家的高等教育制度为参考制定而成的。据此，全国的大学被分为七个学区，每个学区内分别设立了一所“官立”学府。但是，当时以西欧为标准设置的各大学所研究、教授的都是与“和汉学”传统完全分离的“洋学”。在日本各地创立这样的大学，无论是从人力上还是物力上都是极难实现的。如果说位于北海道、东北、东京、名古屋、京都、大阪、九州的七所帝国大学是这种学制的实质化的话，那么这种实质化的进程足足需要持续半个世纪。而实际上，日本的高等教育制度并非是如此宏大的构想，尽管其与日本后起的近代化特征有着直接的关系，但还是形成了日本独特的“中央—地方”构造。

战后初期，日本国立高等教育机构共276所，其中帝国大学7所、单科性大学11所、高等学校26所、大学预科5所、专门学校87所、高等师范学校7所、师范学校55所、青年师范学校46所、教师培训学校32所[23]。当时，占领军当局在参照美国州立大学的办学经验基础上，建议日本通过国立大学移交地方经营管理，由国立改为公立，目的是推动国立高等教育机构地方分权化，改变日本国家对高等教育的集权做法。但是这一提议遭到日本政府的反对。日本政府认为国立大学的属性不能改变，国立大学是根据国家或全国发展战略设置的，有必要由国家继续经营和管理。但是国立大学可根据战前制度的大学区设置国立大学，对国立大学实现地方化分布。对此美国占领军当局表示赞同，并于1948年向日本文部省提

出《日本国立大学设立原则》，共11条（详见表2－2）。该《原则》第一条首先明确指出，“各都道府县至少应设立一所国立综合大学”。基于这一原则日本文部省制定了《新制国立大学实施纲要》（简称《纲要》），并于同年6月正式公布。《纲要》指出，除部分地区（北海道、东京、大阪、京都、福冈）外，对战前各府县已有国立高等教育机构（不包括帝国大学）进行合并重组，建成一所国立大学，力争实现一府县一大学的战略部署。在一府县一大学的部署下，各府

县内（不包括设有帝国大学的府县）的国立院校开始了大规模的合并重组，将国立高中、专科学校、师范学校和大学等合并，重组为地方性国立大学。按照《纲要》要求，除东京、大阪、爱知、京都、福冈及北海道外，同一县内的所有国立学校合并组成新型国立大学。经过3年的时间，完成了合并重组工作，到1949年建立起了包括38所地方国立大学在内的70所新制国立大学[24]。新型地方性国立大学制度的产生，使教育机会均等理念落实到了实处。

编号	内　　容
1	除特别地区（北海道、东京、爱知、大阪、京都和福冈外），原则上一县设立一所国立大学，这些大学原则上由该县现存的官立学校合并而成。
2	国立大学的学院、分校不得跨府、县设置。
3	各都、道、府、县只开设一个以培养教职员为主的师范学院或特设师范学部。
4	国立大学机构的设置，目前暂以现有学校机构设置为基础进行整编，今后逐年充实。
5	为振兴女子教育，在关东、关西各设一所女子大学。
6	国立大学当前除可设置的特殊学校外，还可以设置以培养义务教育与教师为主的、学制二年至三年的师范专修科。
7	在都道府县以及一部分城市里，若有公立学校自愿合并到国立大学的，其所需费用可与当地政府协商解决。
8	大学原则上使用都、道、府、县名，若大学和地方政府都同意，也可以使用别的名称。
9	国立大学的教师由组建大学推荐，报大学设置委员会批准选定。
10	国立大学原则上从大学一年级开始招生。
11	在公立大学转入国立大学时，文部省将尽可能尊重大学和当地政府双方的意见。若遇分歧或条件不成熟时，按学校教育法第98条规定，暂保留原校状态。

表2－2　新设国立大学的11条原则

资料来源：刘岚著，《国立大学的角色与职能分析》（博士论文，苏州大学，2008年），P85

实现地方分权、贯穿教育机会均等理念，增加地方高等教育资源正是美国州立大学的办学方针，战后日本一系列教育制度改革正是美国教育的翻版，使美国式高等教育推销到日本，实现高等教育的“民主化”[25]。那么，日本高等教育照搬美式“民主化”的结果如何？实践检验证明，水土不服，难以存续在日本土壤。1951年旧金山合约签订后，占领期政令修订咨询委员会指出“战争结束后实施的教育改革弥补了战前教育制度缺陷，为确立民主教育制度发挥了极大作用。但在民主教育改革进程中，由于以外国教育为典范，照搬美国高等教育制度，徒然追求理想，不符合我国实情之处甚多。[26]”战后的学制改革由于缺乏美国式的与学制改革配套的财政投入，只是对学制本身进行改革，因此导致创设初期的新型地方性国立大学出现了一系列问题，其中教育设施、设备简陋、财政拨款不足、教育质量差等现象非常突出。不过，在高等教育规模不断扩大过程中，日本政府通过推行诸多有效措施，办学条件、教育质量有了明显提高，在一定程度上缓解了新型地方性国立大学水平低、质量差的“地方性”因素，逐步缩小了其与旧制国立大学之间的距离，赢得了社会的认可。这些具体措施主要包括：(1）通过合并地方政府设置的公立大学，实现部分地方性国立大学的“多学科”。(2）通过新建校舍，整合实验、实习设施、充实图书等，不断充实完善教育设施设备。(3）通过把部分“帝国大学”中的研究所、研究设施转移到地方性国立大学的方式，解决师资问题。[27]。

自19世纪，近代性大学创立、以及教育机构的扩大成为社会性的和政治性的要求以来，高等教育的“地方性”问题便是很多国家不得不面对的问题。日本的国立大学在其发展过程中，虽然也多次面临“中央”和“地方”的职能差异等问题，但基本还是保持着其“全国性”的属性。即使是“地方国立大学”，虽然它们的设立对扩大当地人们教育机遇发挥了重要作用，但却并未从根本上改变其作为中央国立大学直接连接的高等院校的“全国性”性质。虽然由“一府县一大学”的公平性原则起步建立的各地方国立大学在保证高等教育机会的公平原则方面发挥着一定的作用，但由于战前的日本大学一向以“国家主义”为理念，属于仅面对少数人的“精英教育”，为此，半个世纪以来，国立大学一直秉承这一理念，本着“精英教育”的原则在发展。

二、新《学制》体系外职业教育机构的产生

（一）日本短期大学制度

战后初期，为了确保战前各类高等教育机构在一定基础上升格为四年制大学，文部省专门成立了“大学设置审议会”和“大学基准审议会”，制定《大学设置标准》，并按标准审查批准专科学校申请升格为大学事宜。根据大学基准审议会制定的《大学设置基准》要求，对达到“基准”的高等教育机构认可为四年制大学。战前即使是大学的教育机构也需重新申请，并按照新的设置标准进行审查批准。当时，申请升格的大学共有 58 所，审查合格的为 36 所，申请升格的其他高等学校 32 所，审查合格的为 4 所，申请升格的大学预科 43 所，其中 36 所审查合格。而在申请升格的 332 所专科学校中，181 所获得认可，不给予认可的学校达到 151 所[28]。原因是这些专科学校未达到大学设置基准的办学条件，即难以保障大学教育质量，需进一步改善条件，提高水平。这实际与美国教育使节团及日本政府当初的“全升”设想有些矛盾。日本政府一方面力争使战前高等教育机构全部升格为四年制大学，另一方面在一定程度上又想保障大学应有的教育质量，因此出现了有悖于当初设想的现实问题。对此，战后设置的教育刷新委员会就战前高等学校的存续形态，即成立两年制大学的方案进行了审议。在审议过程中有赞成者，也有反对者。教育刷新委员会委员长表示了反对意见，指出，这会成为战前学阀的温床。于是成立两年制大学的方案被否决。直到 1948 年 12 月，这一方案才在教育刷新委员会第 86 次总会上公开，并正式出现在向大学设置委员会委员长南原提交的书简中。书简的内容主要是如何处理未能升格的高等学校这一现实问题。在迅速向新学制过渡背景下，经过一年多的研究讨论，1949 年教育刷新委员会召开了第 87 次总会，提出设置 2～3 年

制大学的建议，同年经过第 5 次国会审议，于 5 月 6 日通过了《短期大学设置法案》，并于 1950 年付诸实施。但是，这只是权宜之计，是一种通过“暂定措施”解决战后《学制》遗留问题的做法，也就是说，短期大学只是作为一种过渡性高等教育机构暂时存在。为使短期大学制度具体化，短期大学设置认定、教育内容，教育课程设置及设施、设备、办学条件等事宜交由文部省内设置的大学设置审议会和短期大学教育课程等研究协议会负责。这样 1950 年短期大学制度作为暂定措施诞生了。

20 世纪 50 年代后期，日本经济进入恢复、发展时期。1960 年后日本又进入经济高速增长阶段。随着日本社会经济的发展变化，工业经济领域的人才供求矛盾日益突出，导致产业界人士对新学制实施后，专业职业型人才严重不足情况产生强烈不满。他们赞美战前以专门学校为主体的旧学制时代，要求政府改革学制，甚至要求恢复战前学制。于是，应如何解决短期大学这一过度性制度问题又浮出水面，成为日本政府无法回避的难题。当时，有人提出废除暂定措施，将短期大学转为高等专科学校，也有人提出废除短期大学制度。产业界则认为短期大学的职业教育功能差，不能适应产业发展需要，对短期大学提高女性生活技能和文化修养的学科专业设置表示了强烈的不满。日本政府将短期大学转为高等专科学校的设想遭到反对。1958 年文部省着手短期大学制度改革，提出废除短期大学制度，开办专科大学的设想，并向国会提交了《设置专科大学法案》。由于该法案提到“短期大学的办学目的超出大学体系范畴，遂将其纳入专科学校范围”，因此，遭到短期大学协会的强烈抗议。他们要求短期大学制度须在大学的教育体系内进行制度改革，使其制度由暂定转为永久化。最终《专科大学法案》被否决。与此同时，要求废除短期大学制度的人们认为，从短期大学“深入开展教学与研究活动，传授专业知识，培养具有实际生活和职业能力的人才”的办学目的看，在“传授专业知识”这一目的上与四年制大学相同，而在“培养具有实际生活和职业能力的人才”这一目标上却与职业专修学校的培养目标相似。短期大学的办学方向混乱，定位不清，短期大学无法与四年制大学相提并论等等。因此应该取消“短期大学”。在一片反对和质疑声中，短期大学协会一方面要求短期大学重新定位，面向年轻女性、加强实用性、职业性专业设置，另一方面与政府交涉，争取短期大学制度永久化。文部省召集私立短期大学协会代表共同制定短期大学制度“永久化法案”。法案明确指出：“《学校教育法》第69项条款附加两项，第一项规定，除第52条规定的内容外，短期大学是以研究高深专业技术、培养掌握职业技能和实际生活能力为目的的大学。第二项规定，取消《学校教育法》109、110条规定，短期大学适用于修改后的《学校教育法》第69条第一项所规定的大学。[29]”经过长期的不懈努力，直到1964年，日本通过修改《学校教育法》后，短期大学制度才获得法律保护，从而最终确立了短期大学的法律地位，由暂定过渡到永久。对于短期大学而言，从非法到合法可以说是一个漫长而无奈的等待过程，但其意义重大，表明日本高等教育制度又从战后单一《学制》发展成双轨制，恢复了战前高等普通教育与职业教育共存的格局。

短期大学制度持久化的重要原因在于适应了社会需要，特别是满足了年轻女性对高等教育的需求。在1971年中央教育审议会提出的第46次审议报告（俗称46答审）中明确指出，短期大学作为第二种高等教育机构，分为“教养型”和“职业型”两类。从短期大学的分类看，目前主要有职业性和文化教养型两种，其中职业型学校的学科专业主要集中适宜女性所从事的职业知识和技能教育，而文化教养型则侧重于培养女性修养、贤妻良母等性别教育。也就是说，短期大学是以培养女性职业、生活知识和技能为主体的职业性教育机构。长期以来，短期大学一直坚持这一社会定位，形成其特有的办学特色。短期大学成为日本高等教育的重要组成部分，为志愿接受高等教育、掌握一技之长的广大青年提供了受教育的机会，同时也使年轻女性获得了与男性相同的受教育机会，因此深受人们的欢迎。从短期大学的学科专业设置看，适合女性选择的学科专业甚多。特别是日本经济进入高速发展期后，短期大学与时俱进，为满足新时期社会需求，增设专业，扩大规模，培养出大批中级技术人员和具有各种专业技能的人才，深受企业及社会各界的欢迎。从短期大学的发展速度看，1950年，文部省批准注册的短期大学共149所，其中公立短期大学17所，私立短期大学132所。两年后的1952年发展到205所，其中国立7所，公立31所，私立167所。7年后的1959年，又进一步扩大到272所，其中国立24所，公立38所，私立210所。从1950年到1959年不到十年的时间里，短期大学的发展速度惊人，数量增加了近一倍。1960年以后，短期大学数超过大学，且逐年扩大，其发展势头一直持续到20世纪90年代中后期。短期大学成为日本高等教育大众化时代的重要组成部分。

随着科学技术的高度发展及社会职业进一步专业化、技术化程度的提高，希望接受职业教育或职业培训的学习者日益增加，但是却受到了以女性为主要对象的短期大学专业设置的制约。现在的短期大学除了教育类、看护类等可以获得职业资格的专业还保持着较高的入学率外，其家政、教养类的专业人数有所减少。特别是高等教育适龄人口年年递减的当今时代，短期大学开始面临巨大挑战。面对国内学生不断减少的严酷现实，近年来，短期大学将目光投向海外，试图通过招收海外留学生弥补国内生源减少所带来的生源持续下降问题。解铃还须系铃人。短期大学要想立于不败之地，必须发挥短期大学的地域性、专业性等自身优势，在竞争中寻求新的发展之路。

（二）新《学制》体系外高等专科学校制度的产生

日本内阁咨询机构——教育刷新委员会在美国倡导的民主、均等教育理念下，于1946年提出了高等院校原则上以四年制大学为主体的建议，制定了战后“六、三、三、四”单轨制学制，由此日本开启了单一学制时代。为把战前建立的大批职业教育机构纳入四年制本科院校的轨道上来，日本政府开始了一系列合并重组。首先相关部门围绕国立专科学校管理权归属问题展开了激烈讨论。教育刷新委员会认为国立专科学校是基于“国家需要”设置的，不应交给地方管理，应由国家统一管理。这一观点得到官方认可，同意仍由中央政府来管理国立专科学校。这便随之形成了第二个讨论焦点，即如何解决国立专科学校问题。对此，文部省提出了合并国立高等专科学校，按照“一府县一大学”的部署，设置地方性国立大学的设想，并将其付诸实施。在“一府县一大学”的战略部署下，1947 年日本政府开始对 84 所国立专科学校实施合并重组。1949 年，68 所地方性国立大学在国立专科学校合并重组政策下诞生。仅仅用了两年时间，日本政府便完成了对国立专科学校的合并重组任务。私立专科学校大部分升格为大学，部分不达标的学校只能以短期大学的形式暂存下来。但是，理想与现实往往相差甚远。教育必须适应经济活动，必须遵从为经济发展发挥促进和推动作用的规律。日本是以经济驱动为高等教育发展的核心动力的国家，很明显，民主、平等的新学制不可能适应日本战后社会经济发展需要。

20 世纪 50 年代后期，日本经济经过恢复阶段，进入了高速发展期。60 年代制定实施的《国民收入倍增计划》不仅成为日本经济政策的转折点，也是日本社会政策全面改革、转变、社会进入全面调整和发展阶段的象征。表现在教育领域，那就是引入美国教育经济学，即人力资本理论，强调人在经济增长中的重要因素，旨在通过培养掌握专业技术技能的人才，推动高速经济发展。20 世纪 60 年代日本《国民经济倍增计划》的核心实际是改变增长方式，推动产业结构由农业向重化学工业转型。实施战后新学制不到 10 年，日本社会各界就开始出现各种质疑，认为单一学制不适合日本国情，更不能适应日本社会经济的发展，甚至阻碍了战后经济恢复和增长，必须改革；日本战后单一学制无法满足产业界急需具有一定专业技术技能的中高级工程技术人才的需要，难以培养出适应产业结构转型的工程技术、技能型人才；高等教育制度与社会需求之间产生矛盾，供求关系脱节等。在这种背景下，来自经济产业界的呼声不断高涨，要求设立专科学校，培养中高级技术技能人才。针对这一问题，1958 年日本文部省三次向国会提交创设专科大学的法案，但因该法案有悖于贯彻战后新学制民主、公平的教育理念，未得到国会通过。之后，取而代之，又以不同的名称《高等专门学校法》提交国会，进行讨论。在国会讨论时有人指出，战后单一学制是美国占领政策的具体体现，但这并不意味着永远不能改变。随着社会的进步和产业经济的发展，建立与日本国力相适应的新教育制度是非常必要的。日本自民党国务大臣荒木指出：日本战败经过了10年之久，经历了经济恢复、自立时期，高等教育制度应适应时代的要求，在不影响“六、三、三、四”制的同时，再建立一种“六、三、五”新学制，如同两条公路，只有东海道还不够，已不能满足日益增加的交通流量，必须再建一条二级国道[30]。经过多次讨论，1961年日本国会通过了《高等专门学校法》。《高等专门学校法》的颁布意味着在新学制教育制度体系外，又产生了五年一贯制的新型专科学校教育制度，双轨制学制特征不断得到强化。

在《高等专门学校法》的基础上，日本政府又于1962年制订了《五年制专门教育机构设置纲要》（简称《纲要》），不断使《高等专门学校法》具体化。《纲要》指出，①为培养具有专业能力的职业技术人才，新设五年制专科教育机构；②该专科教育机构的名称为高等专科学校，以教授专科学艺教育，培养职业能力为目的，不具有研究机构的研究职能；③设立五年一贯制的高等专科学校，前三年为中等教育阶段，后两年为高等教育阶段。招生对象为初中毕业生。学校类型以工业专科学校为主，还可设高等商船专科学校。就此内容，修改后的日本《学校教育法》也做了相关规定，例如，在文部省内设立专门机构——高等专科学校评议会，高等专科学校事务由大学学术局负责；有关大学和短期大学学生的毕业资格也适用于高等专科学校毕业生所要求的毕业资格；私立学校法适用于高等专科学校法人等等。战后高等专科学校制度是新形势下明治时期官立专门学校的再现，所不同的是与战前相比，学科专业设置集中在实业教育领域，进一步凸显了国立专科学校实学为主、工学为重的办学特色，以快速培养经济转型中急需的工程技术和技能人才。高等专科学校的设立突破了战后日本高等教育“一体化”、“统一型”的基本思路和制度框架，使日本高等教育进一步向多种学制的方向发展[31]。换句话说，高等专科学校制度的诞生与战后推行的“六、三、三、四（小学 6 年，初中 3 年，高中 3 年，大学 4 年）”新学制相悖，属于另类制度。但它的产生适应了日本经济发展的需要，适应日本土壤，是战后产业结构转型的必然产物，深受社会、企业的欢迎和好评。

（三）新《学制》体系外专修学校制度的产生

随着战后日本经济恢复、自立和高速发展及社会、个人对高等教育需求量的增加与需求的多样化发展，高等教育规模化与单一化的制度矛盾越来越突出。1962 年高等专科学校的产生和 1976 年专修学校的出现在一定程度上化解了二者间的矛盾，进一步扩大了以职业教育为特征的双轨制教育范围。两种学校类型虽然都属于职业教育专科性质，但二者产生的社会背景不同。如果说 20 世纪 60 年代的高等专科学校是为顺应日本高速经济增长需要而设立，那么，70 年代的专修学校则为满足高等教育制度多样化发展而诞生。前者强调产业结构升级对工程技术人才的需求，后者则强调高等教育结构调整及满足个人需要。专修学校的出现是为实现高等教育大众化与多样化相适应的目标而进行的制度结构调整的结果，也是进入大众化阶段后，高等教育制度在多样化发展政策的驱动下的产物，它的诞生扩大了战后日本高等教育制度的内涵，使日本建立起以短期大学、高等专科学校和专修学校为主体的职业教育制度体系。

随着日本高等教育机构类型的多元化及其规模的不断扩大，20 世纪 70 年代，日本高等教育步入大众化阶段，开始了新的发展历程。日本政府以第三次教育改革为契机，力求实现广义的高等教育制度概念，推动高等教育进一步向多元化目标发展，使高等教育大众化与多样化同步推进。1973 年日本高等教育升学率达到了 32.2%，其中大学本科占到了 80%，显然，四年制本科院校成为实现大众化的主体，而非传统的教育机构只发挥了补充作用，二者的主辅关系十分突出。这一方面反映了日本在推进高等教育大众化过程中，虽然注重四年制本科教育的发展，却忽视了大众对高等教育的多种需求，把绝大部分受教育者引向单一的教育制度体系内；另一方面也折射出国家教育政策导向出现问题，对高等教育概念的理解具有一定的局限性。直到日本实现了高等教育大众化，升学率高达30%强的时候，政府才意识到必须转变观念，扩大高等教育内涵。

由于经济高速增长计划的实施，私立大学盲目扩张，教育质量明显下滑，私立高等教育几乎处于有型无序状态。为此，日本着手教育改革。1971年通过了《今后学校教育综合扩充整备的基本对策》，教育史称“四六审议”报告，启动了日本教育史上第三次教育改革。20世纪70年代，日本经济高速增长势头逐渐减弱，开始进入稳定增长时代，这时日本经济增长方式由重工业向信息产业、从模仿技术向技术改造转移，以便形成本国特有的国产技术。“四六审议”报告指出：该报告是在总结分析战后20多年来新《学制》实施效果、预测未来教育发展基础上形成的，是展望未来教育发展的政策性、纲领性文件。文件虽然重点就教育质量与数量的关系问题提出了一系列政策措施，但扩大高等教育内涵、高等教育向多元化发展这一核心思想贯穿始终。具体来讲，一是控制大学和短期大学增设和扩张，创立新型教育机构，实现高等教育制度多样化目标，进而提高大学教育质量；二是转变传统高等教育即大学教育，落实广义高等教育的观念—高等教育既包括大学、短期大学，也包括专科学校等。

就实现广义的高等教育概念问题，报告指出，应将高等教育理解为以接收高中毕业生为主的有组织、并达到一定修业年限的所有教育，通过建立广义的高等教育体系和不同形态的教育机构（大学、短期大学、高等专科学校和专科学校、函授大学）使高等教育制度结构合理化和弹性化；明确各形态教育机构的职能及相互关系；高等教育机构作为终身学习的场所向在职人员和社会广大民众开放等。在这种政策背景下，1976年创建了专修学校制度，使第一次高等教育规划中强调的广义高等教育概念落实到实处。我们知道，控制数量意味着更多的希望接受高等教育的人口被拒之大学之外。为了保证质量，同时又不让四年制大学无限扩张，这样日本政府便提出高等教育多样化发展思路，以引导更多需要接受高等教育的人群转入专修学校等非传统的教育机构来。专修学校既能实现社会对人才类型需求多样化需要，又可有效地适当控制单一类型院校外延发展。专修学校制度的建立不仅适应了时代的要求，也为日本高等职业教育快速发展创造了条件、提供了制度保障，成为高等教育不可或缺的重要组成部分。

专修学校制度的建立并非一帆风顺。政府在 20 世纪 60 年代就着手研究讨论战后未能纳入大学或短期大学体系内的各种学校的出路问题，直到 70 年代中期才有了定论，决定创设专修学校制度。在此过程中，有人提出原有各种学校是具有积极意义和目的的教育制度，应延续该制度，通过修改战后学校教育法使其合法化，但未得到国会通过。与此同时，教育界和政界也强调战前有特色的各种学校深受社会各界的欢迎，而且，战后实行的单轨制教育体系不适应日本学校教育体系，应进行反思等，改革战后新学制的呼声不断高涨。在此背景下，国会议员向国会提出修改《学校教育法》，创设专修学校制度的提案。1975 年国会通过了该提案，1976 年 1 月正式实施了相关法律和专修学校设置标准，从此，创设了专修学校制度。《专修学校设置标准》中写道：专修学校是以提高职业、生活所必须的能力和教养为目的，修业年限 1 年以上、年授课时数不少于 800 小时、班级 40 人以上、实施有组织的教育机构，纳入学校教育制度。该制度目的明确、设置标准严格，与战后《学制》教育体系中的学校相比，具有适应社会或个人需求，灵活调整学科及修业年限等特征，有很强的灵活性。从招生条件来看，专修学校分为中等教育阶段和高等教育阶段，分别为高中阶段的专修学校和高中后阶段的专科学校（日语称专门学校）。人们习惯说的专修学校主要招收初中毕业生，而专门学校则招收高中毕业生。此外，还开设一般性课程，招收对象不限资格，有意者均可报名学习，相当于培训、进修性质的课程。与各种学校不同之处还包括，专修学校开设的高中阶段课程与高中毕业后的专科课程、高中课程与初中课程之间具有很强的一贯性或连续性，这就是我国教育改革中强调的实现广义的高等教育概念的核心内容，也是专修学校制度的一大特征，而其他各种学校不具备这一特征。

专修学校制度产生于20世纪70年代，是日本完成经济高速增长计划、高等教育步入大众化阶段以后出现的一种新型职业教育机构，具有其自身的意义和价值：推动高等教育向多样化发展、由学历社会向能力社会转型。具体体现在专科学校制度类型的职业性和私学性。日本专科学校制度不同于战后新学制所规定的普通四年制教育，亦非经济高速增长需要和社会经济转型所需的新型高精尖人才培养之需要，而是在高等教育进入大众化阶段以后，以推动职业技术技能教育、满足终身学习社会为目的的非传统性高等教育机构。它的产生可以说是在满足社会对高等教育需求多样化和保障传统高等教育质量的背景下实现的。

综上所述，日本高等教育制度结构随着时代的发展，形成了多层次、多类型制度结构，在国立教育体系内出现了全国性综合大学、地方性多学科大学和单学科专科学校；私立大学中出现了全国性综合型巨型大学、地方性多学科或学科中小规模大学和短期大学、专科学校(图表2—3)[32]。而这种结构的形成，既是日本政府政策引导的结果，又是高等教育发展的必然。正如天野郁夫所指出的那样，日本高等教育“是在大学（高等学校）与专科学校，官立与私立这种二元多层次制度结构下发展起来，这一背景与我国近代化特质密不可分。[33]”

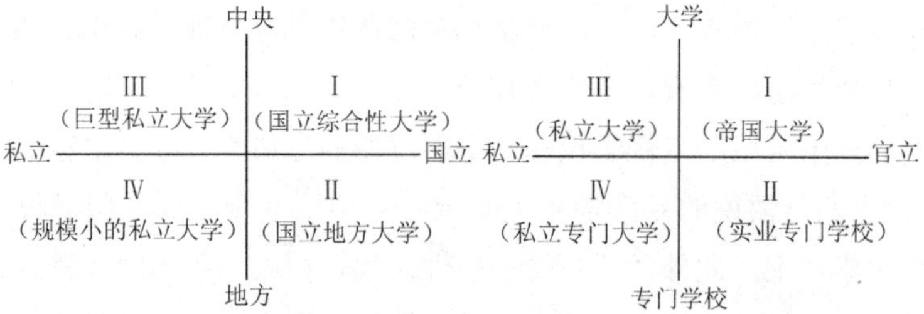

图2—3　高等教育机构类型

参考文献：

[1] 创建国府台大学校规划虽然得到政府的认可，但由于财政紧缺，最终此建设规划被取消。

[2]「ベルツの日記」第1部上，1951年，45～46页（明治10年5月14日付の「日記j」

[3]「公文録」文部省之部，明治13年自9月至12月全，文書番号26，「教育令改正ノ件」

[4]「公文録」文部省之部，明治14年自8月至9月全，文書番号4，「東京大学諮諦会設置ノ件」

[5]「東京大学第二年報」明治15年，等参照.

[6] 谷本宗生．帝国大学の形成と高等教育［J］．教育学雑誌第27号，1993：62

[7] 文部省《資料臨時教育会議》第三集．総会速記録，194.

[8] 文部省《資料臨時教育会議》第四集．総会速記録，35～36.

[9] 文部省《資料臨時教育会議》第三集．総会速記録，119.

[10] 文部省《資料臨時教育会議》第三集．総会速記録，120.

[11] 文部省《資料臨時教育会議》第四集．総会速記録，72～74.

[12] 转引自市川昭午．大学大衆化の構造［M］．东京：玉川大学出版社，1995：24

[13] 永井道雄著，李永连、李夏青译．日本的大学［M］．北京：教育科学出版社．1982：13

[14] 小林哲也著，徐锡龄等译．日本的教育［M］．北京：人民教育出版社，1981：32

[15] 天野郁夫．高等教育の日本的構造［M］．东京：玉川大学出版部，1986：36

[16] 天野郁夫．高等教育の日本的構造［M］．东京：玉川大学出版部，1986：62

[17] 天野郁夫．高等教育の日本的構造［M］．东京：玉川大学出版部，1986：40

[18] 官立大学指二战前国家设立的“帝国大学”以外的大学

[19] 伊崎晓生．教育的机会均等［M］．东京：学阳书房，1978年：126

[20] 天野郁夫著，陈武元译．高等教育的日本模式［M］．北京：教育科学出版社，2006：178

[21] 市川昭午．生涯学習からみた大学立地政策［J］．大学研究第4号，筑波大学大学研究センター，1989：13

[22] 高益民、李海宗．战后日本促进高校分布均衡化政策回顾［J］．比较教育研究，2010（12）

[23] 天野郁夫著，陈武元译．高等教育的日本模式［M］．北京：教育科学出版社，2006：77

[24] 天野郁夫著，陈武元译．高等教育的日本模式［M］．北京：教育科学出版社，2006：99

[25] 高益民．战后日本高等教育发展的阶段性特征［J］．比较教育研究，2003（12）：32

[26] 竹内良知．战后日本的教育改革与教育荒废［J］．日本研究，1985（4）：115

[27] 天野郁夫著，陈武元译．高等教育的日本模式［M］．北京：教育科学出版社，2006：104

[28] 海後宗臣・寺崎昌男．大学教育（戦後日本の教育改革）第九卷［M］．东京：東京大学出版会，1969：182

[29] 日本私立短期大学协会50年史编辑委员会编．日本私立短期大学50年史［M］．东京：日本私立短期大学协会出版，2000：10

[30] 战后日本教育史料集成编辑委员会．战后日本教育史料集成（第七卷）［M］．东京：三一书房，1983：163～167

[31] 高益民．战后日本高等教育发展的阶段性特征［J］．比较教育研究，2003（12）：33页

[32] 天野郁夫著，陈武元译．高等教育的日本模式［M］．北京：教育科学出版社，2006：153

[33] 天野郁夫著，陈武元译．高等教育的日本模式［M］．北京：教育科学出版社，2006：47

第三章　日本国立大学追求“卓越”的理念与实践

二元双重结构是日本高等教育结构的主要特征，是实现高等教育数量与质量均衡发展的战略思维和部署。官与民两种办学主体、普通与职业两种学校类型结构推动了日本高等教育数量与质量的协调发展，解决了看似矛盾的教育命题。日本政府（官方）开办的国立大学始终如一，以提升质量、追求“卓越”为办学理念和目标，秉承国家政治、经济和科学技术发展的使命，坚持精英教育发展模式，积极贯彻落实“国学为国家所必须”，培养高层次精英人才、开展高水平学术研究、提供优质社会服务，为增强国家的核心竞争力发挥了重要作用。在实践过程中，国立大学以培养理工科高层次人才和攻破学术难关为办学方向，不断改革与创新，开展教育科研活动，创造出国内外同行认可的丰硕业绩，为增强国家、地区经济和科学技术竞争力发挥了其他教育机构无法替代的作用。

本章拟通过论述日本国立大学“卓越”至上的办学理念与实践，对日本国立大学与私立大学、中央国立大学与地方性国立大学进行比较研究。分析内容主要由日本大学分类及其结构特征、日本国立大学教育科研竞争力、日本国立大学教育科研实践结果三部分构成，其中重点分析日本国立院校在研究生教育、教育研究据点大学建设项目、科学研究项目立项及经费配置、办学效果等问题，并在其基础上阐述日本国立大学始终如初的持衡理念——追求“卓越”的理念与实践。

第一节　日本大学的分类及结构特征

日本高等教育分类发展始于大学制度产生之日。其发展初期并没有任何明确的分类指标体系，只是根据办学主体的财力，以两种办学主体及其非明确化的功能定位简单划分。随着高等教育规模化发展，20 世纪 70 年代，日本出现了分类发展思想，并于 90 年代后期付诸实施。21 世纪以来，日本高等教育分类发展进程加快，其中最有影响力的分类发展思想由天野郁夫和光田好孝提出。然而无论何种划分方法，其结果却基本相同：历史悠久、综合型大学、国立中央大学都被列为研究型大学；研究型大学的教育质量和科研水平都名列前茅，成为日本国内外名副其实的一流大学、顶级水平。此种划分结果反映出日本明治时期开办国立大学的初衷——探究学问之深奥，创建世界上得以骄傲的大学。

一、日本大学分类发展政策与学校类型

（一）日本大学分类发展政策的出台

日本高等教育出现分类发展一词始于 20 世纪 60 年代。当时，高等教育升学率仅为 10%，尚未实现大众化——升学率 15%的目标。也就是说，日本最早出现分类发展思想并非由于教育规模扩大引起的教育水平或质量的下降，而是由于第二次世界大战之后日本实行单一《学制》，高等教育的人才培养无法满足以第二产业为支柱产业的经济高速发展需要出现的。经济界迫切要求修改《学制》，以满足产业界对人才类型多样化发展的需要，适应社会的多样化发展，出于上述原因的考虑，日本出现了高等教育区别化发展的想法。在这一社会背景下，1960 年日本文部省要求中央教育审议会就“新《学制》实施 10 多年以来存在的问题”进行审议。从审议内容看，一是对战后的《学

制》进行审视，认为单轨制《学制》不适应社会经济发展需要，也不利于满足对高等教育的发展需求，此种类型单一、目标同一的战后《学制》必须改革；二是提出回归第二次世界大战之前的双轨制教育体系，构建第二次世界大战之后的新教育体系，其中由精英教育向大众教育转变的建议以及实施措施等是改革的重点。中央教育审议会于1963年以《改善大学教育》为题提交了审议报告。报告开篇指出“大学一方面要为满足激烈的国际竞争和社会不断进步的需要，开展高深的学术研究，提高我国文化水平，发挥传统大学的功能作用，另一方面也要适应民主社会发展的教育民主化需要，肩负起为提高广大国民职业教育和市民教养教育提供教育机会的新型任务”[1]。中央教育审议会通过使用“传统使命”和“新型任务”，将两种学校类型及其定位区别开来，前者以坚守“精英”教育为使命，后者则以完成大众教育“任务”为目标，划分出精英与大众不同类型的高等教育机构。同时，中央教育审议会报告还将高等教育分为五种：研究生院大学（包括理论型和职业型）、普通本科和职业教育四年制本科大学、短期大学（专业职业型和生活技能型以及教养教育型）、高等专科学校、音乐艺术型。针对研究生院大学报告指出：综合性大学原则上在所有学科中都开设博士课程和硕士课程，开设独立研究生院，重点发展博士研究生教育；综合性大学不仅开设硕士课程，还要在所有学科开设博士课程，综合性大学重点发展硕士研究生教育。此处出现的综合性大学实际是指第二次世界大战之前日本开办的少数帝国大学，所涉及的研究生院问题主要是指具有传统使命的精英型院校，目的是控制综合性大学以外的教育机构不断开设研究生课程，使精英院校与大众院校（一般大学和短期大学）区别发展。此外，报告还指出：高等教育升学率已达到13%，已不低于世界其他发达国家的发展水平，因此，接受高等教育的学生应具备相应的素质和能力，维持高等教育水平，确保大学应有的品质或标准等。此项内容反映出日本政府在实施高等教育规模化发展之前，对教育质量下降的担忧或未雨绸缪的设想，即通过综合性大学承担起传统大学的历史使命，使高等教育重点向高层次发展。在20世纪60年代日本经济高速增长10年计划期间，高等教育快速发展，1970年升学率达到了24%，10年的时间升学率上升了11%，不得不引起人们对教育质量的担忧。于是，1967年中央教育审议会由对文部省提出的高等教育制度改革问题进行了审议，并于1971年提出《关于今后学校教育综合扩充及整备的基本措施1971年6月11日）》审议报告。报告内容主要涉及高等教育制度多样化发展问题，即高等教育机构类型的多样化：1. 大学（综合型、单科型和职业型），2. 短期大学（教养型和职业型），3. 高等专科学校，4. 研究生院，5. 研究院。此种提法与1963年提出的五种类型基本相同，不同的是第4和第5种提法，即研究生院和研究院。前者我们可以理解为当今的研究生院，而后者更多地强调研究功能，以科学研究为重点，所有课程都设有博士课程的研究型大学。1971年审议报告的最大特点是不仅提出制度类型多样化，而其还提出了高等教育制度框架，具有很强的操作性，与1963年的报告有明显区别。然而，1971年提出的设想并未能付诸于实施，直到20世纪90年代后期，在高等教育向高精尖方向发展的政策背景下才得以逐步落实。20世纪90年代研究生院大学独立化、研究生院重点化以及教育研究据点（COE）建设、研究据点大学建设项目等都有效地推动了学校类型的分化和区别化发展的进程。

（二）日本大学类型划分

高等教育进行类型划分，开展区别化发展的目的在于有效地适应社会多样化需要，满足人们对高等教育不同的需求，特别是随着社会的不断发展以及科学技术水平的不断提升，教育研究质量的提高、教育科研水平的提升成为日本高等教育类型分化、区别发展的核心推动力。按照日本大学的类型结构，日本学者将其大致分为五类。例如，20世纪70年代，日本学者天野郁夫根据卡内基的大学分类标准，首次采用研究生博士课程在校生数与本科在校生数之比例、博士课程开设数量与研究能力对日本大学进行了类型划分，指出：研究型大学（research——R型）的标准是指在所有学科专业领域均设有博士课程，同时还要具有极强的研究能力，具体指标为：所有学科专业领域都设有博士课程，研究生在校生数与学部在校生数之比：国公立院校9%以上、私立6%以上、医学院为20%以上，研究型大学指标表明了由于办学主体和学科类型不同其标准各异的特点，反映了日本大学特有的办学情况和水平差异；研究生院大学（doctorate granting）的标准是指在所有或多数学科专业领域设有博士课程，研究生与本科生之比设定在研究型大学以下；准研究生院大学（doctorate granting）的标准是部分学科专业领域设有博士课程，研究生与本科生之比控制为大学院大学以下；硕士研究生大学（master granting M）是指只设有硕士课程的大学；本科大学（college——C）是未开设研究生课程的大学。天野郁夫基于这一分类标准，1979年对443所大学进行了分类，结果显示：研究型大学为24所，占总数的5.4%，研究生院大学122所，占总数的27.3%，准研究生院大学35所，占总数的7.9%，硕士研究生大学85所，占总数的19.2%，本科大学178所，占总数的40.2%，根据这一比例，日本大学便形成了5.4∶27.3∶7.9∶19.2∶40.2的格局。可以看出日本本科大学、研究生院大学和硕士大学三类院校占到了学校总数的87%，而研究型大学和准研究型大学仅占13%。也就是说，在443所大学中有265所院校开设了研究生课程，达到总数的60%，其中有85所院校只开设了硕士研究生课程，占研究生院校总数的32%，35所大学在部分学科专业上开设了博士课程，占在研究生课程院校的13%，而所有学科专业均开设博士课程的大学有145所，占265所大学的54.7%，该结果表明满足研究型大学标准之一的大学数量大，达到了5成之多，比例之大不言而喻，但是，如果衡量其研究能力，则并非如此，在145所大学中只有24所大学达到了这一标准，也就是说，只有24所大学进入了研究型大学的范围（就研究型大学的研究能力本章第2节和第3节将具体分析，本部分重点考察分析博士生与本科生的比率）。从上述五种类型大学的本科生与博士研究生比率看，研究型大学博士在校生数占日本博士生总数的66.2%，硕士生51.2%，本科生占11.4%，出现了层次越高比率越大的倒挂型金字塔状。也就是说，在日本仅占大学总数5%的研究型大学培养着近60%的硕博研究生和10%以上的本科生，而占大学总数27.3%的研究生院大学则培养着22%的硕士、23%的博士生和43%的本科生。再有，仅占不到总数8%的准研究生院大学，培养着12%的硕士生、10%的博士生和13%的本科生，准研究型大学所占比率与所承担的培养高层次人才的任务远高于研究生院大学，这与办学规模和学科设置密切相关。接着我们看一下硕士研究生大学。如前所述，日本硕士研究生大学占大学总数的近20%，但培养的硕士生和本科生却均不足15%。本科大学也是如此，虽然占大学总数的40.2%，但本科在校生数仅占总数的17.1%（图表3-1）。

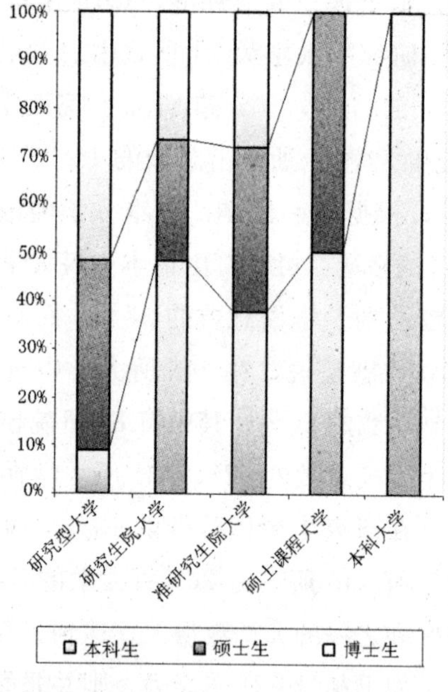

图表3-1 各类院校本科、硕士、博士在校生比例

根据天野郁夫对日本大学的分类法以及日本高等教育改革发展状况，2004年东京大学光田好孝进行了重新分类。1971年日本政府提出了大学区别化发展，将高等院校划分成5种。此后，大学审议会等不断提出各种审议报告，例如在1998年《21世纪大学改革方针政策》中提到，大学功能分为五种，“进行综合教养教育、培养专业职业能力、提供地区社会终身学习机会和开展尖端性研究。大学类型可分为以本科教育为主体的大学、以研究生院为核心的大学等”[2]，提出了大学多样化和个性化发展的重要性和必要性，但报告就如何区别化发展没有具体涉及。就此问题光田好孝基于日本研究生教育规模发展情况进行分析和分类。指出：1979年天野郁夫对日本大学进行了分类，当时在443所大学中只有51％的大学开设了研究生课程，其中国立46所、公立14所，私立166所，20世纪90年代以后，在大学设置标准大纲化、研究生院重点化政策背景下，研究生教育得到了快速发展，2003年在534所大学中，73％的大学都开设了博士课程，其中国立86所、公立42所、私立264所，共计392所大学，这就需要重新进行分类，明确各大学的类型和功能定位。由于日本大学各学科博士授予情况不均衡特点，理工和医学多，而文科少的历史性问题，采用卡内基分类法中以博士学位授予数的多寡为划分标准不符合日本国情，因此，无论是天野还是光田均采用了博士在校生数的标准，对其进行分类。“如果看日本各学科领域的学位授予情况，可发现与美国有极大的差异，日本表现出学士学位授予数的学科分布与博士学位授予数的学科分布存在着巨大差异，特别在日本课程博士学位授予数中具有较大偏差。理工科和医学领域多，而文科领域授予数甚少”[3]。这种现象可通过图表3－2对其进一步了解。考虑到日本大学学科之间的差异，光田采用各大学博士授予总数和各学科平均授予数两项指标进行了分类。例如，各学科专业都具有授予博士学位的资格，而且数量大，即博士学位授予数年均在70人以上，各学科专业博士授予数的占有率平均为1.0以上，同时达到这两项准标的院校称为多领域授予型大学。相反，在一些特定的学科专业领域年均授予博士学位40人以上、各领域博士学位授予占有率最高值为2.0以上的大学称为学科领域集中型大学。硕士研究生大学采用同样的方法进行分类，即根据各层次学位授予的学科专业数和授予的人数进行分类，其结果如图表 3－2 所示。多领域型大学 17 所，其中国立大学 15 所，公私立大学各 1 所。集中型大学 50 所、其中国立大学在第一种中 4 所，而公私立大学为零。单科大学 126 所、准学士学位授予机构 525 所。由于光田分类法的分类标准不同于天野标准，其结果出现较大差异，在研究型大学中，博士学位授予数量少、博士学位授予学科专业数量少的大学便排除在外（这是考虑到一些私立大学虽然开设了博士课程，但不招生、不授予学位等因素），最终研究型大学的数量大大减少，由天野的 24 所下降到 18 所。无论哪种分类法都有其共性，即研究型大学的综合属性和官方属性。例如，在研究型大学中，综合性大学占绝对优势，国立大学占绝对多数，而国立与综合性之间又有着必然的内在关系，那就是国立大学即综合性大学。

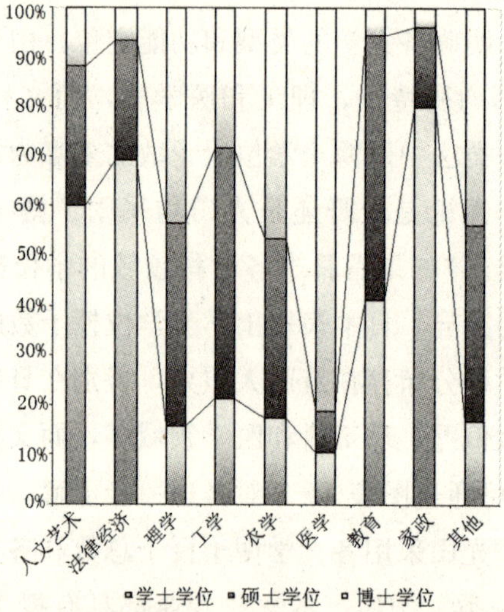

图表 3－2　日本大学各学科学位授予情况之比较

二、日本大学类型结构特征

（一）日本国立大学类型结构特征

在日本大学分类政策出台之后，各种分类相继出现，对所有大学按照研究型、研究生院型以及本科型院校等进行了归类。在此基础上，教育研究者或研究机构又尝试对国立大学内部进行分类，划分出研究型还是研究生院型或本科型大学，以便推动国立大学内部的分类发展，从而办出特色。从诸多相关研究成果看，关于国立大学分类的方法主要是基于学科专业开设的数量、博士研究生培养数量、科学研究经费以及研究生课程开设数量等进行的。例如，日本国立大学财务中心 2010 年主要采用科学数量法对国立大学进行了分类，其结果为四类国立大学：学科齐全型大学 7 所，综合性大学 41 所（其中 31 所院校有附属医院），理科和医学类院校 17 所（其中医学类 4 所），文科类院校 17 所（包括 12 所师范类院校）。各大学群的属性特征具有强烈的同质性，特别是在第一种和第二种类型中，时间维度成为重要的指标之一，第一类学科齐全型大学的建校时间均集中在第二次世界大战之前，而且是战前开办的 7 所帝国大学，博士研究生学位授予数量都处于最高水平，而综合性大学和文科类院校则集中在第二次世界大战之后，由国立专科学校合并而成的地方性国立大学等。这种以学科数量为分类标准的分类法实际折射出日本国立大学建校历史的差异及其办学理念的不同。也就是说，在国立大学内部，学科结构与建校历史和学校类型之间有着密切联系：建校时间长，学科数量多，为研究型大学；建校时间短，科学数量少，为非研究型大学。此种分类方法表明建校历史长短决定大学属性的内在规律和国立大学内部的二元化类型结构特征。

的确，日本国立大学建校时间的长短直接反应在各类大学的教育条件及教育研究能力层面。第二次世界大战之前设立的国立大学无论是博士点还是在校博士研究生数、研究经费等都大大超过第二次世界大战之后出现的国立大学，正如图表 3—3 和 3—4 所示。首先两种学校类型的规模差距甚大，研究型大学群的平均规模达到了 19,170 人，非研究型大学群仅为其一半，9,411 人。其次，研究型大学的研究生（硕博）数占本科生数（平均）的 67%，博士在校生（平均）占本科和硕士生在校生的 19%。而非研究型国立大学的研究生（硕博）在校生数占本科生数（平均）的 24.3%，博士在校生数占本科和硕士在校生数（平均）的6.7%，二者分别低于研究型大学的42.7个百分点和12.3个百分点。再次，从研究生培养点和师生比来看，研究型大学的硕博培养点平均为18个，师生比为1比7.7，而非研究型大学的硕博培养点平均是6.6个，师生比平均是1比13.5。特别是学校教育财政拨款部分以及教师平均科研经费之间的差距，充分表明了两种类型学校的办学方向和定位。“2007年财务省在全国87所国立大学财政拨款中，有近50%学校的财政拨款减少了近一半，有24所大学减少了不到一半，减少的学校达到了74所，其余以战前7所帝国大学为首的13所规模大、研究能力强的大学获得更多的财政拨款”[4]。

战前出现的国立大学

	本科生 a	研究生（硕士 b. 博士 c）	
		硕士 b+c（%）	博士 c 占 a.b（%）
北海道大学	11,574	3,796（53）	2,380（16）
东北大学	10,997	4,402（65）	2,734（（18）
东京大学	14,172	6,752（（91）	6,141（29）
东京工业大学	4,861	3,634（106）	1,549（18）
名古屋大学	9,700	3,817（63）	2,337（22）
京都大学	13,318	5,534（69）	3,707（20）
大阪大学	15,863	4,828（49）	2,996（15）
九州大学	11,257	4,405（62）	2,607（17）
平均	11,468	4,646	3,056

战后出现的国立大学（非研究型大学群）

	本科生 a	研究生（硕士 b. 博士 c）	
		硕士 b+c（%）	博士 c 占 a.b（%）
弘前大学	6,062	477（22.9）	307
福岛大学	4,331	330（21.6）	11
崎玉大学	7,580	989（21.6）	280
金泽大学	7,982	1,493（22.9）	830
滋贺大学	3,715	259（26.8）	31

	本科生 a	研究生（硕士 b. 博士 c）	
		硕士 b+c（%）	博士 c 占 a.b（%）
神户大学	11,924	3,228（22.9）	1,594
岗山大学	10,341	2,065（22.9）	1,242
鹿儿岛大学	8,969	1,172（22.9）	483
平均	7,613	1,251	597

图表 3－3　战前设立的国立大学和战后出现的国立大学各层次在校生之比较

资料来源：根据日本国立大学财务中心发布的《2010 年度国立大学法人财务统计概要》制作

中央国立大学	研究生点	师生比	教师人均科研费（万）	财政收入（百万）
北海道大学	17	7.9	970	100,711
东北大学	15	6.3	1,477	139,624
东京大学	15	7.2	2,206	228,889
东京工业大学	6	9.0	1,634	54,831
名古屋大学	13	8.1	1,119	102,911
京都大学	17	6.9	1,598	167,806
大阪大学	16	8.0	1,411	146,078
九州大学	21	8.5	1,198	169,801
平均	15	7.7	1,451	138,831

地方国立大学	研究生点	师生比	教师人均科研费（万）	财政收入（百万）
弘前大学	7	9.9	402	40,488
福岛大学	4	18.6	234	7,674
崎玉大学	4	18.6	350	14,855
金泽大学	5	10.2	528	53,450
滋贺大学	2	17.7	147	7,370
神户大学	14	11.4	645	69,485
岗山大学	7	10.8	563	61,667
鹿儿岛大学	10	10.6	368	48,225
平均	6.6	13.5	404	37,901

图表　3－4　战前设置的国立大学和战后设置的国立大学办学条件之比较

资料来源：根据日本国立大学财务中心发布的《2010 年度国立大学法人财务统计概要》制作

天野郁夫也基于大学的研究能力和办学特色对国立大学进行了分类，指出第一类为基础性、研究型重点大学（13 所），包括 7 所旧制帝国大学（北海道、东北、东京、名古屋、京都、大阪、九州）、3 所专业院校（一桥、东京工业、东京医科牙科）、3 所旧制官立大学（筑波、神户、广岛）。第二类为地方性重点大学（37 所），此类大学的学科设置为综合性或多学科性，包括 6 所旧制官立医科大学（千叶、新泻、金泽、岗山、长崎、熊本）、新制官立大学、二战后成立的医科大学、1949 年实施新学制之前的医科大学、由医学院合并而成的大学。第三类是有特色的小规模单科性大学（24 所），其中包括御茶之水女子、奈良女子、东京外语、大阪外语、东京艺术、东京商船、大阪商船、电子通信 8 所全国性专业院校，设有覆盖女子教育、外语、艺术、商船专业等特殊领域的院校和 8 所师范类专业院校。最后一种是 60 年代以后开办的一批新型大学（25 所），其中主要有 12 所医科大学，3 所师范类新构想大学即鸣门、兵库、上越教育大学，面向高专毕业生招生的滨松与长崎技术类大学和 4 所研究型大学（北陆先端、奈良先端、综合研究研究生院、政策研究研究生院），计划在冲绳建设的研究生院亦在此类。

无论以学科设置划分还是以博士学位授予数量或教育研究经费的充足率为划分标准，第二次世界大战之前设置的大学一直被列入研究型大学，而第二次世界大战之后开设的大学被纳入非研究型大学。也就是说，日本国立大学一直存在着研究型和非研究型两种类型，其功能定位一种是服务于国家经济发展战略、引领日本科技进步的学校类型——精英型，另一种是服务于地方经济和科技发展的学校类型——准精英型。由此学校分别称为中央国立大学和地方国立大学（包括国立高等专科学校）。

（二）日本大学类型结构特征

1. 办学主体与学校类型之间的内在关系

从上述日本大学类型的整体结构以及国立大学内部结构看，国立和私立两种属性不同的大学类型出现了办学理念及其功能定位各异的偏向，一种偏于精英教育，另一种则偏于大众教育，在办学主体之间也明显出现学校类型的差异。日本大学因办学主体不同而学校类型各异的特征十分显著。例如，在上述研究型大学中，国、公、私立院校分别占63%、17%和20%，研究生院大学国、公、私立院校分别占9.6%、6.6%和83%，而在准研究生院大学中国、公、私立大学分别占54%、5.7%和40%，在硕士课程大学中，国公私立大学分别为42%、7.0%和51%，本科大学中私立占到了87%，国立仅占5%。也就是说，国立大学在研究型大学和准研究生院大学中所占比例分别达到了6成和5成以上，而私立大学在研究生院大学和本科大学中的比例高到8成以上，占有绝对比重，体现出日本高等院校办学主体与学校类型之间具有高度相关性。

2. 学校类型与学科结构之间的必然联系

日本大学类型的形成与其学科构成和建校历史有着密切关系，综合性和历史悠久型院校多为研究型，而单科和历史较短的院校多为教育研究型，即学科设置的综合性程度越高其研究功能越强，而多学科或单学科的课程层次相对较低，研究功能薄弱，此种现象在日本极其普遍。例如，在研究型大学中，学科高度综合的院校16所，占总数的66.6%，单科占25%，而多学科型大学只占0.8%，高度综合性大学研究能力强的特点十分显著。相比之下，在本科大学中，94%的院校为单科学校。单科型大学虽然有6所属于研究型大学，但这些学校多数是医学专科院校，较强的学科独立性和专业性是使其进入研究型院校的主要原因。

3. 历史悠久大学均为研究型大学

学校类型与建校历史有着极大的相关性，建校历史长，基础厚的大学多为研究型，否则反之。例如，日本研究型大学的建校时间均为1927年以前，研究大学和硕士课程大学均为1950年前后，而本科大学多集中在1964年左右（参见图表3—5），研究生院根据建校时间的长短，出现了研究型、研究生院型、硕士课程型和本科型院校的类型区分。假如从学校发展过程看还可揭示出日本大学由单科型本科院校发展到多学科和增设硕士课程，再到个别学科开设博士课程→扩大到多个学科开设博士课程，最终达到多学科或全学科开设博士课程的发展模式。

	学校数	办学主体			学科构成			建校时间（平均）
		国立	公立	私立	综合	多科	单科	
研究型	24	15	4	5	16	2	6	1927
研究生院型	121	12	8	101	17	26	78	1952
准研究生院型	35	19	2	14	27	8	—	1947
硕士课程型	85	36	6	43	7	21	57	1954
本科院校型	178	10	13	155	—	11	167	1964
共计	443	92	33	318	67	68	308	平均 1955

图表 3-5 学校类型与办学主体及其学科结构的关系

资料来源：根据天野郁夫《高等教育の日本的構造》第 220 页制作（1997 年的数字）

三、日本国立大学办学理念及其定位

日本高等教育制度诞生于 19 世纪中叶，成型于 20 世纪初。其中《帝国大学令》、《大学令》和《专门学校令》的颁布为日本高等教育制度的产生与发展提供了法律依据和保障。三大法令的颁布在高等教育发展演变过程中，所发挥的作用不同，扮演的角色各异。例如，《帝国大学令》为日本创办真正意义上的大学——帝国大学提供了法律依据。《帝国大学令》规定，“国家是开办大学的唯一主体，国学为国家所需，培养国家需要之人才，探索学问之深奥”，表明了国家是唯一的大学办学主体，帝国大学是为国家所需的高等学府，即受益主体为国家。在这种背景下，自 1886 年至 1918 年的 32 年时间内日本仅开办了 5 所帝国大学，成为至高无上的国家大学。1918 年《帝国大学令》废除，取而代之的是《大学令》。《大学令》的颁布实现了高等教育办学主体多元化或二元化的目的，认可了私立大学的存在。但是，私立大学的定位却不同于国立大学，始终定位在“为国民所用”。《大学令》中写道，“私立大学不同于国立和公立大学，私立学校的设置主体必须是具有维持学校正常经营活动的资金和具有获得足够收入的基本财产的财团法人”[5]，明确了私立大学的受益主体为个人。《帝国大学令》和《大学令》的颁布为两种不同的教育发展理念（精英主义和庶民思想）奠定了基础，并为日本高等教育的决策提供了重要依据。由于《大学令》的颁布，私立专科学校纷纷升格为大学，在《大学令》颁布后的第 3 年（1920 年）私立大学数量超过国立和公立大学的总和（8 所），1935 年达到 28 所，私立专科学校更是如此，1935 年达到 208 所，而国、公立分别为 87 所和 73 所。从在校生数来看，国、公立大学在校生数由 1905 年的 53.6％下降到 1935 年的 39.6％，政府或公共教育在高等教育领域中的份额迅速减少。日本政府提供的高等教育承担起培养高层次、高质量人才和探索学术奥秘等传统大学的固有使命。

日本国立大学的办学方向及其定位，可以通过分析国立大学在教育实践中的作用加以理解和把握。特别通过国立大学在日本实现高等教育规模化或大众化过程中的作用可以清楚地发现，国立大学选择了持衡的品质优先，稳健发展的方式，而私立大学则采用了“为民所用”、满足国民需要的发展模式。从目前各国高等教育的发展模式看，大体可归纳为三种，一是以公共高等教育为主体的欧美模式，二是以私立教育为主体的亚洲（日本和韩国）模式。所谓亚洲模式实际是指经济后发性国家在经济基础尚为薄弱，不具备物质或教育财政条件下，启动以私立教育为主体的高等教育规模化发展政策，旨在满足经济高速发展对高级人才需求量的增加。此种以经济发展带动教育规模化发展的方式，往往是在缺乏教育理念，即教育公平、民主的指导思想背景下，促成了高等教育的规模化或大众化发展，其结果导致了政府在这一过程中的非主导型角色，甚至是被动境地，从而在高等教育发展过程中无法阻挡市场对高等教育发展的推动力量。以日本为例，无论是在第二次世界大战之前还是在第二次世界大战之后，教育市场对高等教育的规模扩大都起到了重要甚至是决定性的作用。与之相比，政府控制下的公共教育发展速度缓慢，提供的机会甚微，仅向少数人提供受教育的机会，特别是在战后经济高速发展以及科技立国时期，政府提供的教育机会微不足道，而且随着时代的变迁，在数量上不断趋于减少，仅占到教育机会总量的1成多。战后，国立高等教育一如既往，在数量规模发展过程中不仅处于弱势，而且不断趋于弱化。特别是随着高等教育升学率的迅速上升，国立与私立教育之间出现了两种不同的延伸趋势。例如，1965年日本高等教育升学率达到了16.9%，1985年达到了50%，实现了马丁·特罗设定的15%大众化和50%普及化或后大众化指标，仅仅在20多年的时间内日本高等教育升学率就提高了40%（由1960年的10%增长到1985年的50%）。在这其中国立院校吸收的学生数1965年和1985年分别占23.9%%和21.7%，2005年占21.4%，这一比率仅限于本科和短期大学的在校生数做分母，如果再加上专科学校的在校生数，国立高等院校所占比例将进一步下降。如2005年国立和私立大学、短期大学和专科学校在校生数共计3,700,036人，其中国立为630,492人，占总数的17%，日本高等教育呈现出升学率越高、在校生数越多，而国立院校所占比例越小的发展态势（图表3—6)。在日本高等教育大众化和后大众化过程中，国立院校所发挥的作用不断减弱，该现象凸显出国立大学的办学方向不在于规模和速度，而是按照自身定位，瞄准高层次和工程技术两大目标，培养人才的发展方向。从层次结构和类型结构分析日本高等院校在校生的分布情况可以发现，国立院校在校生中研究生和高等专科学校在校生所占比率远高于私立院校，2005年国立院校研究生在校生数占总数的64.7%，私立占35.3%，国立院校占本科生总数的22%，而私立占78%，国立院校占短期大学在校生数仅为7.2%，私立占92.8%，高等专科学校国立院校占89.8%，而私立仅占10.2%，专科学校在校生中国立占4.1%，而私立占95.9%，该情况表明日本国立高等教育具有向高层次和自然学科倾斜的特征。在从国立院校与私立院校在校生的生均教育经费分析，虽然教育经费的多寡不是决定教育质量的唯一因素或决定因素，但是却是衡量教育质量或办学条件的重要的指标。日本私立大学教育条件差，教育经费的增长不能满足学生数的增加速度，致使生均教育经费不断下降，成为影响教育质量提高的重要因素。日本文部省的研究报告显示，私立大学与国立大学生均教育经费相差甚大，在1970年日本高等教育实现大众化初期，国立大学生均教育费为292万日元，私立大学为70万日元，相差4倍多，到了高等教育普及化或后大众化时代的1995年，国立大学生均教育费为323万日元，而私立大学为167万日元，国立大学高出私立大学一倍（图表3—7）。

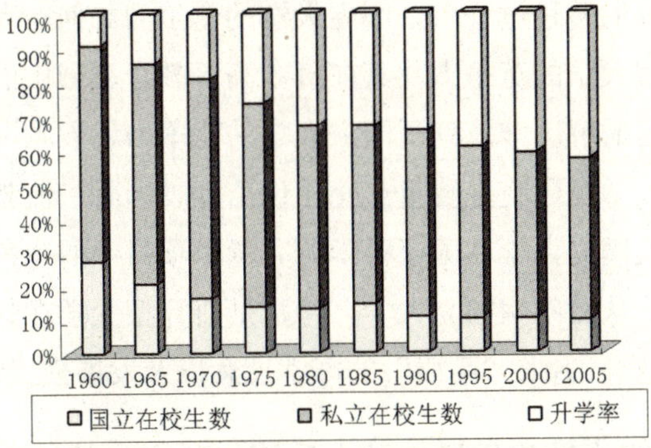

图表3－6 规模扩大与国立大学的作用

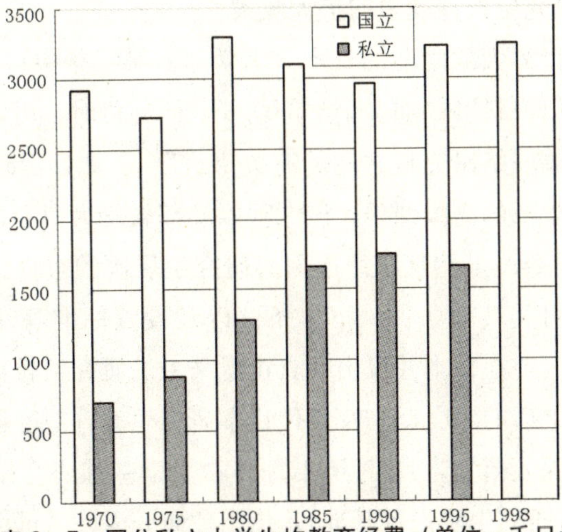

图表3－7 国公私立大学生均教育经费（单位：千日元）

资料来源：市川昭午《高等教育政策和费用负担》研究报告，2001年，第8页

第二节 日本国立大学教育科研竞争力

随着日本社会的发展，特别是在科学技术创新立国基本国策出台后，日本国立大学"为国家所必须"的办学理念以及为国家培养高精尖人才、探究"学问之奥秘"的社会定位发展状况如何？在高等教育向高精尖教育的转移过程中，国立大学的竞争力如何，尤其是国立大学内部研究型大学的竞争力及其在日本高等教育领域中的核心地位如何？上述问题的解决涉及到了国立大学的竞争力发展状况。本节拟通过分析国立大学在研究生院重点化建设工程、国际一流教育研究据点建设工程以及国立大学在国家科学研究竞争项目中的竞争力和优势地位给予论证，从而阐明国立大学，特别是研究型大学在教育实践中长期坚守"卓越"、追求"品质"的办学理念以及发展模式。

一、研究生教育规模的扩大政策与研究生院的重点化建设

（一）研究生教育规模的扩大政策

第二次世界大战之前的日本《大学令》第三条中写道，"大学学部之上开设研究科"，"如多个学部均开设研究科时，可设置综合研究生院，以协调联络研究科之间的有关事宜"[6]。此处出现的研究科是一种附属于学部的高级课程，该课程以学部教育为中心，附设在学部之上。《大学令》虽然从法律层面对研究生层次的教育组织做出了相关规定，但对其教育条件、招生条件以及设置标准等却没有具体规定，因此，战前在日本并没出现真正意义上的研究生教育制度。第二次世界大战之后的20世纪50年代日本研究生教育制度逐渐成型。随着新学制的深入落实，1949年4月日本大学基准协会制定了《研究生院基准》（研究生院设置基准），指出"研究生院既可以设置授予硕士学位和博士学位的两种课程，也可只开设硕士课程。硕士课程的修

业年限为一年以上，需要修完的专业学分在30以上，在提交毕业论文之后可以毕业”。基于这一规定，1950年12所私立大学申请开设了研究生课程，1953年第二次世界大战之前设置的国立大学也相继开办了研究生院。但此时的研究生院只是建立在学部之上的附属课程，并没有专门从事研究生教育的教师编制、办事机构和经费预算。研究生课程的名称一般是在学部学科专业名称后附加研究科，如社会科学研究科（经济、法律学以及国际关系等）、农学经济研究科等。在研究生教育不断发展的情况下，日本政府为进一步规范研究生教育，于1956年制定了《大学设置基准》。《大学设置基准》明确规定国立大学教育组织分为讲座制和学科科目制两种（中央国立大学以讲座制为教学单位，而地方性国立大学则以学科科目制为教学单位），目的是为设有博士课程的中央国立大学配置雄厚的教育研究费用和师资力量等提供依据，使中央国立大学研究生院独立于学部之外，从而成为以研究生教育为主体的教学研究组织。此项内容在以往的《大学基准》中从未涉及，为日本研究生教育组织二元化制度结构（附属型和独立型）奠定了法律基础，也有效地为中央国立大学社会威望和学术地位的确立提供了保障。20世纪50年代，开设博士课程的大学只限制在第二次世界大战之前设置的一批国立大学，其他国立大学从制度上未获得允许。因此1956年出台的《大学设置基准》有力地保护了中央国立大学研究生教育的发展。1963年中央教育审议会又提出了《改善大学教育》（日本称之为“38”即昭和38年审议报告）审议报告。报告强调了大学分为研究生院大学和本科大学、硕士课程与博士课程的分离、硕博课程并列型和硕博课程纵向累积型并存的研究生教育组织形态等。所谓硕博课程并列型是指大学学科可只开设硕士课程，也可只开设博士课程；而累积型则是指研究生前期课程（硕士）和研究生后期课程（博士）开设在同一学科专业。报告还指出，硕士课程以培养职业人员为目的，博士课程以培养研究人员为目的等，明确了研究生教育不同阶段的主要方向和培养目标。实际日本政府在20世纪50年代就提出研究生教育要承担起职业教育的功能。例如，

1955 年日本中央教育审议会在修改 1949 年制定的《研究生院基准》中就明确提出：将硕士专业一词改为专门（专门职业），将硕士课程的培养目标由单一的掌握知识和培养研究能力，改为以培养理论与应用能力，使单一的理论型硕士课程扩展到职业教育课程。此次对《研究生院设置基准》的修改为日本研究生教育功能的扩大化和多样化奠定了基础，也为研究生教育功能由单一向多样化发展提供了依据。

按照 1955 年修改的《研究生院基准》和 1963 年中央教育审议会提出的审议报告精神，第二次世界大战之后新设的一批国立大学纷纷开设了附属于学部教育组织的附属型硕士课程，这些课程较多地集中在实用科学领域，如工学、农学、家政学和教育学，尤其是工学硕士课程作为高层次专门职业教育得以迅速扩大，而人文社会科学领域的硕士课程则显得乏力，远远落后于应用性学科，该现象一直持续到 20 世纪 70 年代，表明了日本 20 世纪 70 年代之前研究生教育“重实学”、“轻人文”的发展取向。20 世纪 70 年代，日本高等教育规模不断扩大，在高等教育进入大众化阶段背景下，1971 年文部省出台了题为《今后学校教育综合扩充和整备的基本对策》的“46”审议报告，该报告进一步推动了“38”审议报告提出的研究生教育分类发展思想，即将研究生院分为以硕士课程为主体和以博士课程为主体的研究生院，鼓励开设独立于学部教育、附设在研究所之上的以博士课程为主的研究院，1973 年日本通过修改《学校教育法》使其制度化、合法化。筑波大学就是该制度的产物，是研究生教育机构独立于学部之外的第一个案例。之后，东京工业大学设置了综合理工学研究科，该研究科是独立于学部之外的研究生教育组织，专门开展研究生教育活动。1976 年日本又进一步修改了《学校教育法》，使专门的研究生院大学成为可能。“46”审议报告对日本研究生教育组织机构类型多样化发展以及研究生教育质量的提高产生了一定影响。1987 年日本政府设立了大学审议会，专门研究审议高等教育的改革发展方向。1988 年大学审议会在提出的第一份审议报告中指出，要实现研究生院制度的灵活化和弹性化发展，以利于扩大研究生教育规模。该报告的提出反映出日本政府对研究生教育远远落后于其他发达国家，高层次人才缺乏将会制约日本未来发展的担忧。当时，日本正处于高等教育大众化初期阶段，高等教育升学率达到了 23%，但是，研究生数量仅占本科生数的 4.4%，而美国的该数字为 12%、法国为 20%、英国为 21%。在修改《研究生院设置基准》之前的 1987 年，日本文部大臣就向大学审议会提出咨询“日本研究生教育无论在质量上还是数量上，与欧美先进国家相比均处于较低水平，这对日本今后的发展以及为国际社会做出贡献等都很不利，因此当务之急是改革、充实研究生教育”[7]，表明了日本研究生数量和质量远远落后于欧美诸国，需要迅速改善的意向。从数量规模看，20 世纪 90 年代以前日本与欧美的差距甚大，无论是研究生占人口总量还是研究生与本科生的比例都大大低于欧美诸国。例如，1960 年日本硕士课程研究生仅有 8,305 人，1965 年 16,771 人，1975 年 33,560 人，1985 年 48,147 人，1990 年 61,884 人，博士 28,353 人，硕博共计也未达到 10 万人。从平均一千人口中研究生所占比例看，为 0.73，占学部生的比例为 4.4%，而美国分别为 3.7 和 11.9%，法国为 2.9 和 20.7%（参见图表 3—8）。这就是说，虽然日本研究生数量从 1960 年的 8 千多人增加到 1990 年的硕博共计近 9 万人，利用 30 年的时间增加了 11.25 倍，但是仍远远落后于其他国家。因此，文部省根据其报告内容，于 1989 年修改了《研究生院设置基准》等，修改后的设置基准大大放宽了研究生院的准入门槛，如开设业余硕士课程，为在职人员提供机会；硕士课程修业年限实行弹性制，对成绩优秀生可由 2 年缩短为 1 年以上，而对在职学生可延长至 2 年以上；拓宽博士研究生教育功能，由单一的培养理论型人才扩大到理论型与专业型人才并重；允许在大学学部以外开设研究生院，即独立大学院和联办型研究生院等等。20 世纪 80 年代《研究生院设置基准》的修改目的虽然是为扩大研究生教育规模，与经济发达国家看齐，但它为放宽研究生院的准入门槛，推动研究生院制度弹性化和灵活化以及多样化发展进程发挥了积极作用，具有重要意义，为其后的规模扩大以及质量提高提供了制度保障。1993 年 11 月日本大学审议会研究生部会就研究生教育发展规模提出了一份《关于扩大研究生数量》的审议报告，指出 1991 年研究生规模约为 10 万人，到 2000 年计划扩大一倍，达到 20 万人；具体实施计划为 1991 年博士生数为 29,991 人，硕士课程 68,739 人，到 2000 年博士在校生数达到 6 万人，硕士生达到 14 万人，其中理工科博士生数为 14,800 人，硕士生为 69,800 人[8]。该计划称为世纪之交的研究生数量倍增计划，从实施情况看，该计划如期超额完成。根据这一发展势头，大学审议会研究生院分会又在 1998 年提出的《21 世纪大学改革方案》审议报告中指出：基于大学毕业生升学动向以及就业机会的变化形势，2010 年日本研究生数量可达到 25 万人，仅从研究生就业机会的预测结果推算，这个时期对研究生的需求量将达到 22～24 万人。从社会对研究生的需求量看，预计将超过 25 万人，明确了研究生教育规模将继续扩大。这一推算如数落实，2005 年研究生总数增加到 239,457 人，2010 年达到了 271,454 人，大大超过原计划的 25 万人。该计划的落实得益于 20 世纪 90 年代研究生教育制度的改革，即多元化、弹性化或灵活化的制度安排，实现了规模化发展，缩小了与欧美诸国的差距。

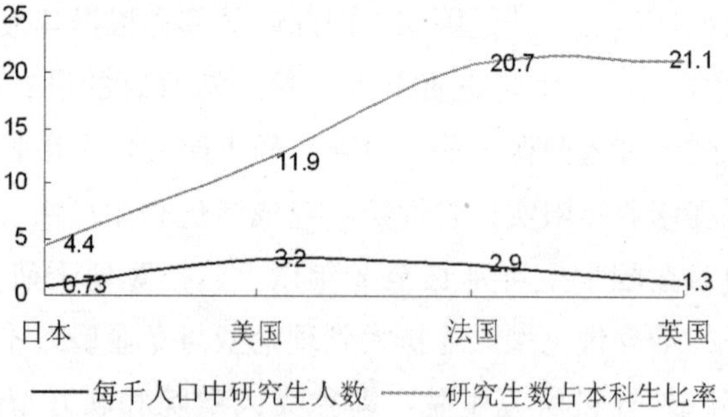

图表 3－8　发达国家研究生数量之比较图

注：图表 3－4 数据年份日、美、法、英分别为 1990、1987、1988 和 1987

纵观日本研究生教育发展历程，可以发现在 50 多年的时间里，经历了两个阶段，第一阶段是20世纪50年代至90年代中期。这个时期主要是日本研究生教育制度的完善，且不断实现多样化、规模扩大化发展；第二个阶段为20世纪90年代中期之后，重点集中在质量的提高以及国际顶级教育研究据点的打造。这个阶段与日本20世纪90年代中期提出的科学技术创新立国基本国策相吻合，反映出高等教育服务于国家经济、科技发展的重要使命和高等教育在知识经济时代的重要作用。

（二）研究生院重点化建设项目

日本社会经济、科技的发展增大了对高层次人才的需求量以及向欧美看齐等因素成为推动日本研究生教育制度多元化和规模化发展的核心动力。而日本科学技术创新立国基本国策则成为提高研究生教育质量，向国际水平看齐的另一推动力和加速器。

为了推动国家经济以及人类社会的可持续发展、提高国民福利，1995年11月15日日本政府颁布了《科学技术基本法》，明确提出将“科学技术创造立国”作为基本国策，规定有计划地全面推进振兴科学技术，制定科学技术基本计划和相关政策法律。2002年日本首相小泉纯一郎在施政方针演讲中，进一步提倡“把知识财产列入国家战略”。2004年日本《文部科学白书》指出：21世纪被称为“知识经济时代”，为了实现“科学技术创造立国”、“具有国际竞争力之国家”，提高教育研究质量，加快高质量、高层次人才培养，推动知识创新和成果转化必不可少。同时还指出，日本要在50年内培养30名诺贝尔奖得主。作为提高科学技术和学术水平的主战场——大学和研究机构落实这一基本国策义不容辞。为此，日本启动了以基本国策为核心的大学改革，其中提高质量、加快高层次人才培养，强化研究生教育基地，建成以研究生为主体的研究生院大学等措施为打造日本国际一流大学提供了依据。

进入21世纪以后，日本提出了建设研究据点、国际一流、世界一流大学等教育发展计划（21世纪COE计划），以便不断追求教育研究领域的“卓越性”，提高日本在国际上的影响力。为实现该目标，日本政府进行了重大改革，如重点建设研究生院大学、改变原有教育财政分配方式和研究生院经营模式等。此次改革于20世纪90年代中期正式启动。研究生院重点化项目是日本政府20世纪90年代推出的一项提高研究生院质量，打造以研究生教育为主、本科为辅的研究生院大学建设工程。长期以来，日本国立大学都是以学部（即本科）教育为依托建立教育研究体制，研究生院只是作为学部附属机构而存在。在师资配备方面，研究生院师资主要隶属于学部，教师队伍兼任研究生教育课程。在财政预算方面，研究生财政以学部学生人数为标准，其自身没有独立预算。上述状况无论是在教育组织方面还是在教育研究经费方面都极大地阻碍了研究生教育的正常发展。对此，诸多学者批评日本研究生院设施设备陈旧、研究经费匮乏，师资薄弱，不利于提高教育研究质量和增强国际竞争力。针对这一问题，1988年大学审议会发表了《关于研究生院制度弹性化》报告，指出了研究生院制度的改革设想，即向多样化、高度化和重点化发展。在此背景下，1991年东京大学率先在法学和政治学研究科实施了研究生院重点化建设项目，随之1992年京都大学法学研究科，1993年北海道大学理学研究科，随后中央国立大学相继都进行了研究生院重点化建设。截至2000年，北海道大学、东北大学、东京大学、一桥大学、东京工业大学、名古屋大学、京都大学、大阪大学和九州大学等9所国立大学进行了研究生院重点化建设。到2008年包括7所旧帝国大学在内共有16所国立大学全面实施了以研究生教育为主体的研究生院重点化改制。为保证研究生院重点化项目建设质量，日本文部科学省于2000年采取了控制研究生院重点化项目建设，并明确指出研究生院重点化建设项目只对部分研究基础扎实、具有极强研究能力的少数国立院校给予重点配置，该规定使东京大学等8所中央国立大学（东京大学、京都大学、东北大学、北海道大学、大阪大学、名古屋大学、九州大学和东京工业大学、一桥大学等）得到政府的重点支持，成为拥有研究、人事、教育、财政等独立功能的研究生院大学。截止2000年底，日本政府对“大学院重点化”建设的大学投入的经费达到了文部省科研经费总数的35%以上，“研究生院重点化”大学教育研究体制得到了改变，教育研究环境也得到了改善。

研究生院重点化政策的实施大大提高了上述大学研究生与本科生的比例。例如，1991年日本研究生人数仅为本科生人数的4.8%，而2000年该数字就达到了8.3%，2005年达到了10.1%，不断接近英美等发达国家。以东京大学为例，1999年实施“研究生院重点化”以后，在校生总数达到了2.7万人，其中本科生为1.6万人、研究生1.1万人（硕士生5,500人、博士近6,000人），本科生与研究生的比例为1.7∶1；2010年，研究生数增加到近1.3万人（硕士生6,750人、博士生6,141人），本科生与研究生之比达到1.1∶1；东京工业大学1999年的在校生总数为1万人，其中本科生5,000多人，研究生4,300人（硕士3,000人、博士1,300人），本科生与研究生之比为1.2∶1，到2010年硕博分别增加到3,634人和1,549人，本科生与研究生之比0.9∶1，大大提高了研究生数量，真正办成了以研究生教育为主体的研究生院大学。此项建设工程为日本21世纪打造国际一流的教育研究据点大学奠定了基础。

二、教育研究型据点大学建设与国立大学竞争力

绩效预算也称为效益预算，这是在20世纪50年代由美国联邦政府首先提出并应用于政府支出管理的预算模式。美国政府认为，绩效预算是为了实现这些目标而拟定的计划需要花费多少钱，以及用哪些量化的指标来衡量在实施每项计划过程中取得的成绩和完成工作的情况。绩效预算作为一种公共支出预算模式，由绩、效和预算三个要素构成。绩效预算有利于深化政府行政机构改革，加快政府职能转变。在实行绩效预算框架下，政府部门获得的预算资金与制定的业绩指标有着直接而紧密的联系，增强了政府部门使用预算资金的责任感。基于这一认识，日本政府在高等教育和科学技术财政拨款制度中，通过分配方式的转移，不断减少定性拨款，加大绩效分配额度，绩效经费由2002年的8.9%（3,443亿日元）增加到2009年的13.8%

(4.912 亿日元)，其中科研经费占 40%、战略性创新研究推进事业费 10%、科学技术振兴调整费占 8%、构建 21 世纪教育研究据点大学(COE) 占 8%、厚生劳动省科研费 8%、其他占 26%[9]。在这些项目中，科学研究费、战略性创新研究促进事业费和 21 世纪教育研究据点大学建设费成为日本高校教师及研究人员获取竞争性经费的主要来源以及衡量各大学教育研究竞争力的重要指标。

(一) COE 项目出台的背景及其评审标准

明治时期，日本出现的两种发展模式，即以追求学术卓越和以满足大众需求的二元化结构特征随着知识经济的提升进一步凸显。例如研究型大学和教育研究型大学、研究生院大学重点化、国际顶级教育研究据点大学建设等，使部分大学精英化已成为日本高等教育发展的核心目标。20 世纪 90 年代至今日本高等教育经历了 20 多年的改革与发展，在这一改革过程中，国立大学承担起追求“卓越”、提升质量的使命，在高精尖人才培养以及高端科研领域中居于中心位置，对学术研究质量的提升以及科学技术进步发挥了引领作用，也为不断追求教育研究的“卓越”做出了贡献。该部分从 21 世纪 COE 项目的获得和经费支持进行分析，了解把握日本国立大学，尤其是中央国立大学在国家重大教育研究项目中的竞争力，进而揭示支撑日本高等教育质量和学术水平不断提升的内部结构。

建设国际一流大学已成为诸多国家高等教育改革的核心问题，这在高等教育大众化进程中，成为有效解决“大众”与“卓越”貌似矛盾的重要途径之一。随着高等教育规模的扩大，调整高等院校结构、重新划分学校类型和职能作用、明确研究型与教育型院校及其定位等成为诸多国家解决数量与质量均衡发展的重中之重。中国调整高等教育结构，出现地方院校、“211”院校和“985”院校的目的在于解决数量与质量二者协调发展的关系。进入 21 世纪之后，日本明确指出，要提升高等教育研究质量，在研究型大学之上建设全球顶级的教育研究据点大学或学科，力争在 50 年内培养出 30 名诺贝尔奖获得者的长远目标。在此背景下，COE 项目正式出台。COE 项目的目标在于通过竞争机制打造国际顶级据点大学，采取有效政策措施，向效率原则倾斜，加大绩效经费投入，以谋求经费使用的效率和效果。为实现这一目标，在COE项目启动前一年的2001年1月，日本政府首先改革了管理体制，将原有的文部省（顶层教育管理机构）和科学技术省（顶层科学技术管理机构）合二为一，成立了文部科学省，其目的在于统筹管理、提高管理效率、减少不必要的扯皮或重复现象。同年8月，为更好地推进科学技术创新立国基本政策的开展，有计划地落实各项工作，日本政府在内阁府新成立了综合科学技术会议（行政管理机构），主要负责制定国家科学技术、确定资源分配重点和国家政策措施的基本方针，评价国家重要研究开发项目等。文部科学省作为开展政府研究开发项目的主体，必须根据综合科学技术会议确定的发展战略制定具体的研究开发计划，由高校和研究所具体实施。上述机构改革极大地强化了教育、研究与科技一体化管理，高校适应社会或科技发展的能力得到有效提升。基于这一背景，2001年日本政府出台了《振兴日本经济大学改革计划》（副标题为“大学改革拯救日本”），把教育改革视为拯救日本经济的“救世主”，透露出教育改革的决心。此次大学（国立大学）结构改革主要是在研究生院重点化建设的基础上，培养扶持一批大学成为日本乃至世界的旗舰大学，具体包括三项内容：一是合并重组国立大学，减少国立大学数量；二是实施国立大学法人化制度，实施企业经营方式；三是实施第三者评估制度，建立30所国际一流大学（COE）。三项改革正是马丁·特罗提到的“当高等教育实现大众化时，高等教育结构内部只有重新调整，形成新型金字塔状”的充分体现[10]。COE项目在《振兴日本经济大学改革计划》出台的第二年（2002年）正式启动，建设周期为五年，到2006年项目收关之年共选出274个据点，覆盖人文社科科学以及自然科学等10大领域（参见图表3－9）。COE项目的选择范围原则上控制在国公私立院校研究生院博士课程，同时两个或多个院校也可共同申请。入选COE项目的院校或学科将获得重点建设经费。该项目的启动目的明确指出：21世纪COE项目的目的是构建国际认可的教育研究机构；向研究者，尤其是青年研究者提供世界最高水平的教育研究环境；强化国际社会认可的人才培养功能；使教育研究成果回馈社会。同时还指出，作为建设21世纪COE大学的一环，必须引入第三方评估和竞争机制，无论国立、公立还是私立院校均可通过公平竞争的方式，进行竞争性选拔；投入期间为5年，每年投入1～5亿日元，第二年进行中期评估，评审过程重点衡量教育研究活动业绩（需提供相关业绩数据或佐证材料）和该大学未来发展的具体设想报告；在评审教育研究活动业绩时，重点从7个方面进行考察和分析：研究成果发表情况及其水平、教师的科研水平、教师聘任情况、竞争性科研经费获得情况以及与产业界合作情况、教学情况、学校整体的经营和教育情况等（参见图表3－10），虽然考查内容涉及面较广，但其重点突出了与研究功能相关的指标体系以及研究型大学构成的三大要素：强大的研究功能、教育功能和足够的研究能力或科研经费；学校未来发展前景的评审重点依据学校的发展规划及实施计划两个环节，分析判断其规划的合理性和计划的可行性，即是否能创造出国际一流水平的科研成果；评审主要依据第三方（大学评价、学位授予机构）调查收集的数据及其成果情况、民间机构进行的评估结果和国内外研究机构的排名或评估结果，在听取毕业生的反馈意见基础上，提出评审结果；评审人员由有识之士和专家组成，其中包括国内外相关领域的专家和产业界人士，此种人员构成方式有利于从不同角度分析申报材料，评审人员根据上述评审标准开展评审工作，评审结果一经确定，立即与评审标准一同向社会公开。

学科领域	学科领域详细目录
生命科学	生物学、医学工学、生体工学、农学等
医学系列	医学、齿学、护理学、保健学等
数学、物理学	数学、物理学等
化学、地球科学	化学、地球科学等
信息、电气、电子	信息科学、滇西通信工学等

续表

学科领域	学科领域详细目录
机械、材料	机械工学、系统工学、材料科学、金属工学、纤维工学等
土木、建筑、其他工学	土木工学、建筑工学、程序工学等
人文科学	文学、史学、哲学、心理学、教育学、演剧、语言学、艺术等
社会科学	法学、政治学、经济学、经营学、社会学、综合政策等
交叉学科及其他	环境科学、生活科学、能源科学和国际关系等

图表 3－9 日本 21 世纪 COE 项目学科构成

<table>
<tr><th colspan="4">日本 21 世纪 COE 项目评审指标体系</th></tr>
<tr><td rowspan="5">研究成果发表情况及其水平</td><td>发表在レフェリー付き杂志等论文数</td><td rowspan="2">与产业界的关系</td><td>专利产业化情况</td></tr>
<tr><td>论文被引用率</td><td>接受奖学金、委托研究、合作研究情况和产业界申请教师合作情况</td></tr>
<tr><td>在国际性学会上作为嘉宾发言</td><td rowspan="5">对学生的教育情况</td><td>毕业生在研究领域和社会上的贡献</td></tr>
<tr><td>研究生在学会上的论文发表情况</td><td>毕业生在国外从事研究工作的情况</td></tr>
<tr><td>专利权获得情况和专利申请情况</td><td>特别研究学生的接收情况</td></tr>
<tr><td rowspan="3">教师研究水平</td><td>诺贝尔奖和日本学士院奖等获得者数</td><td>学位授予情况</td></tr>
<tr><td>具有博士学位的教师人数</td><td>课程设置及其方法改善情况</td></tr>
<tr><td>在国外有研究经历的教师人数</td><td rowspan="5">学校整体运营及教育改革情况</td><td rowspan="2">大学组织经营状况（在校长领导下，全校一体化和目标明确管理体制）</td></tr>
<tr><td rowspan="3">教师选拔情况</td><td>采用任期制和公开招聘情况</td></tr>
<tr><td>接收日本学术振兴会特别研究员情况</td><td>实施情况</td></tr>
<tr><td>接收外国人研究员情况</td><td>外部评价情况</td></tr>
<tr><td rowspan="2">科研费获得</td><td>获得政府科学研究补助金情况</td><td>学生评教情况</td></tr>
<tr><td>获得其他科研费情况</td><td></td><td>教育研究环境（图书馆、IT、设施设别等）完善情况</td></tr>
</table>

图表 3－10 日本 21 世纪 COE 项目评审指标体系

（二）COE项目立项及其经费分布情况

随着人们对COE项目认识程度的不断提高，申报人数也逐年增加，竞争随之愈演愈烈。例如，2002年共有163所大学申报该项目，2003年达到了225所大学、2004年为186所，申报项目数分别为464、1,075和1,395项，其中2002年113项获得立项、占申请项目的24%，2003年246项获得立项、占申请项目的22.8%，2004年274项获得立项、占申请项目的19.6%，立项院校分别为2002年50所、2003年31所和2004年24所，占申报院校数的30%、25%和13%，其中国立大学分别为31、31和31所，占立项院校的62%、55%和79%。从项目经费的资助额度看，2002年项目资助额度平均每项为14,816万日元、2003年13,222万同日元、2004年12,247万日元，各项资助力度之大也由此可见。从项目及经费分配的学校分布看，国立大学占据绝对优势，在2002年的113项中，国立大学为84项，占总数的74.3%，公立大学为4项，占3.5%，私立大学为25项，占22%，仅从项目的立项数看，国立大学具有显著优势，成为21世纪COE建设项目的主体。不仅如此，从2002年该项目的资助经费分布情况看，国公私立大学分别占经费的77.7%、3.2%和19.1%，国立大学立项的平均经费远远超过项目平均额的14,816万日元，国立大学每项平均经费达到了15,448万日元，国立大学在21世纪COE建设项目中占用了经费总额的近80%。2003、2004、2005和2006年的4年间依然如此，国立院校的项目数占到了总数的74.4%，到位经费更是占到了总经费的78.8%（参见图表3－11）。也就是说，近80%的经费和项目都集中在了国立大学，出现了“国高私低”现象。该现象一方面凸显出国立大学的学科优势和办学方向，另一方面也表明了国立大学在日本高等教育领域具有极强的竞争力。当然，并不是所有国立院校都具有很强的研究功能和符合21世纪COE项目申请条件，在近98所国立大学中，具有核心竞争力的大学主要集中在8所历史悠久的国立研究型大学，如东京大学2002年立项数为11项，2003年为15项，京都大学两年均为11项（参见图

表3－12）。在2002年和2003年两批COE项目立项中，基本没有地方性国立大学（战后设立的国立大学），到2004年虽然出现了多所地方性国立大学，但立项数有限，各校只获得1个立项，这样在国立大学内部就出现了“中央高地方低”的现象。COE项目的经费配置也是如此，几所中央国立大学占有量达到了近80%，极大地凸显出日本中央国立大学极强的竞争优势。

区分		2002	2003	2004	2005	2006	合计(%)
国立大学	立项数	84	84	84	84	84	420 (74.4)
	经费	13,002,000	11,726,000	10,965,500	11,881,100	11,069,456	58,644,065 (78.8)
公立大学	立项数	4	4	4	4	4	20 (3.5)
	经费	532,000	453,000	348,100	398,400	375,837	2,098,337 (2.8)
私立大学	立项数	25	25	25	25	25	125 (26.9)
	经费	3,209,000	2,762,000	2,526,400	2,689,500	2,503,853	13,690,753 (18.4)
合计	立项数	113	113	113	113	113	565 (100)
	经费	16,743,000	14,941,000	13,840,000	14,960,000	13,949,155	74,433,155 (100)
每项平均费用		148,168	132,221	122,478	132,389	123,444	131,740

图表3－11　国公私立大学“21世纪COE”项目立项数及经费分布

排序	大学名	学校属性	项目数量	资助金额（亿円）(2002年)
1	东京大学	国立	11（15）	19.58
2	京都大学	国立	11（11）	18.53
3	大阪大学	国立	7（7）	12.56
4	庆应义塾大学	私立	5（5）	9.31
5	东京工业大学	国立	4（5）	7.51
6	东北大学	国立	5（7）	7.27
7	名古屋大学	国立	7（6）	7.16

续表

排序	大学名	学校属性	项目数量	资助金额（亿円）(2002 年)
8	九州大学	国立	4（4）	6.50
9	北海道大学	国立	4（6）	5.79
10	早稻田大学	私立	5（4）	5.62

图表 3－12 “21 世纪全球化 COE 计划”资助额前 10 大学排名

资料来源：刘岚著，《国立大学的角色与职能分析》，博士论文

注：项目数量一栏的括号内数字分别为 2003 年的立项数

2006 年 COE 项目经过 5 年的建设和培育宣告结束。在此基础上 2007 年日本又通过一项“构建全球化研究据点”（WPI）的建设项目，即《教育振兴计划》。该计划属于“21 世纪 COE 计划”的延续和提升，目的是进一步促进研究型大学与国内外大学、研究机构的合作研究，强化优秀青年研究人才的培养。《教育振兴计划》指出：随着知识经济的到来，国际竞争愈演愈烈，为立足于不败之地，在研究生院中建设国际化研究据点极其重要。该项目是在 2002～2006 年“21 世纪 COE 计划”的基础上，根据前期（2002～2006 年 COE 项目）建设项目的业绩，从 274 个“21 世纪 COE 计划”建设项目中选拔 150 个，学科领域由“21 世纪 COE 计划”的 10 个缩小为 5 个，主要集中在理工医学科领域，进行为期 5 年的重点建设，资助费用每项为 5 千万～5 亿（年）日元。2007 年项目建设预算为 158 亿日元，2008 年 340 亿日元，2009 年 342 亿日元，2010 年 265 亿日元，2011 年 237 亿日元。在选拔评审委员时，为提升日本科学技术竞争水平，日本政府不断强调要积极聘用外国专家参与评审工作。因此，日本学术振兴会在选拔评审员时，不仅有国内专家、有识之士，还有外国专家参与。专家学者在评审 WPI 项目过程中，重点放在研究据点科研业绩、未来发展前景以及据点建设计划三项内容，审查计划内容的国际化水平、研究活动在国际上的影响力、大学教育研究的措施及方法以及大学在培养优秀青年研究人才上的制度体系等。2007 年 WPI 项

目正式启动，2007年和2008年两年的立项情况为：国立大学立项数分别占总立项数的77.4%和79%，经费达到了85.1%和82.8%，而经费主要由中央国立大学占有，建设经费进一步向国立大学倾斜。这一现象说明中央国立大学的竞争力强以及中央国立大学自然科学项目多、资助力度大。以2008年全球化WPI项目立项的学科结构为例，在国立大学50个研究据点建设项目中，人文社科项目只有8项，交叉性学科和新兴学科8项，生命科学、化学和材料科学、电信等共34项，平均每项资助经费超过288万日元，其中生物科学每项为35,424万日元，而人文社科项目则为12,572万日元，文理之间的差距近3倍（图表3－13）。通过分析国立大学内部项目的立项及经费到位情况可以发现，中央国立大学无论项目数还是到位经费数都远远高于其他院校，截止到2012年中央国立大学WPI项目共立项58项，平均每校立项8.3个，而地方性国立大学极少数学校获得一项立项，更多的院校为零，该情况凸显出中央国立大学的核心地位。上述“国高私低”和“中央高地方低”的“两高”现象确立了中央国立大学的学术地位和强大的竞争实力。

（单位：万日元）

区分		生命科学	化学、材料	信息电器和电子	人文社科	交叉性科学	小计
国立大学	立项数	11	12	11	8	8	50
	资助金额	389,662	403,065	316,849	100,581	230,256	1,440,413
公立大学	立项数	1	0	0	0	2	3
	资助金额	17,160	0	0	0	33,618	50,778
私立大学	立项数	1	1	2	4	2	10
	资助金额	31,876	27,079	49,647	81,536	11,271	201,409
合计	立项数	13	13	13	12	12	63
	资助金额	438,698	430,144	366,496	182,117	275,145	1,692,600
平均资助金额		33,746	33,088	28,192	15,176	22,923	26,867

图表3－13　全球化研究据点大学建设项目学科分布情况(2008年)

以上通过日本构建国际一流或全球化教育研究据点大学的项目立项及经费到位情况审视了国立大学、特别是中央国立大学在高精尖领域中的核心地位和引领作用，为说明日本国立大学追求“卓越”的办学理念及其高端定位提供了依据，也为分析国立大学在科学攻关、承担国家重大科学研究项目中的作用提供了基础材料，发生了联动效应。

三、国家竞争性科研项目、经费分布与国立大学竞争力

绩效预算多少是衡量学校类型的重要指标，上述21世纪教育研究据点大学建设项目的获得情况表明了日本国立大学的竞争优势。同时，获得日本政府科学研究费的多寡更成为衡量学校科研能力的重要指标。美国费罗里达大学每年对研究型大学进行评估时，要求研究型大学每年得到联邦政府支持的科研经费至少要达到2,000万美元[11]。也就是说，研究型大学的核心是科学研究，研究经费获得的多少一方面说明科学研究活动是否有充足的经费保障，另一方面也体现了科学研究自身的价值和水平，即是否得到社会及政府的认可和支持。

（一）竞争性科研经费的迅速扩大与国立大学科研费构成

自1996年日本政府出台科学技术创新立国基本国策以来，日本政府科学研发的力度不断加大，在第一期科学技术基本计划实施期间（1996～2000）日本政府研究开发投资为17兆日元，在第二期计划期间该数字达到24兆日元，第三期计划期间增至25兆日元，开发投资重点用于基础研究、学术创新和特定领域研究等。研究开发投资秉承公开公正的配置原则，改变了以定量为主的方式，重点向具有竞争力的院校或学科倾斜，项目结束后进行绩效评估，进而掌握经费投入与产出的相关度。日本政府的此种财政拨款方式的转移旨在将竞争机制引入高校，发挥学校自主办学的积极性，以提高公共教育财政拨款及其使用效率及效果，即在不增加教育财政的基础上，提高教育质量和国际竞争力。“日本综合科学技术会议指出，教育财政由定量向定性转变的重要依据是竞争性资金的作用非同一般，具有较高的效率性”[12]。在这种指导思想下，日本高等教育财政分配及科学技术研究

经费分配方式出现了重大转移，由定量拨款迅速改为定性资助，国立大学定量拨款开始阶梯式减少，而竞争性科学研究经费则不断增加。日本高等教育财政分配及科学技术研究经费分配方式的转移以2004年国立大学法人化制度为契机，开始全面落实。措施之一是每年减少国立大学教育经费拨款（学校运营费）的1%，减少部分纳入竞争性经费部分。截至2013年，日本国立大学财政拨款已由2004年的12,415亿日元减少到2013年的11,267亿日元（图表3－14）。国立大学财政拨款呈现出大幅下降的势头，这对国立大学来说压力极大。同样在此种政策背景下，政府提供给私立大学的补助金也在不断减少，由20世纪70年代末的30%（占私立学校教育经费的30%）直降到2010年的9.8%，减少部分纳入私立学校竞争性经费。由于教育财政拨款方式的转变，大大减少了学校教育经费中的定量拨款，增加了竞争性经费比例，教育财政出现的“一降一升”现象表明了拨款方式转移的成效。

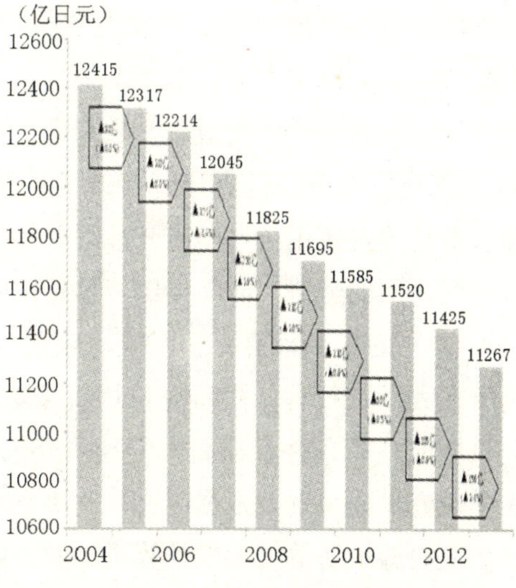

图表3－14 国立大学教育经费拨款逐年下降

在日本高等教育财政中，竞争性经费不断增加的目的在于提高效率和效果。而这一效率和效果是以科学研究项目等形式，通过公开竞争方式进行的。因此，争取竞争性经费成为日本各类大学经费来源的重要途径，特别是对日本大学科研经费的多少和经费构成产生了极大影响。在日本大学教师科研经费中，一般由两部分构成，一部分是来自政府教育研究经费拨款中的学校基础研究经费，另一部分是通过申报项目争取到的竞争性科研经费。由于拨款方式的转移，来自政府的教育研究经费，即定量拨款减少，大学教师的第一部分基础性科研费逐渐减少，而竞争性经费不断增加，这一现象与政府财政拨款方式的转移相吻合，出现了与图表3－14相同的趋势，只是势头来的没有那样凶猛，这样做的目的在于保障大学教师基本研究活动的顺利进行。

（二）日本国家的科研项目及其经费配置

1996年日本政府在财政状况极其恶劣的情况下，实施了第一期《科学技术基本计划》。计划期间科学技术经费得到大幅增加。仅从大学学术研究经费的变化情况看，自1996年到2002年7年的时间里，文部科学省的科研费增加了一倍，2002年科研费预算超过了1,400亿日元，其中竞争性科研经费增加速度惊人。“今后教育科研经费要进行重点、集中配置。对国家重大项目给予集中重点支持，使其创造出高水平的科技成果，提高经费使用效率和效果”[13]。为实现这一目的，2001年日本科研经费由单一的直接经费改为直接经费和间接经费两部分。直接经费是指直接用于科学研究活动的经费，由科研人员和研究机构直接支配使用的经费。而间接经费是指按照直接经费的一定比例（直接经费30％的比例计算，根据实际情况还可适当调整），提供给科研人员所在大学或机构，由研究机构直接支配使用的经费，目的是改善研究机构的整体条件，提高大学和研究机构的研究功能。间接性经费由大学研究机构负责人根据需要自主决定，用于科研费管理人员的配置、研究设施设备等（大型计算机、图书馆以及学校共同使用的设备维修和管理维持费、专利申请费、通信费和水电费等），从而提高竞争性科研经费的使用效率和科研成果质量，推动科研机构之间的良性竞争。通过图表3－15可以看到在日本科研费中，直接经费和间接经费的变化情况，直接经费从2000年到2006年呈现出稳步增长的态势，到2006年以后则处于停滞状态。相反间接经费自2001年开始逐年增加，特别是2007年以后增长速度加快，说明竞争性科研费的增加部分主要用在了间接经费部分，体现了日本科研经费不仅支持研究人员的科研活动，还为其所在大学或研究机构带来效益，既改善了研究人员所在研究机构的研究条件，又为增加大学或机构的教育研究拨款提供了有力条件。日本国立大学定量拨款在一定程度上，吸纳了竞争性因素，即每年获得的竞争性教育科研经费的多少成为教育研究经费拨款的一个重要因素。因此国立大学定量拨款实际早已不同于以往的定量拨款内涵。科研费属于竞争性经费，是对科研实力强的研究人员和大学给予的倾斜分配。科研费的倾斜分配在保障科研活动顺利进行，提升科研院校水平的同时，间接经费的增加进一步加大了大学之间的竞争，使具有强大科研实力的院校脱颖而出，从而拉大了大学之间的科研差距。从日本竞争性科研项目立项和经费分配结果看，出现了以国立大学为主，兼顾公立和私立大学的特征，特别对中央国立大学给予重点配置，表明了中央国立大学具有极强的竞争力，成为国立大学中的佼佼者。

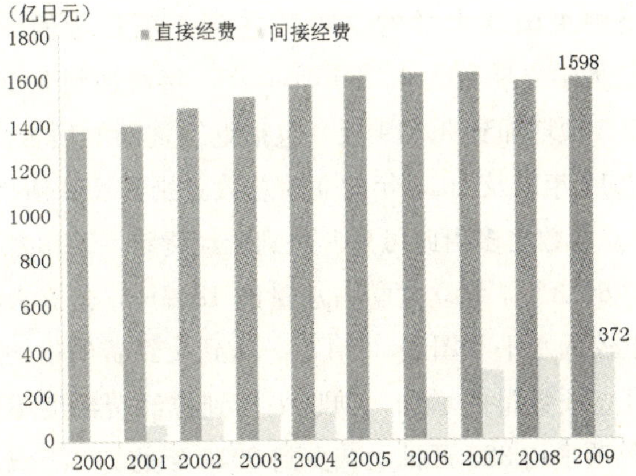

图表3－15　科研费补助金的经年变化

资料来源：文部科学省《科研費補助金の現状と課題》（2009）

在日本，国家科研费的发放主要基于项目申请、审查、判定三个程序。日本中央政府各部门都设有竞争性项目，其中文部科学省的科学研究经费所占比例最大，是大学及研究机构获取竞争项目及竞争性经费的主要来源。该经费的使用范围涵盖人文社科和自然科学，基础科学和应用科学等所有领域。这种以促进学术研究为目的的竞争性科研经费称为科学研究补助金。补助金的项目类型有基础性研究、新兴学术领域研究、特定领域研究、特别推进事业研究和挑战性萌芽研究等。评审程序由项目申报、专家评审和互审、决定审查结果、科学技术学术审议会和日本学术振兴会科学研究委员会核实、公开评审结果及资助金额。全过程遵循公开、公正和透明的原则。从近年课题立项数来看，2004 年获得立项的数量为 43,442 项，2013 年增加到 71,039 项，增幅达到了 60%多。从国公私立大学的立项分布情况看，国立大学一直占立项总数的近 60%，公立院校占 7%强，而私立院校占近 26%，国立大学的竞争优势显而易见（图表 3－17）。2008 年开始国立大学的立项总数虽然逐年减少，但 50%以上的项目仍由国立大学承担；私立大学的立项数逐年增加，2013 年达到了立项总数的 25.8%，但是远远低于国立大学，仍在总数的 3 成以下；公立大学和其他机构的立项数分别占 1 成左右。在国立大学立项中，研究型大学，尤其是中央国立大学的立项数占到立项数量的 80%。例如，2009 年东京大学立项数为 1,289 项，2012 年增加到 3,503 项，2013 年又由 3,503 项增加到 3,519 项（包括继续资助的项目）；京都大学 2009 年、2012 年以及 2013 年的立项总数分别为 953 项、2,780 项和 2,821 项，立项数之多由此可见。从到位经费看，2013 年国立大学占经费总量的 64.3%，私立大学占总量的 18.2%，公立大学和其他机构一直处于较低水平（图表 3－17）。从到位经费的平均额度看，随着科研项目立项数量的增加，项目平均到位经费额度不断减少，从 2004 年的每项平均 323 万日元减少到 2013 年的 222 万日元，呈现出项目数量增加，而项目平均到位经费减少的趋势。然而这一趋势，对国立大学来说并不明显，项目到位经费仍高出公立和私立大学 268 万日元的平均数，达到了 288 万日元。项目平均经费减少对中央国立大学的影响甚微。如图表 3－19 所示，东京大学、京都大学、大阪大学、东北大学、九州大学、北海道大学、名古屋大学、筑波大学、广岛大学等立项经费远远高于其他院校，成为竞争性科研经费的主要受益方。如图表 3－19 所示，2013 年获得日本科研经费的前 12 所大学依次是东京大学（占日本政府竞争性科研经费的 12.6%），京都大学（占日本政府竞争性科研经费的 8.1%），大阪大学（占日本政府竞争性科研经费的 6.7%），东北大学（占日本政府竞争性科研经费的 6.1%），九州大学（占日本政府竞争性科研经费的 4.4%），北海道大学，名古屋大学等（如图表 19 所示）。这 12 所大学获得的科研费占科研费支出总额的 55.9%，也就是说，超过半数的科研费分配给了科研能力较高的大学，而其中前 10 所大学都集中在国立大学，特别是东京大学的科研费占在科研费总支出的比例高达 12.6%。可见日本国家的科研费向具有强大竞争力的大学倾斜力度之大。此种竞争性经费的倾斜，反映了日本高等教育注重质量，追求效率和效果的发展模式，即通过公平竞争，进行倾斜配置，引导科研创新，向高端发展，从而提高大学的整体水平。相比之下，以庆应大学和早稻田大学为首的私立大学的科研经费远远低于 7 所中央国立大学，根本无法与中央国立大学抗衡。该情况一方面是由于私立大学的研究能力有待于提高，另一方面也因私立大学的科研重点在于人文社会科学。众所周知，同为国家项目，但由于文科与理科之差，其科研经费额度也出现了较大的差别。例如，1997 年日本文部科学省人文社会科学的研究项目平均每项 100 万日元的占 47%，100～200 万日元以下的 30%，90%的项目都在 300 万日元以内。也就是说，人文社会科学项目的资助经费本身就少。与此相比，理学领域每一项目年支出的费用 300 万日元以内的占 33%，1 千万以上的项目占 34%，其中 3 千万以上的项目占 14%。工学 1 千万以上、3 千万以下的项目占 29%，3 千万以上的占 9%，这样各学科领域的科研项目费平均每项为：文科 214 万、理科 2,258 万、工科 1,300 万日元[14]，文、理、工三大学科领域之间的差距达到了 5 到 10 倍。

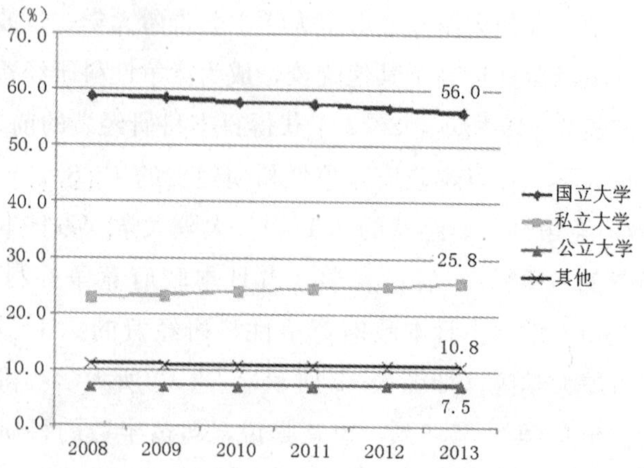

图表 3－16 国公私立大学科研项目立项数

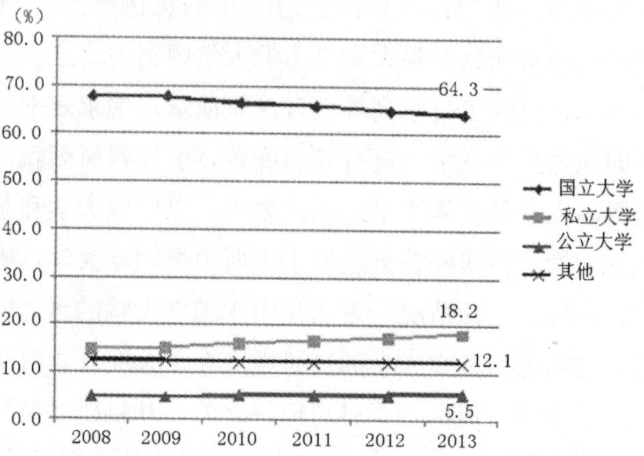

图表 3－17 国公私立大学科研项目到位经费数

序号	学校名	项目立项数			到位经费总额(单位:万日元)		
		2009	2012	2013	2009	2012	2013
1	东京大学	1,289	3,503	3,519		2,029,595	1,988,037
2	京都大学	953	2,780	2,821		1,292,162	1,287,832
3	大阪大学	855	2,561	2,579		1,090,863	1,052,242

续表

序号	学校名	项目立项数			到位经费总额(单位:万日元)		
		2009	2012	2013	2009	2012	2013
4	东北大学	845	2,451	2,519		1,016,947	958,028
5	九州大学	664	1,812	1,860		662,419	103,269
6	北海道大学	626	1,729	1,735		645,583	600,028
7	名古屋大学	504	1,621	1,642		651,370	678,224
8	筑波大学	433	1,187	1,197		357,115	380,874
9	广岛大学	396	1,055	1,136		283,608	306,151
10	神户大学	304	975	1,047		281,983	300,684
11	庆应大学	346	964	961		331,357	323,219
12	早稻田大学	283	793	851		243,745	255,450
13	冈山大学	268	839	843		226,630	221,793
14	东京工业大学	314	833	826		426,686	447,928
15	千叶大学	254	809	816		214,448	222,794
16	金泽大学	233	698	727		175,145	177,203
17	新泻大学	219	672	715		151,034	160,693
18	理化学研究所	289	699	684		379,007	352,651
19	熊本大学	200	615	631		192,551	188,669
20	长崎大学	217	543	600		130,702	143,338

图表 3－18　各学校国家项目立项数及其经费到位情况

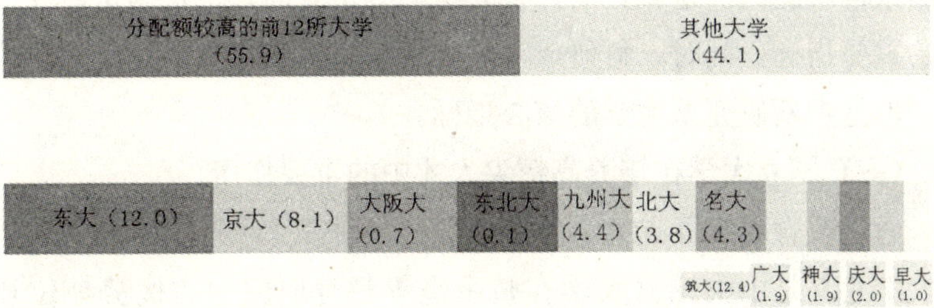

图表 3－19　2013 年日本科研费配置排名前 12 所大学所占比例（%）

资料来源：2013 年度科研費の配分状況等について」文部科学省

通过上述竞争性COE项目和科研项目立项数以及到位经费指标等可以清楚地了解国立大学在高精尖领域中的地位及作用，尤其是中央国立大学在国立大学中的引领作用。此种现象凸显了第二次世界大战之前日本政府开办的一批秉承“卓越”理念的国立大学以及为实现“国学为国家所需”的办学目标而不懈努力的事实。

四、国立大学在教育科研实践中获得的成就

在当今社会，投入与产出的经济概念被视为衡量经费使用效率和效能的重要指标，已广泛用于教育科研领域。教育财政学对效率、效能的关注主要集中在政府的教育资源配置效率，即政府如何选择教育资源不同的配置方案，以减少资源闲置和滥用状况，使投入的资源更加符合社会的利益。日本高等教育财政效率优先的配置导向恰恰反映了该理论，而“国立为国家所需”的发展思路则充分证明了这一点。那么，日本的国立大学是否承担起实施精英教育、追求学术卓越的重任呢？就此问题笔者拟通过高精尖人才培养及科研成果的国际排名两项指标进行考察，从而分析日本高等教育财政倾斜配置的效率和效果。

无论是教学型大学还是研究型大学，都具有培养高层次人才的义务与责任，但其各有侧重。研究型大学将研究型人才（博士生）的培养视为主要方向，通过培养高层次人才，壮大研究人才队伍，进而提升国家科研能力。这既是研究型大学的办学方向，也是衡量研究型大学的重要指标。同时，科研成果的数量和质量是衡量研究型大学的关键，也是判断研究型大学的核心指标。

（一）国立大学在培养高精尖人才中的重要作用

通过教育研究据点大学的形成和科学研究立项可以看到日本研究型大学尤其是中央国立大学在整个高等教育研究中的优势地位和作用。该情况源于中央国立大学明确的办学理念和始终如一的办学行为。正如第一章中所述，日本自近代大学制度产生之日，就出现了“国学为国家所需”，“私学为庶民所用”的两种不同的办学理念，直

至今日中央国立大学依然坚守这一理念，服务于国家政治、经济的发展以及科学技术的提升，成为国家科技创新体系的重要组成部分。天野郁夫写道："19 世纪后半，我国高等教育制度模仿德国柏林大学，开办了少数帝国大学，这些大学几乎具备了马丁·特罗称之为精英制度或精英型大学的特质"[15]。

即使到战后，这些大学依然坚守精英或卓越之特质，以提高质量为重，履行其使命。具体表现在人才培养方面，向理工科和高精尖方向发展，为国家培养精英型人才。

近 20 年以来，日本研究生教育取得长足发展，设有研究生院的院校逐年增加，其中私立大学有 70 多所院校设有研究生课程，国立达到百分之百。因此，是否设有研究生院已不能衡量一所院校的属性，重要的是看其是否设有博士课程以及博士课程的多寡、在校博士生的数量及其及其学科领域的分布情况。

20 纪 90 年代以来，日本为提高教育质量、进一步加快向高精尖发展的步伐，相续出台了构建研究生院大学（研究生院重点化）、扩大研究生规模（研究生规模倍增计划）等政策措施。其中构建研究生院大学、打造国际一流院校为上述政策措施的重点，目的在于实现高等教育实现高层次、规模化的发展。近 20 年来，日本研究生在校生数不断扩大，1960 年到 1985 年 25 年的时间仅增加了 7.5 万人而 1990 年日本研究生在校生数却达到 9.2 万人，1995 年达到 15.3 万人，2004 年发展到 25.4 万人，2009 年 26.3 万人，20 年增加了 17.1 万人，这在日本研究生教育发展历史中是极其罕见的。特别是博士研究生数量的快速发展。1995～2009 年日本博士研究生数量增加了 59.5％，硕士生增加了 57.2％（图表 3－20），博士研究生数量超过了硕士生数量，其增幅之大由此可见。从研究生的分布情况来看，2005 年国立院校占总数的 59.2％，公立院校 5.5％，私立院校 35.3％，国、公立院校与私立院校形成了 65：35 的分布格局，国立院校承担起高层次人才的大部分培养任务，充当了主体的作用。在博士生方培养面，国立院校几乎承担起 70％多（国立 70％、公立 6％）

的任务（图表3—21)，与私立院校本科生的占有率基本相等，国立院校成为博士研究生的培养据点，极大地凸显了国立院校在培养高精尖人才上的绝对优势。不仅如此，国立院校在培养理工科高精尖人才中也发挥了强大的优势作用。从日本博士在校生的学科分布看，国立院校的理、工、农三大学科领域的博士在校生占有率高达80%以上，分别为83.7%、81.7%和88.1%，三者平均占到了84.5%，该情况表明国立大学为培养科学技术领域的高精尖人才所发挥的举足轻重的作用（图表3—22)。国立中央大学在其中发挥的更是核心作用，承担起理工科高精尖型人才培养的重任。日本国立大学财务中心的统计结果显示，2010年10所（7所中央国立大学和筑波大学、神户大学和广岛大学）国立中央大学博士在校生数共计2,280人，其中东京大学6,141人，京都大学3,707人，大阪大学2,996人，东北大学2,734人，九州大学2,607人，北海道大学2,380人，名古屋大学2,2337人，筑波、广岛和神户大学分别为2,280、1,710和1,594人，该情况凸显出办学历史越长、研究型据点越多和科研立项以及到位经费越多的院校在高层次理工科人才培养功能方面越强的特征。此种国立大学“重理工”的现象可通过中央国立大学硕士学位授予情况做一个了解。从图表3—23可以看出，日本中央国立大学的教育研究重心置于理工农三大学科领域，在各校授予的硕士学位中，三大学科均超过了50%以上，其中京都大学、大阪大学和九州大学甚至达到了70%左右，东京工业大学几乎是百分之百，这一特点直接反映到了博士学位授予的比例。从各校教师的学科结构也能发现“重理工”的倾向。正如图表3—24所示，日本中央国立大学教师和科研人员主要集中在理工农学科领域，三大学科领域的教师比例达到了总数的50%以上，成为教师队伍中的主体力量，为日本科技人才的培养发挥着举足轻重的作用。

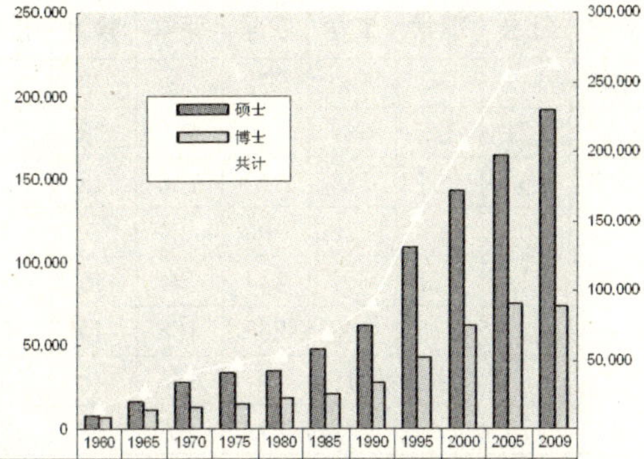

	1960	1965	1970	1975	1980	1985	1990	1995	2000	2005	2009
硕士	8,305	16,771	27,714	33,560	35,781	48,148	61,884	109,64	142,83	164,55	191,42
博士	7,429	11,683	13,243	14,904	18,211	21,541	28,354	43,774	62,481	74,907	73,555
共计	15,734	28,454	40,957	48,464	53,99	69,688	90,23	153,42	205,31	254,48	263,97

图表 3－20　日本研究生规模扩大图

资料来源：日本文部科学省《文部科学白皮书》2009 年第 55 页

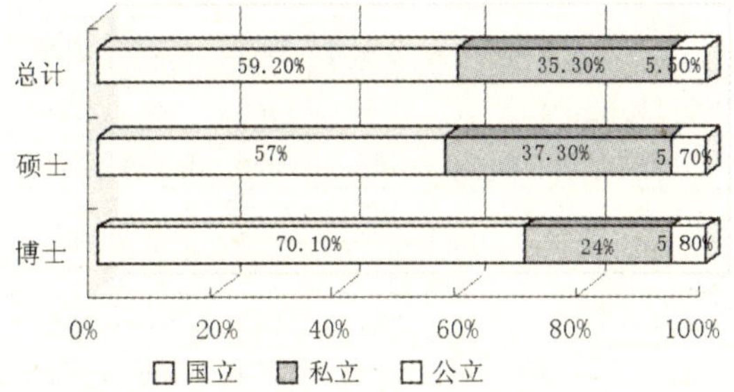

图表 3－21　研究生在校生的分布情况（2005）

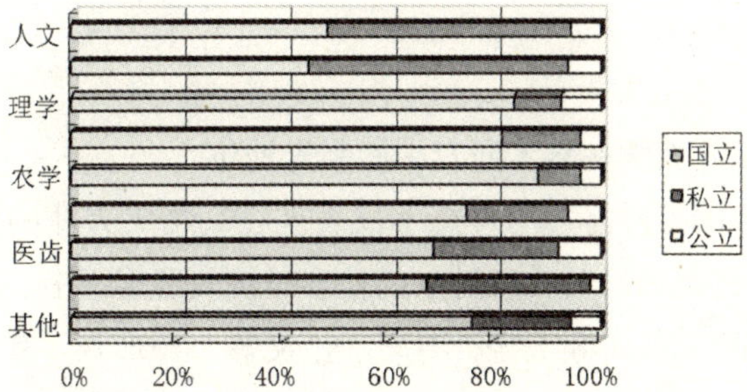

图表 3－22　国、私立院校博士在校生学科分布

大学名	人文	社会	理学	工学	农学	保健	教育	艺术	其他	合计
北海道大学	137	111	191	522	272	93	33	0	99	1,458
东北大学	76	121	223	687	129	97	33	0	306	1,672
东京大学	117	163	391	746	312	166	48	0	768	2,711
东京工业大学	0	0	308	1,206	0	0	0	0	26	1,540
名古屋大学	105	115	221	651	144	78	49	0	211	1,574
京都大学	92	127	235	902	267	188	43	0	184	2,038
大阪大学	108	160	292	1,155	0	165	0	0	94	1,974
九州大学	33	174	236	777	242	87	22	0	68	1,639

图表 3－23 2003 年日本各中央国立大学硕士学位授予情况

资料来源：国立大学法人等の科学技術関係活動に関する調査参考資料

大学名	研究者人数（人）							
	总数	教育研究者研究领域分布						
		人文科学	社会科学	理学	工学	农学	保健	其他
北海道大学	5,110	432	309	1,038	844	719	1,602	166
东北大学	5,927	676	382	943	1,726	271	1,868	61
东京大学	10,201	1,296	1,093	2,308	2,378	957	1,823	346
东京工业大学	2,975	1	6	563	2,212	11	85	97
名古屋大学	4,676	614	224	828	989	307	1,349	365
京都大学	8,091	870	798	1,540	1,801	779	2,051	252
大阪大学	6,431	626	423	997	2,103	2	2,168	112
九州大学	5,245	468	358	625	1,384	481	1,661	268

图表 3－24 日本中央大学各专业领域教育研究人员分布情况

资料来源：文部科学省，大学等における科学技術・学術活動実態調査報告書

（二）国立大学在学术研究中的领先地位

“国学为国家所需”的理念不仅表现在高精尖人才的培养上，更体现在科学研究成果及其所带来的社会经济效益层面上。科研成果的形式多种多样，有研究报告、专著、论文等多种形式，其中论文较为普遍，是研究人员发表研究成果的一个重要形式，且为一种客观、可量化的重要指标，因而成为当今国际上衡量科研水平的长用手段。以

下拟通过日本国立研究型大学发表的论文数量及其被引用的次数等，考察分析日本国立研究型大学在科研领域中的领先地位。

随着日本科学技术的不断提高，近20年来日本诺贝尔奖获得者人数迅速增加，1996年日本政府提出的50年内产生30名诺贝尔奖获得者的目标正在逐渐成为现实。该情况与日本科学研究成果数量与质量的不断提升有着直接关系。据美国Thomson Scientific（1981～2005年）统计结果显示：日本发表的论文数居世界第2，占论文总数的9.1%；物理、化学和工学领域的论文数占绝对多数，成为支撑日本学术论文总量的主要学科。从日本2008～2010年物理、化学两大学科发表的论文分布情况看，国立大学分别占论文总数的58%和55%，而私立大学则分别占16%和10%，其他（公立大学、独立行政法人研究机构和企业）分别占26%和35%；临床医学等应用学科也是如此，2002～2004年国立大学发表的论文数占总数的46%，2008～2010年发表的论文占42%，而私立大学分别占21%和23%，仅为国立大学的一半。医学学科虽然是私立大学最强的学科，但其研究成果也只占总量的20%强，与国立大学相比仍存在一定差距（图表3—25）。上述情况表明国立大学不仅在日本基础学科研究领域成为支撑日本科学技术的核心力量，同时在应用学科领域也发挥着重要作用。在国立大学中，中央国立大学无疑占有领先地位，发挥着核心作用。例如，在物理研究领域，2002～2006年年均产出的论文情况为：东京大学1,495篇，东北大学1,079篇，大阪大学917篇，京都大学833篇，产业技术综合研究所654篇，东京工业大学647篇，科学技术振兴机构597篇，早稻田大学217篇；2007～2010年年均论文发表情况为东京大学1,551篇、东北大学1,044篇、京都大学916篇、大阪大学897篇、科技振兴机构839篇；化学领域2002～2010年年均论文发表情况为，京都大学896篇、东京大学794篇、大阪大学731篇、产业技术综合研究所616篇、东京工业大学599篇和东北大学575篇；而材料科学领域的论文分布情况为，东北大学603篇、产业技术综合研究所334篇、物质材料研究所398篇、大阪大学346

篇和东京大学283篇（图表3－26）。三大强势学科发表的论文数名列前10的学校或研究机构均为国立中央大学。可见，仅仅占全国高校20%份额的国立大学和仅占国立大学10%的中央国立大学在自然科学研究领域占有绝对优势，发挥着引领作用。

机构名称	论文数					
	物理学		化学		临床医学	
	2002～2004	2008～2010	2002～2004	2008～2010	2002～2004	2008～2010
国立大学	3,240	3,926	5,199	5,159	6,494	6,645
公立大学	173	201	379	348	1,067	1,036
私立大学	558	749	1,373	1,407	2,964	3,725
独立法人	795	1,077	860	872	194	359
企业	473	576	782	631	318	308

图表3－25 日本自然科学论文分布情况

资料来源：文部科学省科学技術政策研究所、研究論文に着目した日本の大学ベンチマーキング2011、第11页

大学名	化学	工学	数学	物理学	农学	艺术、人文科学	经济、经营学	教育学	法学
北海道大学	376	169	51	379	68	0	3	0	0
东北大学	521	370	42	1,373	36	2	7	0	0
筑波大学	152	118	40	432	22	2	16	1	0
东京大学	664	476	86	1,523	77	10	26	0	0
东京工业大学	576	293	36	820	13	0	10	0	0
一桥大学	0	1	1	1	0	0	22	0	0
名古屋大学	333	252	34	492	58	2	3	0	0
京都大学	776	350	86	937	76	6	34	0	0
大阪大学	636	300	63	1,252	11	1	23	0	0
九州大学	407	293	62	451	73	3	1	0	0

图表3－26 2006年日本中央国立大学论文发表情况

资料来源：情報・システム研究機構国立情報学研究所・根岸正光教授の調査統計結果

论文数量多不等于质量高，但是没有数量何谈质量？数量是基础。如前所述，日本论文数量跃居世界第二，其质量如何呢？这一问题主要通过论文的被引用率加以考察和分析。据统计，日本自然学科论文被引用率居世界第四，低于论文数量的排名，说明日本大学等发表的论文虽然量大，但质还有待于进一步提高。不过从物理、化学和材料科学三大强势学科的论文被引用率来看，日本所有中央国立大学都榜上有名，均名列前10。例如，在物理学科领域，东京大学排名第2，化学学科领域京都大学和东京大学分别排名第4和第5名，而在材料科学领域东北大学和大阪大学分别名列第3和第7名，在生物和生化学科领域东京大学排名第3，日本强势学科达到了国际一流。再从2002～2006年和2007～2010年物理学论文被引用的次数看：东京大学年均19,994次和12,260次，世界排名分别为第2和第3；东北大学年均被引用次数为19,588次和6,734次，世界排名分别为第9和第18；大阪大学被引用次数为14,539次和5,101次，世界排名第22和第38；京都大学为14,037次和5,913次，世界排名为第24和第27；科学技术振兴机构和东京工业大学、理化学研究所次之，但也都分别排在50名以内。化学领域也是如此，在2002～2006以及2007～2010年两次排名中，五所中央国立大学和两所研究机构均进入了世界排名50以内。同样在材料科学领域也有5所中央国立大学和三所研究机构进入了前50名(图表3－27)，这些数据不能不说日本在基础学科领域具有很强的竞争力，达到了国际顶级水平。从日本中央国立大学的综合排名看，大部分也进入了世界名校前100名：东京大学排名第14，京都大学31名，大阪大学35名，东北大学76名，名古屋大学97名，充分表明了中央国立大学长期以来秉承的“国学为国家所需”和追求学术卓越的办学理念及办学实践。日本东京大学校长小宫山宏说：东京大学是日本最高学府，已进入世界名校前10，今后的目标是进一步提高学校知名度，获得国际学术界的高度评价。中央国立大学的发展目标也充分体现了这一点。如：2003年制定的东京大学《大学宪章》指出东京大学以维持、发展世界最高水准的教育研究、服务于人类世界、为国际性难题的解决做出贡献等为目标；京都大学的目标是以构建和谐发展的国际社会为目的，在国际范围内将优质教育的追求、高水平研究成果的获得为目标，在教育领域创造国际水准的教育环境，培养具有国际视野、国际思维能力的人才，同时将学校建成国际一流的开放性研究型据点大学；东北大学则将目标指向国际，向国际一流水准看齐，建设研究型据点大学，该大学的中期发展目标指出东北大学不问国籍、种族、性别及宗教，积极接收有能力、有热情的学生及有研究能力和潜力的研究人员，从而最大程度地发展科学研究活动。

学校名	物理学年均发表论文数及世界排名			化学年均发表论文数及世界排名			材料科学年均发表论文数及世界排名		
	2002～2006	2007～2010	排名	2002～2006	2007～2010	排名	2002～2006	2007～2010	排名
东京大学	1,495	1,551	(4)4	872	794	(7)8	302	283	(9)12
京都大学	833	916	(10)8	772	896	(4)6	237	247	(20)30
东北大学	1,079	1,044	(7)7	574	575	(17)24	509	603	(3)4
大阪大学	917	897	(8)9	699	731	(10)13	357	346	(8)13
东京工业大学	647	646	(16)24	657	599	(12)23	243	239	(18)32
九州大学	—	—	—	455	462	(27)36	153	178	(39)57
名古屋大学	433	453	(5)60	374	363	(39)58	156	148	(36)76
物质材料研究机构	462	469	(41)54	—	—	—	386	398	(7)10
产业技术综合研究所	654	597	(15)28	744	616	(8)20	420	334	(5)15
科技振兴机构	597	839	(20)13	510	680	(27)15	141	164	(47)66
理化研究所	516	575	(31)33	220	270	(101)101	—	—	—

图表 3－27　日本强势学科论文数量分布及世界排名

注：排名中的（　）内为 2002～2006 年排名，（　）外为 2007～2010 年排名。

资料来源：根据文部科学省科学技術政策研究所、《研究論文に着目した日本の大学ベンチマーキング2011》报告、第 29、30、32 页制作。

第三节 日本国立大学为知识创新与成果转化做出的贡献

认识和把握日本国立大学，特别是中央国立大学的显著特征最终还要看其外部贡献率，即对其经济、科技和社会发展的贡献程度。因为，日本国立大学是国家知识创新和技术创新的中心，也正在成为世界科学技术的重要发源地，同时国立大学也是为社会提供良好服务的基地，通过教育科研与生产三者的紧密结合，直接服务于社会经济发展。1996 年在日本科学技术创新立国基本国策的影响下，日本政府将产学研合作视为知识创新与转化的重要手段，相继出台了各种政策措施，以推动国立大学适应新形势发展的需要，强化大学科研与产业界的联系，加快科技创新与转化的进程。

一、搭建合作平台，创设大学科技成果转让机构

为适应经济增长模式的重大转变，日本提出“科技创新立国”基本国策，强调科技创新是重振日本之本，经济增长之源，表明了科技创新立国战略的重要性和迫切要求。1995 年日本颁布了《科学技术基本法》(简称《基本法》)，拉开了经济转型的序幕。《科学技术基本法》重点突出“转化”二字，指出成果转化既是科技创新的着眼点，也是科技创新的落脚点，政府将紧紧围绕转化这一核心发挥主导作用，提供服务职能，从而提高高校科技成果转化为生产力的能力。此外，1998 年日本还出台了《大学等技术转让促进法》(简称《促进法》)，为上述目标的实现进行了制度创新，将转化落实到了实处。

“日本专利转化率低的一个重要原因是专利与市场严重脱节，在专利和市场之间缺少一个重要的产业化渠道。”[16] 《大学等技术转让促进法》(也称为 TLO 法) 的颁布正是为了打通这一渠道才颁布的。该法第 1 条写到，“颁布本法旨在采取措施，促进大学、高专、大学

共同利用机构以及国立试验研究机构的研究成果向民间企业转移，进而开辟新的产业领域，提升产业技术能力，使我国产业结构顺利转型”。所谓采取措施就是为打通专利与市场之间的渠道，在专利持有方与专利使用方之间“创设以转化高校等技术为宗旨的科技转让机构，”[17] 使其在二者之间发挥桥梁纽带的作用。因此说，《大学等技术转让促进法》的颁布催生了大学技术成果转让机构。该机构的功能主要包括成果转化前的前期准备和转化后的后续工作以及巡回往来共同合作的援助工作。例如，基于产学研合作精神，为企业研发项目目标的制定、产学合作的研究、产品开发以及产业化等提供服务，具体内容为：为有意向采用大学技术成果的企业介绍专业技术人员和研究人员，开展技术指导；与有意愿申报国家和社会团体资助项目的大学和企业派遣专业人员合作制定合作方案，进行多方协调；召集各方人士，召开研讨会，介绍推广科技成果信息，为产学双方提供广泛的交流平台等，为转化高校及科研机构的科技成果，加强有针对性的校企合作发挥推动和促进作用。当然，强化管理和制度支持是保障该机构功能有效发挥的必要条件。根据《大学等技术转让促进法》精神，日本政府决定大学等技术转让机构由产业经济省和文部科学省（由原来的文部省和科学技术省合并而成）两大部门直接管理，中央各部门协调一致，强化合作机制，以实现经济、科技、教育一体化管理。具体措施有：（1）为提高科学技术转化机构的专业化程度，产业经济省和文部科学省两大部门分别在不同领域采取措施，派遣专业人士进行指导。2004 年经济产业省向全国各地技术转让机构派遣了 183 名技术经营人才，同年文部科学省向公、私立大学派遣技术精英 110 名，以协助、指导高校开展科技转化事业，提高科技转化效率和效能。（2）文部科学省和经济产业省共同出台新政策，放宽大学研究人员在企业兼职的条件，鼓励“大师”走出校门，深入企业，开展合作。（3）在经费方面积极采取措施，规定大学等技术转让机构的转化事业可享受国家优惠政策，专利申请和科技转让费用可减免 1/2，2006 年日本政府用于此项资助经费高达 6 亿日元等。这一系列政策措施不仅推动了转化事业的进程，也带动了社会各界对成果转化事业的支持。日本中小企业投资株式会社规定，对使用大学科技成果的中小企业采取投资特例措施，向投资3亿日元以上的企业给予经费支持。民间团体中小企业基础机构也明确规定，向实施转让事业所需经费予以债务担保等等。此种功能明确、体制匹配、措施有力的政策措施有效地打通了专利与市场之间的产业化渠道，为推动高校科技创新与扩散的平衡发展和产学研合作提供了平台和保障。

二、国立大学改革与法人化制度的实施

“大学职能的每一次扩展和强化都顺应了当时经济和社会发展的要求，高等教育与社会结合的越紧密，对经济发展和社会进步的促进作用就越大”[18]。21世纪日本政府一方面着手提供服务平台，营造外部环境，另一方面还变革高校体制，改善高校内部环境，强化校企合作机制，以求迅速推动高校科技成果转化事业的发展。

（一）变革高校体制、增强高校内部动力

知识经济时代，高校在社会经济建设中发挥的重作用越来越重要。然而，高校不适应经济发展、脱离社会需要等痼疾一直困扰着日本乃至世界各国。2004年日本颁布的《国立大学法人法》就是为破解这一难题开出的有效处方：推行体制变革，实行二元化管理；改变教师公务员身份、建立政府与高校契约关系，从源头根除病疾。《国立大学法人法》要求国立大学建立由学校外部人士参与的大学管理体制。所谓校外人士是指社会产业界或企业界人士，而非政府官员。建立由校外人士参与的管理体制的目的在于引入企业经营方式，使高校真正走出象牙塔，面向社会，服务经济。新管理体制要求高校在原有教育研究管理机构的基础上增设大学经营机构，实行教育研究评议会和经营协议会共存、并重的二元制大学管理。《国立大学法人法》指出“教育研究评议会由校内人士构成，经营管理协议会须有半数以上的委员来自社会及产业界人士，”[19] 从而确保社会人士在大学管理层的地位和作用，使社会需求真正反映到学校决策中来。同时该法还指

出“大学校长从教育研究评议会和经营管理协议会选出的代表中产生”，该规定表明社会产业界人士也有可能就任校长一职。此种管理体制变革对高校来说是一场革命，具有极大的挑战性和冲击力。与之配套，解除国立大学教师公务员身份，实行聘任制的人事制度改革在日本也随之启动。此次改革的主要内容是基于能力和绩效考核的标准，实施优胜劣汰的企业人事管理，最大限度地将竞争机制引入大学人事管理制度之中。此外，在国立大学的财政拨款制度方面，日本还将长期沿用的国立学校特别会计制度改为国立学校法人补助金制度。国立学校法人补助金制度以自筹为主，补助为辅，补助金的发放是根据政府与大学建立的契约条款，通过社会中介机构及政府评估机构对学校中期发展目标的完成情况进行检查评估，决定财政预算或补贴额度，目的是通过经济杠杆约束大学的办学行为和办学效率。上述体制、人事、拨款三项重大变革有效地增强了日本国立大学适应社会、服务社会的内在能力，加快了高校服务于经济建设的发展步伐。

（二）强化运行机制、促进校企合作

三位一体的重大举措推动了高校的内部资源整合和机构重组，形成了通过校企合作带动科技创新、成果转化的运行机制。

日本以体制变革为契机，国立大学校长亲自挂帅，成立了自上而下系统的校企合作专门机构，其中包括产学研合作领导小组等。校企合作专门机构下设科学研究促进办公室、产学研合作本部或知识产权本部以及各学科专业团队。各级部门设有专职技术人员，分别负责各部门的具体工作。例如，产学研合作领导小组负责经营产学研合作利益相反、债务相反的事宜；科学研究促进办公室负责制定全校产学研发展规划、实施计划及其结果评价；产学研合作本部或知识产权本部负责本校产学研合作规划的具体实施，是全校产学研合作规划落实主体，内设校企合作部、知识产权部和项目研究促进部，产学研合作部负责协调校内各部门之间的合作关系，建立全校产学研一体化体制；知识产权部以构建知识产权申请、管理与应用一体化体制为重点，负责科技发明、专利申请领域的咨询和寻求专利技术买方市场等事宜，

项目研究促进部则负责整合学校优势，协调或调整本校大型研究项目的申报与合作。三大部门目标统一，分工合作，共同承担产学研合作、知识产权申请，产权转让方案的制定以及合作项目的论证以及效果预测等工作，形成了相互合作，互为整体的有机体系，推动了高校校企合作事业的发展。2003 年为有效配合国立大学法人化制度的实施，日本政府颁布了《知识产权基本法》。《知识产权基本法》就高校知识财产开发、保护与应用做了详细规定，重点强调要进一步深化高校产学研合作，强化高校国际合作的开展，采取有效措施，在全国国立高校设立 43 所（日本国立大学共有 89 所）以知识产权创造、保护与应用为宗旨的新型产学研合作示范点——大学知识产权本部，其中 6 所是以国际产学研合作为目标的产学研合作本部、12 所是以承担国际产学研合作项目为宗旨的知识财产本部（均为研究型院校）、6 所是具有特色的国际产学研合作促进机构。该举措为国立学校法人开展产学研合作注入了新的力量，推动了高校产学研合作的进一步深入发展。

三、国立大学产学研合作及其成果转化

创新与转让是相互促进、相得益彰的辩证关系，日本科学技术政策的历次变革重心都将创造与应用置于同等地位，谋求均衡发展。然而，20 世纪 90 年代末以来日本出台的一系列重大举措却将重点至于后者，强调科技政策由均衡向转化倾斜，并将其视为终极目标、立国之本。正如《大学等技术转让促进法》所提出的：“科学技术是为社会而用、是位于社会中的科学技术，这是我国科学技术政策的出发点，也是科学技术的落脚点”[20]。以下内容进一步解读日本 10 多年的发展变化结果。

一部法律的出台、一项制度的实施均需要具备明确的目的和预期，而其检验的标准则有赖于实践。衡量技术转让效率的指标涉及方方面面、多种多样，但专利申请数、获取专利数、专利转化率以及所带来的经济收益无疑构成其核心指标。

20世纪90年代末，日本政府颁布《大学等科技转让促进法》以来，其效果可谓前所未有，无论大学申请专利数、获取专利数还是专利转让数及其所得收入、大学成立的风险企业数等均直线上升，2000年日本大学等成果转让专利数为125项、2003年1,237项、2005年2,632项、2007年4，390件，增加了35倍多；专利转让所得收入2003年为54亿日元，2007年为77亿，其中国立大学专利转化数及其所得收入占总数的73%和74%，增速之快、增幅之大史无前例，这不能不说日本政府出台的以促进大学科研成果回馈社会为宗旨的《大学等科技转让促进法》及配套政策获得了显著成效。

从日本TLO申请专利的科学结构看，2007年日本国立大学申请专利的学科中，生命科学为2，744项，占申请总数的32%，信息通信为1，159项，占15.2%，环境科学为310项，占4.1%，纳米技术材料为1,873件，占24.5%，其他为1,556件，占24%。不仅如此，2003年日本国立、私立及公立大学申请国外专利为581项、2005年为1,330项、2007年增加到2,987项，占同年国内外申请项目的30%，其中国立大学达到了28%，为推动21世纪日本科学技术创新立国基本国策的落实以及日本国际竞争力的提升打下了良好的基础。

参考文献：

[1]《高等教育研究纪要》1999年第18号第18页.

[2] 光田好孝．日本大学卡内基分类 [J]. 大学财务经营，2004 (1)：72.

[3] 光田好孝．日本大学卡内基分类 [J]. 大学财务经营，2004 (1)：74.

[4] 朝日新闻 [J]. 2007年3月18日.

[5] 张玉琴．试论日本高等教育均衡发展的重要途径 [J]. 日本学刊，2005 (5)：128.

[6] 黑羽亮一．战后日本研究生院政策 [J]. 大学研究，1992 (9)：9.

[7] 张玉琴．日本研究生教育发展研究［J］．外国教育研究，2005（1）：50～53.
[8] 张玉琴．日本研究生教育发展研究［J］．外国教育研究，2005（1）：50～53.
[9] 综合科学技术会议基本政策专门调查会．强化基础研究应采取的长期政策［J］．2002 年，第 7 页
[10] 闫广芬、张玉琴．日本科技创新"立国论"与高等教育资源配置重点转移［J］．比较教育研究，2003（9）：22～26.
[11] 高澎、吴晓曼等．大学排名方法的借鉴和改进——兼谈美国佛罗里达大学教育学研究中心对研究型大学的评价方法［J］．江苏高教，2005（6）：41～43.
[12] 张玉琴．日本高等教育财政倾斜配置及其效果分析，复旦教育论坛［J］．2010（6）：84.
[13] 张玉琴．日本高等教育数量与质量均衡发展研究［J］．教育研究，2006（2）：85.
[14] 文部科学省．《高等教育政策和费用负担》研究报告［R］．2001：23.
[15] 天野郁夫．日本高等教育结构［M］．东京：玉川大学出版社，1986：121.
[16] 张玉琴．日本差学研合作新体系评述［J］．河北师范大学学报（教育科学版），2012（4）：54.
[17] 日本文部科学省．文部科学白皮书［M］．东京：财务省印刷局，2001：296.
[18] 武贵龙．为社会服务：现代高校科技创新的重要使命［J］．中国高等教育，2005（23）：24～25.
[19] 佐田洋一郎．大学知识财产基础入门［J］．知識財産ぷりずむ，2008（7）：5.
[20] 日本文部科学省．文部科学白皮书［M］．东京：财务省印刷局，2002：246.

第四章　私立院校主体地位与高等教育规模扩张

私立高等院校是日本高等教育的重要组成部分，在高等教育领域占据了近80%的份额，可以说没有私立院校的大量存在就没有日本高等教育的今天。自20世纪60年代起，高等教育规模不断扩大，逐步满足人们对高等教育需求量的增加成为各国高等教育改革发展的重中之重。在这次改革中，日本率先在20世纪70年代实现了高等教育大众化，90年代后期又顺利实现了普及化，2010年高等教育升学率已达到70%以上，迎来了后大众化时代。在这一过程中，日本私立院校发挥了主体作用，承担起高等教育大众需要的重任。主要历经三个阶段：战前私立高等教育的产生与发展、战后20世纪60～80年代高等教育大众化阶段，20世纪90年代至今高等教育后大众化（普及化）阶段。

第一节　战前日本私立高等教育发展与教育机会扩大

日本高等教育在短短的40年时间内，便迅速实现了大众化，并顺利进入了普及化阶段，超过欧洲诸国的发展速度，引起世界各国的高度关注。这是源于日本高等教育的基因所致，“日本私立高等教育对市场具有强烈地感应性”[1]。

一、私立专科学校蓬勃发展

战前，日本私立高等教育结构主要由专科学校和大学构成，其中专科学校的产生早于大学，是私立大学的前身，是私立高等教育发展的奠基石。在战前日本高等教育发展进程中，专科学校发挥了巨大作用，为推动战前高等教育快速发展和战后高等教育结构的确立奠定了基础。

（一）私立专科学校的规模扩大及其特征

明治维新之后，日本面临着严重的内忧外患。资本主义发展仍不健全，工业生产远远落后于西方先进资本主义国家，经济发展主要以家庭劳动为主，几乎没有重工业；反对改革的保守派与被剥夺特权的下级武士势力仍对新政权心存不满，期待蓄势反攻。不仅如此，日本还受到美国、英国、法国等老牌资本主义国家侵略东亚野心的威胁，又因为与其签订的不平等条约尚未废除，日本仍未摆脱沦为殖民地或半殖民地的困境。为了扭转这一不利局势，争取民族独立，尽快赶上先进资本主义国家经济发展脚步，日本政府提出了“富国强兵”的总体目标和“殖产兴业”等一系列追赶政策措施，客观上对近代高等教育制度的产生起到了促进作用。当时，日本高等教育机构主要是专科学校，在1886年《帝国大学令》颁布后才有了真正意义上的大学。1918年《大学令》颁布后，日本大学数量不断扩大，形成了专科学校与大学共同发展的格局。但是，日本大学的前身均为专科学校，战前专科学校无论发展速度还是发展规模远远超过大学。这是原因专科学校投入少，而且实用性强，适应产业发展的需要。

1903年，日本政府颁布了《专门学校令》和《公立私立专门学校规程》(规程相当于专门学校设置标准)，从法律层面认可了专门学校制度，并规定了专门学校设置标准，使其发展进一步规范化。《专门学校令》对专门学校招生范围、修业年限、教授内容及部门设置等都进行了明确规定，可以说是以法律形式规范了专门学校的设立与发展。该法令规定，专门学校的招生范围为中学毕业生或修业年限4年以上的高等女学校毕业生或经过审核具有与上述两种学校毕业生同等学力者；学业年限为 3 年；设立目的为传授高等学术技艺；可以设置预科、研究科及别科。针对官立专门学校之外的公、私立专门学校的设立，法律规定，这些学校必须得到文部大臣的认可，并需根据《公立私立专门学校规程》办理相关手续。依据此规定，之后多所专门学校的设立均被认可。

《公立私立专门学校规程》则针对得到认可的专门学校所必须具备的设施设备作出规定：专门学校要有文部大臣认可的《学校章程》、招生规模；并具备一定的学校用地、校舍、教育用具及其他必要的设备。除此之外还对教师资格、入学资格等做了规定，要求教师原则上是帝国大学及其他官立学校毕业的“学士”，或得到文部大臣认可的教师；要求学生必须是中等学校毕业生或文部省实施的学力考试合格者。虽然法规对入学学生数量、教师资格等做出了重点规定，但对于设施设备的最低标准、校舍与学生定编人数以及教师与学生比例等并没有设置严格的标准，这也造成了专门学校水平的参差不齐，尤其是导致官、公立专门学校与私立专门学校之间的教育条件存在相当大的差距。例如，依靠学费作为收入主要来源的私立专门学校，为了减少支出，几乎没有专职教师，主要依靠聘用外聘教师或兼职教师进行授课，这也在一定程度上影响了私立学校的教学质量。《专门学校令》确立了专门学校在制度上的地位，明确了其与中等教育的连接关系，并清楚地将其定位为接收中等学校毕业生、修业年限为 3 年的高等专门教育机构。而实施农、工、商等实业教育的学校则被称为实业专门学校。虽然 1903 年才出台了《专门学校令》，但是在这以前，专门学校早已成为日本高等教育不可或缺的重要组成部分。例如，1902 年私立专科学校已达到数 10 所，公立专科学校也达到了 15 所。1903 年按照《公立私立专门学校规程》认定的专门学校共 32 所，其中公立 4 所，私立 28 所。由于制度的不断规范和完善，专门学校取得了进一步发展。1905 年专科学校发展为 63 所，其中私立 39 所，公立 4 所，国立 20 所，1910 年专科学校为 79 所，1915 年为 92 所，1920

年为 106 所，1935 年达到了 183 所，其中私立专门学校为 114 所（图表 4－1），占专科学校总数的 62.3％，发展速度之快、比例之大可见一斑。从在校生数来看，专科学校在校生数随着学校数量的增加不断扩大，专科学校占高等教育在校生数的比例 1905 年为 74.1％，1915 年为 73％，1925 年为 53.1％，1935 年为 53.9％。虽然呈现出急剧下降趋势，但还是一直保持在 50％以上的水平，占当时高等教育的半壁江山。1918 年日本政府颁布了《大学令》，在法律上认可了私立大学的存在，这就使一部分私立专科学校借机纷纷升格为大学，从而导致上述结果出现。从同期日本高等院校毕业生人数来看，1905 年专科学校毕业生占高等院校总毕业生数的 84.7％，1915 年占 82.2％，1925 年占 67.9％，1935 年占 67.7％，平均达到了 76％（参见图表 4－2）[2]，表明专科学校为当时社会经济发展培养了大量人才，成为人才供给的重要源泉。

年度	合计	国立	公立	私立
1905	63	20	4	39
1010	79	24	7	48
1015	92	29	7	66
1920	106	34	7	66
1925	143	59	5	79
1930	173	61	10	102
1935	183	58	11	114

图表 4－1　战前日本专科学校发展速度

资料来源：根据天野郁夫《日本高等教育结构》第 40、48 页制作

		1915 年	1920 年	1925 年	1930 年	1935 年
专门学校	官立	4,442	3,656	2,738	3,426	3,566
	公立	1,876	975	499	1,978	256
	私立	23,558	17,457	30,636	54,677	57,537
	总计	29,876	22,088	33,873	60,081	63,668

图表 4－2　战前日本专科学校在校生数

（二）私立专科学校以文科为主的专业设置

日本在明治维新后，从锁国政策走向开国政策，为了能成为抵御欧美列强的国家，明治新政府将“富国强兵”作为国家发展总目标提出来。富国强兵，主要是指通过实行资本主义政策来增强自身经济实力，以达到富国的目的；并通过实行军制改革及征兵制来增强军备、加强军力，达到强兵的目的。这一目标的提出，也进一步促进了教育的发展。特别是实业教育作为发展的重点，受到了政府的高度重视。1890年当时就任文部大臣的井上毅提出新的改革设想，并以《专门学校令案》的形式确立。该方案不仅明确了专科学校的性质，还根据学科专业设置，对专科学校类型进行了分类，即一种是以经、医、药、文、美术为主的专门学校，一种是以工、农、商科类为主的实业专科学校。此后，日本政府大力开办实业专科学校，使国立和公立实业专科学校数量不断增加。例如，在1920年34所国立专科学校中，以文科为主的专科学校只有8所，而实业专科学校26所，1930年前者为11所，后者则增加到50所，10年的时间增幅达到了92%，而前者增幅仅为37%。与此同时，私立专科学校1920年共有66所，其中以文科为主的专科学校61所，实业专科学校5所，1930年前者发展为95所，增幅达到56%，而后者只增加了2所，由1920年的5所增至7所，1935年增加到14所，占私立专科学校总数的12%，这样以人文社科为主体的专科学校便成为私立专科学校的主要特征或基因，一直遗传至今，形成了日本专科学校的办学特色。实际上在私立专科学校中，法律、经济、宗教和面向女子的家政专业充当了其主体。在1920年的66所专科学校中，上述专科学校就占了45所，达到了68%，特别是女子专科学校和宗教专科学校高达29所，而农业和工业专科学校仅各1所，商业专科学校为3所（图表4－3），到1935年农业专科学校发展为3所，工业专科学校仍为1所，而商业专科学校为10所，可见实业专科学校的发展速度远远落后于以人文为主体的专科学校。究其原因，主要是由于私立学校办学主体的经费基础薄弱，没能力开办投资大、收益小的职业技术工程专科学校所致。

	私立专科学校					国立专科学校			
	1920	1925	1930	1935		1920	1925	1930	1935
医学	5	4	8	8	医学	5	0	0	0
齿学	4	6	6	6	齿学	0	0	1	1
药学	4	5	8	10	药学	0	5	5	5
护理			1	1	外语	1	2	2	2
法商经	10	13	14	14	音乐	1	1	1	1
宗教	25	28	24	24	美术	1	1	1	1
文学	2	3	5	6	气象	0	1	1	1
女子专科	9	13	26	28	商船	1	2	2	2
武道	1	1	2	2	农学	8	13	14	14
理学	1	1	1	1	工学	12	21	21	19
农学	1	1	2	3	商学	5	13	13	12
工学	1	1	1	1					
商业	3	3	4	10					

图表 4－3　战前国立、私立专科类型构成

由于专科学校“文多”、“工农”少的结构性特征，反映在毕业生层面必然出现同样倾向。1935 年各学科专业毕业生的比例为：工学和农学共占 17.8%，医学占 16%，法律、商业和经济占 43.2%，文学等占 23%，而文科毕业生占到了近 70%。其中社会科学领域的毕业生占到了 4 成以上，而人文类毕业生占 2 成强，折射出在日本私立专科学校中，人文类学校数量大，但规模小的现象，突出了专科学校的实用性特征。

二、私立大学的规模扩大及其特征

（一）大学升格运动过程

在 1880 年末，日本民众产生了强烈而积极的向上流动欲望，并对西方近代学术知识充满了渴望。另一方面，政府以“殖产兴业、富国强兵、文明开化”为目标，制订了多项教育法令为教育发展铺路。由于帝国大学数量过少，欲接受教育的民众人数众多，虽然政府广开学校，培养人才，但在教育供给与需求方面还是出现了较大矛盾，私立高等教育机构（专门学校）作为帝国大学的补充开始发展起来。于是1918年日本颁布了《大学令》，从此确立了私立大学制度。

对于大多数私立专科学校来说大学的升格是其长年的愿望。承认私立大学设置的《大学令》的出现，正是这种愿望得以实现的契机。但是，审议学制改革问题的临时教育会议，对私学报有强烈的不信任感。因此提出了严格的质量管理要求，在大学升格之时设置了许多严厉的条件。例如，必须有财团法人的形态；必须有维持大学运营的基本财产，设置一个学部需50万日元，在此基础上每增加一个学部要增加10万日元的保障金；另外还要设立与高中水平相当的大学预科，主要科目的半数以上需由专任教师担任授课；社会科学学院需设立图书馆，医学院需设立附属医院，农学系需设有实习场所等附属设施。这些条件，对于当时大多数私学来讲都是非常困难的障碍。

因此，这些升格条件被当成是抑制私学的政策，招致了私学的强烈反抗。与此同时，各学校也开展了关乎存亡的以升格为目标的各种运动。各学校的经营者产生了严重的危机感：如果在升格运动中有所延迟，报名者就会减少，在校学生数也会转向其他大学，这样就会在与各私立大学的竞争中失利。同时，由于学生以及毕业生强烈的升格要求（他们采取了联盟休学等做法），也促使那些犹豫是否升格的学校经营者们进行重新思考。

对于私立学校来讲，升格最大障碍之一就是准备大额的保证金。这些高等学校除去一些不动产之外几乎没有基本财产，除了两、三所规模较大的专门学校，大多数私立专门学校每年只有数万日元的预算。数十万日元的保证金对他们来讲简直就是天文数字。为了筹集保证金以及其他设施的扩充费用，各校无一例外地开展了筹集资金活动。除了社会威信较高并拥有较多有实力支持者的早稻田大学和庆应大学以及得到宗教团体支持的几所佛教私立学校外，其他学校的升格都比较困难。如将目标设为 250 万日元，但是最终没有达成愿望的有东洋大学；号召学生每人每月募捐一日元并将募捐持续一年的日本大学；学校创立者提供近一半保证金的慈惠医科大学；因没有得到创设母体教会的财政帮助，而通过变卖学校土地并进行校址迁移来筹措升格费用的关西学院大学。可以说，各校的历史中都书写了学校经营者为了升格而做出的努力和奋斗。

面对如此严格的升格条件，私立大学一方为了缓和困境也或多或少的进行了抵抗运动。为此，文部省也不得不通过媒体等舆论工具做出考虑其要求的回应。而对于私立大学升格的条件，文部省之后形式上给予了缓和。

升格条件缓和的表现之一，就是对达到升格条件的学校给予了补助金支持。首先对同志社大学之外的、1920 年前已经升格的大学，即庆应、早稻田、明治、法政、中央、日本、国学院等七所学校，从当年开始分十年给予各校 25 万日元的补助。在此之后完成升格的大学为了缓和自身困境，也开始要求享受同样的补助，并发起相应运动。虽然落实时间较之前的享受到补助的大学有所推迟，但政府也在 1929 年开始，对同志社大学、慈惠医科大学等两所大学，分十年支付 25 万日元的补助；在 1931 年开始对龙谷、专修、立教等七所大学，在 1939 年开始对立正、东京农业大学等五所大学，在 1941 年开始对大正大学、在 1943 年开始对东洋大学等多所大学分 16 年支付 25 万日元补助。这样，在昭和初年之前完成升格的大学都成为补助对象。这些相当于保证金一半的补助金对于这些单科大学来讲，已经成为很大的减负。

另一方面，保证金的分期支付也获得允许。在 1922 年之前完成升格的私立大学，可以分六年分期支付，在 1928 年之前升格的学校，可以分成四年进行支付，这些都要在升格之时给予确认。在此规定时间之后完成升格的学校，则要在升格时一次性支付。但是由于相继出现一些无法完成分期支付的私立学校，文部省也不得不屡次放缓支付时间。例如，东洋大学在 1928 年完成升格，并应从当年开始至 1931

年分四年支付分期保证金。可是除当年之外，其他年份都无法完成支付保证金，最终在1931年向当局提出分十年付清剩余款项的变更申请，并得到政府许可。但在之后由于财政状况出现恶化，再次向政府提出分期付款的变更请求，1935年至1945年仍得到认可，即使这样也未能实施，最终该校仅在1942年向政府支付了五千日元的偿还。

就像东洋大学事件中所见到的这样，文部省甚至还将保证金进行了临时反还。例如，明治大学在1923年以关东大地震受灾为理由，向文部省提出保证金的全部返还请求，结果政府返还了其支付额度的一半；在1930年，其又以财政困境为理由提出20万日元的返还请求并获得批准。

《大学令》中规定的这些基本财产临时保管，原本是为了保证各大学运行中的必要资金，但现在看来，实际情况与当初的预想相距甚远。

除了保证金，设施设备等相关的升格条件也屡次出现变化。几乎所有的学校都以将来进行进一步充实为条件，获得了政府方面的认可。例如，在1922年大学设置许可的专修大学中，规定了以下的条件：1. 努力实现优秀专任教员的进一步充实；2. 在获得认可后的六年之内，学部的主要科目的担当教员有半数以上为专任教员；3. 在认可之后的两年内，拥有以欧美各国当中任意两国语言书写的专业学科相关书籍各两千本以上；4. 要随时汇报大学设立计划中的设施完善情况；5. 在上述计划有必要进行变更时，应事先得到文部省认可。

专任教员的补充及书籍的充实进行了数年的延期，这一措施在多数大学中都给予实施，特别是专业教师的充实延期是由于与大正末期官立学校的扩张相冲突而采取的措施，但是，当时几乎没有或者只有少数专业教师的私立专科学校占据了大半，这一情况令人担心。另外与图书册数、校舍建设、常用品的完备等相关的设备购入与新增的延期完成基本上都会获得许可。我们也可以根据上述关于保证金的叙述推测出，这些条件不一定会完全按照预想那样得到满足。

这样，在实际运用过程中，实质性地抽去私立大学设置标准中主要部分而升格的大学不在少数。私立学校的大学升格，确确实实为之前的专科学校带来了水平上的质的提升。伴随着大学升格，在教授数量及设施设备方面都出现了极大的完备。但是，由于设置基准未得到严格的遵守，结果，造成刚刚成立的大学的物质环境与官立学校存在着较大差距。

（二）私立大学规模扩大

日本私立大学最早建立于大正初期，主要由明治后期成立的私立高等专门学校发展而成。战前，其发展主要经历了起步和发展两个阶段。

私立大学产生于1918年《大学令》的颁布。此前尽管出现了诸多以大学冠名的学校，但均未得到政府和法律的认可。因此，按照《专科学校令》的相关规定，这些学校在法律上依然按专科学校对待。早在《专门学校令》颁布之前“教育令时期”，专门学校就与大学的差别甚微，仅表现在学科设置的“单科性”和“综合性”上。而且国家并没有相关法律规定不予承认帝国大学外的大学，因此，一部分专门学校为了自身的发展，出现了升格为大学的动向。特别是在私立大学中，这种倾向更为明显。如同志社和东京专门学校，其在成立之初就以大学作为其办学方向，而福泽谕吉创办的庆应义塾更是早在1890年就设置了“大学部”，以便时机成熟迅速升格为大学。在此之后，由于政府对设置接收中等学校毕业生、并设有一年半左右的预科，且开设专科教育“大学部”的学校同意使用“大学”名称，使得部分专科学校在没有根本变化的情况下，就使用了“大学”名称。这样使用“大学”名称的私立专门学校在1897年达到15所，成为近代日本私立大学的雏形。但是，这并没有解决专门学校与大学制度上的差别，依据《专科学校令》的规定，使用“大学”名称的专科学校并不属于法律层面的大学。在这种情况下，专门学校大学化的呼声越来越高。于是，1918年日本政府颁布《大学令》，第一次承认了在“帝国大学”之外，可以开设公立、私立综合大学和单科大学，这就使私立大学在法律上得到认可，从此日本大学办学主体由单一趋向多元，形成了共存、并重的新格局。从私立大学发展过程看，《大学令》颁布后日本专科学校掀起了一股升格运动，以往被允许冠以大学之名的各私立专门学校开始筹措资金，扩充设备，力求尽早完成向正规大学的升级。据统计，在《大学令》公布后的10年间（1919～1928年）有22所私立大学获得批准。其中最先获得日本政府认可的“大学”是早稻田大学（1920年升格），随后，庆应义塾大学、明治大学、中央大学、同志社大学、法政大学、青山学院大学和日本大学等一批私立大学相继产生，到1935年私立大学数为25所，公立大学14所，而国立大学只有6所，私立大学的发展速度远远超过国公立大学。从在校生数看，大学的升格运动带来了私立大学的急速发展，在学人数迅速增加，这一增加规模不仅在私立学校之中，即使在整个高等教育中也占据着极大的比重。例如，在1930年，高等教育全体在学人数为17万人，其中24所私立大学的在校生总数超过7万人，占全体在学人数的40%左右。而且拥有3,000人以上规模的学校多达7所，共吸收在校人数超过了50,000人，单这一数量就占到高等教育在校总人数的约30%左右。可见，无论私立大学数还是在校生数，均对近代日本大学教育的发展以及高等教育规模的扩张起到巨大的推动作用。

对于这些在战前升格为大学的各个学校而言，从大正时期到昭和初年这段时期并不仅仅是获得了“大学”这一社会地位的时期，也是在各校的发展史中，为学校取得飞跃性发展的时期，或由消极经营政策向积极经营政策转变的时期。在专修大学的校史中，对这一时期的变化这样描述道：“学科数量增加，校舍得到增设，学校用地得到扩充，专任教员数量增加，课程向白天授课转移，同时还开设了附属学校等”。私立大学在此时期，不仅在量上出现了大幅度的扩充，而且在质的方面也出现了很大提升，私立大学迎来了质和量的转换期。

首先，我们来看在学人数的变化，从1910年开始至1930年的20年间，庆应大学由2,200人增加到7,600人，增幅达3.45倍；早稻田大学由4,000人增加至12,000人，增幅为3倍；而日本大学更从 1,700 人增加到 13,000 人，增幅高达 7.6 倍。在昭和初年诞生了两所在学人数超过一万人的大规模大学——日本大学和早稻田大学。另外，出现扩充的不只是以上两所巨型私立大学，其他小规模的学校也出现了在学人数的增加，例如，作为文科系小规模学校代表的国学院大学，其在学人数也由 200 人增加至 1,200 人，增幅为 6 倍；佛教系的龙谷大学由 250 人增加到 1,100 人，增幅为 4.4 倍；医学系的慈惠医科大学从 500 人增加至 1,200 人，增幅为 2.4 倍（图表 4—4）。

		1915 年	1920 年	1925 年	1930 年	1935 年
大学	官立	7736	7347	14280	21293	23978
	公立	—	419	1,056	1,413	873
	私立	—	3,721	11,690	20,550	24,004
	总计	7,736	11,487	27,026	43,256	48,855

图表 4－4 日本国公立大学数量变化情况

（三）私立大学文科主体基因

此时，私立大学不断出现，大学数量迅速攀升，但是升格后的私立大学内部教育组织结构并没有改变，私立大学仍大量保留了专科课程，专科的在校生人数仍占绝大多数，出现了名称为大学，内涵为专科的现象。而且其专科的学科性质主要以人文社会科学为主体，如法律、经营、医学、宗教等学科几乎成为私立大学主干学科。例如，庆应大学 1890 年设立大学部，当时仅有文学、理财学和法学三个学科，其后虽然增设了学科，但也仅仅局限在医学类学科，其优势学科依然是法学类学科，诸多名牌私立大学基本均以法律学科为母体发展而来。在学科设置方面也出现了新的动向。在这期间，诸多私立大学开设了新学科，逐渐形成了复杂多样的学科构造。例如，开设以培养中学教师为目的的高等师范科和文学学科的学校居多，而办成文理兼备的综合性的大学很少，除明治末期走综合化之路的早稻田大学外，只有庆应大学开设了医学部和工学部。也就是说，当时，日本私立大学出现了几种类型，一是以早稻田大学、庆应大学、日本大学为主的综合型；二是以法学为主体的单科型；三是以同志社大学、立教大学、关西学院大学等为主的宗教型大学。无论哪种类型的私立大学依然以文科为主，文科学科专业占到了学科比例的85%左右，以文科为中心的学科专业特征极为突出。尽管早稻田大学和庆应大学先后开设了理工学部，但从学科总体来看，仍为少数，招生人数及其影响力甚微。由于经费不足，私立大学无能力开设理工学科，基本遗传了专科学校时期的基因，形成了私立大学以文科为主体的特征。由于教育经费不足，私立大学的办学条件远不如国立大学，这在一定程度上制约了私立大学学科建设和教育水平的提高。实际上，私立大学主要集中在东京、京都、大阪等大城市，这也是为了更多地吸收氏族家族和富家子弟，从而解决大学经营问题。以1920年升格为私立大学为例，当年共有22所学校升格为私立大学，其中有16所位于东京，4所位于京都，1所位于大阪，1所位于和歌山县。可见私立大学的教学资源更多地集中在大城市，与帝国大学均衡分布形成了鲜明对比。

年度	在校生总数（人）	法、文、经	教育	理学	工学	农学	医学	家政
1900	19,647	56.2	4.7	3.5	4.3	1.5	29.8	
1925	126,842	62.0	3.2	7.9	8.9	4.3	11.6	2.1
1930	149,057	60.7	3.0	1.8	9.4	4.6	15.8	4.7
1935	169,030	58.1	4.6	5.6	8.8	4.7	15.4	2.8
1940	181,597	51.5	2.3	6.7	16.1	5.1	14.8	3.5
1945	406,123	33.4	18.8	7.2	21.1	4.3	11.6	3.6

图表4－5　1900～1945年间日本高等学校各科类在校生占在校生总数的百分比

资料来源：郝克明、汪永铨，中国高等教育结构研究，北京：人民教育出版社，1987：347

第二节 日本经济高速增长与私立高等教育扩张

日本第二次世界大战战败后，进行了彻底的改革，新《学制》的出现标志着教育民主化进程的开始。以 20 世纪 60 年代日本制定的《国民收入倍增计划》为契机大大推动了教育民主化和扩大化进程，使日本高等教育获得史无前例的大发展，由量变上升到质变：由精英教育进入到大众教育阶段。其中，私立高等院校无疑发挥了核心作用，可以说没有私立高等教育日本教育就不可能进入大众化阶段。

一、战后新兴私立大学不断增加与教育机会扩大

（一）《私立学校法》的颁布为私立大学的快速发展提供了法律基础

第二次世界大战后，日本作为战败国，接受美国军的占领。在美国的占领下，1946 年美国政府向日本派遣了 27 人的教育使节团，为日本未来的教育制定蓝图，开始了对日本教育体制大刀阔斧的改革。在民主、自由、平等的理念下，1947 年，日本颁布《学校教育法》，规定高等教育机构只能开设大学及研究生院。据此，日本政府于 1948 年颁布了战后《学制》。规定高等教育阶段只有四年制大学和研究生院，这就意味着战前专科学校必须改制，升格为大学。“从此，专门学校的名称从教育法规中销声匿迹。[3]”由于私立专科学校办学条件及其教育质量未达到大学设置标准，日本政府只得一方面修改相关法律法规，降低大学设置标准，另一方面想方设法设置短期大学。例如，1949 年日本政府通过颁布《私立学校法》，大大放宽了私立学校法人设置高等教育机构的条件，为私立学校的扩大创造了制度条件。同时也通过修改该法使无法升格的专科学校顺利改名为 2～3 年制的短期大学，这就为私立专科学校的升格和发展提供了法律依据，

也为私立大学的规模扩大创造了条件。“由于大学准入门槛降低，这也在另一方面促进了高等教育机构，特别是私立大学的发展”[4]。

《私立学校法》主要由总则、教育行政管理、学校法人及其他四个部分构成。总则部分就立法的目的、私立学校的定义、学校法人的定义以及学校和学校法人所辖的官厅（主管部门）等进行了规定与说明。该法规第一章明确指出：本法律的目的是“鉴于私立学校的特点，尊重其自主性，弘扬其公共性，从而谋求私立学校的健康发展”。在第二章中，主要规定了教育行政主管部门的权限，如规定教育主管部门可在何种情况下有权关闭私立学校等。第三章则详细规定了私立学校在“资产”、“申请”、“管理”、“解散”方面所应满足的条件及履行的义务。该法规要求“学校法人必须拥有设立私立学校所必要的设施、设备及其所需资金与设立私立学校经营上必要的财产”；提出私立学校新设时所应提交的有关“学校名称”、“办学层次和课程设置”、“办学目的”等申请细节内容；并规定私立学校“管理体制为学校法人理事会领导，同时成立监事会和评议会”等管理细则。这一法律的出台使私立学校特别是私立大学的发展有了法律保障，私立大学从此走上了快速发展之路。

《私立学校法》为私立大学做了“自主性”及“公益性”两个定位，给予私立学校较大的自主权，使其摆脱了战前私立学校令的困境，改变了“官尊私卑”的学校地位，使私立大学在招生方法、学费标准以及课程体系设置等方面拥有了更大的灵活性，可根据市场变化及需求主体进行及时调整，在法律上保证了私立学校快速发展的可能性。另一方面，此法律使私立学校的地位和性质发生了根本性变化，它不再只是国立公立学校的辅助性机构，还成为“公共教育”中重要的一环。另外，法律还规定了成为私立大学法人的具体要求，保证了私立大学发展的财政及管理基础，这为其健康发展提供了保障。在财政方面，同样明确了国家对其的财政支持，使其发展有了牢固的财政基础。再有，战后《大学设置基准》是由民间的大学设置基准设定联合协议会制定的，改变了以往学校设置基准由以文部省为代表的政府机构单方制定的做法，在一定程度上反映了学校自身的利益，即设置基准有所放松。例如，在设定私立大学保证金、师资、入学规模及设施设备等方面都较战前的要求宽松，是大学的“最低基准”。降低实际标准，使此后私立大学的升格及学部增设变得相对容易，也使得私立大学在数量上的迅速扩张成为可能。昭和二十三年（1948 年），政府开始根据新的大学设置基准受理、审查设立学校的申请。由于放宽标准，截至 1950 年，日本已有 105 所私立大学获得认可，其中有近 80 所是由私立专门学校升格而来。《大学基准协会十年史》指出：“在新制大学成立之际，其中有些学校匆匆忙忙就变成了大学，给日后大学质量下降造成很大影响。[5]”可以说，新大学设置基准的出台，为战后私立大学规模发展提供了宽松的环境和条件。虽然大学准入条件大大放松，但仍有 90 所私立专门学校由于条件限制没能升格为新制私立大学，为此，政府又出台政策，作为暂时措施，允许这些专科学校改为两年制短期大学，这也成为私立大学发展的另一途径。

（二）《国民收入倍增计划》为私立大学的规模扩大提供了外部环境

在经历了战后数年的社会、经济稳步恢复后，20 世纪 50 年代日本开始走上经济复苏的轨道。经济结构也从战后初期依靠农业为主的农业经济逐步转向以重工业为主的工业经济。日本经济自 1955 年起实现以重化工业为中心的高速增长。随着经济的恢复与发展，社会对于高等人才的需求量急剧增加，这也导致日本高等教育迎来了全面快速发展的第二个高潮期。在这一时期，日本政府以经济发展为目标，先后制定多项经济发展政策，并在其中提出对高等人才的具体需求。以文部省为代表的高等教育管理机构为满足这些需求，也制订了相关的一系列教育政策促进高等教育的发展。可以说，这一时期高等教育发展的主要特点之一就是教育政策作为经济政策的一部分，纳入经济发展规划。

20 世纪 50～60 年代日本政府先后出台了《经济自立五年计划》、《新长期经济计划》、《国民收入倍增计划》、《中期经济计划》、《经济社会发展计划》等经济发展计划。其中《新长期经济计划》及《国民收入倍增计划》特别强调了人才对经济发展的重要性和必要性，即人力资本理论。在 1955 年 12 月鸠山内阁制定的《经济自立五年计划》(1956～1960) 中指出，当前日本经济发展所面临的最大问题是由于经济结构调整以及技术革新带来的高技术人才不足。同时，日本经济界，即日本经营者团体联盟在 1956 年 11 月也发表了《关于开展适应新时期要求的技术教育的意见》，指出“振兴技术教育，刻不容缓”。并提出“要有计划地培养技术和技能人才”、“推进义务教育中的理科教育和职业教育”、“改革理工科系统的大学教育，以培养科技人材”等要求。对此，在五年计划期间，日本政府采取了一系列措施，加以落实。例如，日本政府在其后制定的《科学技术教育振兴方案》就是针对上述意见出台的。1960 年池田内阁又提出了《国民收入倍增计划》(1961～1970)。该计划十分重视教育和科学技术人才的培训，第一次把人才培养列入“经济计划”之中，表明了教育对经济发展的推动作用，把振兴科学技术看作是经济发展的重要一环，引起高度重视。1962 年文部省发表教育白皮书《日本的成长的教育》，从“教育投资论”的观点论证了教育在国民经济发展中的作用，认为“教育投资成果的特点是以培养人的才能的形式积累起来的。从其效果具有持久性这一点来看，可以认为它是生产上的重要投资。日本教育经费占国民收入及国家和地方行政费的比率便由此而显著增长[6]。”《国民收入倍增计划》不仅是经济发展计划，更是推动教育规模扩大、理工科人才辈出的动力，它对日本高等教育的发展产生了极大的促进作用。该计划首先根据日本经济发展预测了就业人数及其各产业对劳动力的需求，认为在经济结构出现极大变化的 60 年代，第一产业人口将减少 25％以上，而第二、三产业的人口将增加 35％～45％。其中制造业的比重将增加 54％，金属制造业将增至 127％。根据这一推算，在计划期间将约缺少 17 万科技人员，44 万名工业高中程度的初级技术人员和管理人员，160 万名职业训练结业的技工和 180 万名再训练的技工。由于当时日本高中、大学的课程设置偏向文科，造成倍增计划期间对理工科人才的需求量缺口甚大，因此，制定符合雇佣需求的培养计划，增加招生定员，新建和扩建学校，扩充和调整学科设置，便成为教育政策的当务之急。

为了满足计划要求，文部省加大了对于理工科的扶植力度，开始在大学及高中中扩充理工科系设施，调整理工科系设置，增招理工科大学生。并计划自 1961 年开始，在七到九年时间内，每年增招 16,000 名理工科大学生。之后又将此计划修改为至 1964 年每年增招 20,000 名大学生。这个计划在高等教育发展特别是理工科的发展中起到了重要的推动作用。“这个计划提前一年完成，理工科毕业生的比率逐渐发生变化，至 1964 年已占大学毕业生总数的 30.5%，从 1965 年到 1968 年新设理工科 56 个，改组和扩充 20 多个，随之理工科大学的新生便显著增加，1965 年为 197,478 人，占入学人数的 45.3%，1966 年为 219,859 人，1967 年为 249,612 人，1968 年为 275,368 人，1969 年为 301,642 人，1970 年为 320,510 人，较 1965 年增加 62.3%”[7]。1965 年发布的《中期经济计划》也提出了加强大学本科和研究生教育的要求，以满足经济发展对高能力人才的需要。在 1967 年的《经济社会发展计划》中，同样提出了提高理工科的比例、完善研究生院制度和增加研究生数量的新要求[8]。在这一政策影响下，为适应日本产业结构转变，私立大学在这一时期增设了管理、理工、生产等工科学部，同时也有更多的人文社会学科随之出现，成为日本私立大学增速最快的历史时期。

（三）日本高等教育适龄人口增加与高等教育规模扩大

第二次世界大战结束带给日本较为和平的国内环境，随着经济的恢复与发展，日本人口出生率不断提高。战后初期人口出生率的高峰造就了 20 世纪 60 年代后期高等教育适龄人口高峰的出现。这一高峰导致国民对于高等教育的需求迅速增加，客观上促进了这一时期日本高等教育的快速发展。再加上私立大学设置基准降低及学科专业细化等因素影响，这一人口高峰为日本高等教育由精英向大众化过渡创造了条件。

60 年代中期，日本人口出生率处于高峰期，同时战后出生的青年中，希望升学的高中毕业生不断增加。如1960年高中毕业生达到96万人，高考合格率达到了57%；1966年高中毕业生增加至156万人，如果依然维持高考合格率50%的水平，将会有大批具有入学意愿的适龄入学人口被拒之于大学之外。面对高等教育适龄入学人口的高峰，文部省制定了一系列如“保证高等教育机构扩大中所需财源”及“减轻私立大学税费”等缓和政策，放宽了对大学等高等教育机构的招生限制，并通过国家计划等形式将增加的入学人口分配至各高等教育机构中。此举既满足了高中毕业生的入学要求，又在客观上促进了高等教育机构数量的增加。例如，1964年4月，日本高等教育研究会拟定了《关于报考大学者急剧增加的对策》。在该对策中以1963年的入学人口（27.7万）为基础预测了1968年及1973年的入学人口将分别达到46.1万人及38.5万人，并指出在1973年后入学人口将稳定在1973年水平。面对1973年后稳定的入学人口与现入学人口之间10万人左右的差额，政府提出通过高等教育机构的扩招来进行缓解。具体来说，计划在1964～1966年的3年间，通过由四年制国立大学增招1万人，四年制公、私立大学增招6万人，短期大学增招3万人来解决这个问题。此后，该计划虽然有所修改，但仍提出在1965～1966间由国、公、私立四年制大学共增招67,500名学生的计划。虽然该计划在实施的第一年，由于大藏省对文部省招生计划的削减以及地方政府对于新办大学影响财政的担心，导致了国、公立大学没能按计划完成扩招，私立大学也由于经营者对于国家财政支持的观望态度，没能达到计划率，但从整体上来看，这一年中高等教育的入学人口仍然出现了数量上的快速增加。在之后的1965年再次对1966年以后的计划进行了修订，要求高等教育机构在1965年度至1968年度的4年间完成174,420人的新生扩招。在该计划结束的1968年，高等教育机构共增招175,474人，超过了原计划人数。其中私立大学在4年间共扩招158,677人，占总扩招人数的90.4%。可见在完成高等教育大众化任务的过程中，以及应对入学人口急速增长的过程中，私立大学扮演了接收大部分学生的重要角色，客观上促进了私立高等教育规模的扩大[9]。

除了制定相应的政策外，面对入学适龄人口的增多，文部省决定将大学合格率维持在60%的目标上，通过私立院校扩大规模实现这一目标。其结果是升入私立大学和短期大学的人数由1960年的21万人增加到1966年的40万人，增幅达到190%。高考合格率也远远超过预期的60%，达到了62.9%，升学率上升至16%。

在此之后，高中毕业生人数虽然恢复到正常状态，但是由于私立学校的容纳量难以压缩，使得1970年高中升学率达到24%，合格率高达68%。在短短10年的时间，日本高等教育便由精英阶段迈进了大众阶段，速度之快令人吃惊。由此可见，日本高等教育的大众化是在缺少政策理念的背景下，处于政治及经济压力下实现的。

二、高等教育的快速发展将日本带入大众化时代

在经历战后初期至20世纪50年代末的恢复期后，日本高等教育随着经济增长开始进入快速发展时期。1960年至70年代中期被称为日本高等教育的高速扩张时期，无论是学校数量，还是在学人数都出现了急剧增长，为社会经济的发展提供了强大的人力支援。也正是在这一时期，日本高等教育完成了由精英向大众化的过渡（1966年，日本高等教育在学人口占适龄人口比例超过15%）。日本高等教育在校人数1970年达到1,406,521人，是1960年626,421人的2.25倍[10]。其中，以新制私立大学及私立短期大学为代表的私立高等学校的发展尤为显著。

在战后初期的十年，高等教育人口的增长势头并没有减弱。在学人口上升1.3倍，入学定编上升1.4倍，在校生适龄人口比例也由5.8%上升到8.8%。这主要是由于战后初期的一系列改革使得社会的阶层结构流动化增强，挖掘、扩大了高等教育的新阶层。另一方面，学历主义的确立及制度化，也进一步加剧了获得学历的竞争，导致升学要求增大。另外，初中、高中阶段教育的普及也为高等教育的大众化提供了先行条件。高中升学率在1950年达到43%，在1955

年达到52%，使得有机会接受高等教育的人数急剧增加。

60年代至70年代中期，日本经济取得高速发展，实际年经济增长率达到10.1%，社会对人才的需求急剧增加，教育作为经济发展的一部分被纳入国民经济发展体系，并得到具体政策指导；另一方面，国民收入不断增加，且高等教育适龄人口达到第一个高峰，适龄青年就学意愿不断高涨。加上政府对于私立大学设置基准的放宽以及对私立大学进行了适当的补助，解决了其发展过程中经费不足的问题，日本私立大学迎来了高速发展时期。

在这一时期，由于政府对国立、公立大学入学定编的增加进行了极大控制，而相对弱化了对私立大学入学人数的控制，使得日本私立高等教育机构在校人数的增长率在1955～1965年及1965～1975年两个期间分别达到了210%和180%。与此相对，国立高等教育机构的增长率仅为124%和132%，这也说明私立高等教育机构在日本高等教育向大众化过渡过程中发挥了极大作用。

这个时期，日本国立、公立大学及短期大学从数量上看没有大的变化，基本处于稳中有升的状态，而私立高等学校数却出现急速增长。私立大学数由1960年的140所增加到1965年的209所，到1972年石油危机之前增加到了290所，分别增加了1.49倍和2.07倍，占日本高等教育机构总量的比例由1960年的57%上升到1965年的65%及1972年的72%。而私立短期大学也由1960年的214所，分别增加至1965年的301所（1.41倍）及1972年的423所（1.98倍），在整个短期大学体系中所占比例也由1960年的76%，上升至1965年的81.6%和1972年的86.2%（参见图表4—6）。在校生也是如此，在1960年至1972年的十几年的时间，私立大学和私立短期大学在校生数分别增加了2.87倍和3.97倍，所占比例也由1960年的64.4%和78.7%分别增加至1972年的75.8%和90.6%（参见图表4—7）。由此可见，在日本高等教育从精英向大众教育转移过程中，私立高等教育机构发挥了重要作用。此时，日本高等教育升学率已达到23%，远远超过马丁·特罗设定的15%的水平。日本经济高速发展时期，高等教育升学率由 1960 年的 10.3%增长到 1965 年的 17%，再到 1970 年的 24%，仅仅 10 年时间升学率增长了一倍多，使日本顺利进入大众化阶段[11]。其中经济因素和私立学校教育制度发挥了巨大推动作用。

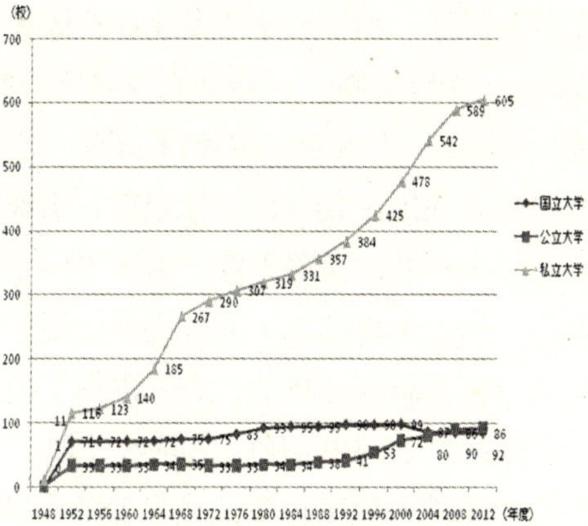

图表 4－6　高等教育机构数的变化

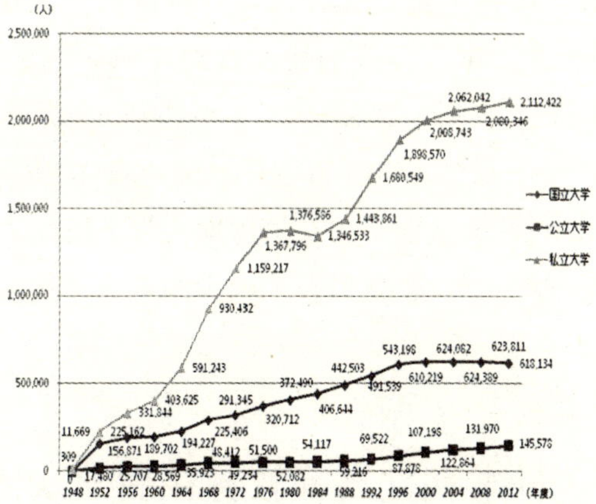

图表 4－7　高等教育在学人数的变化

资料来源：图表 4－6、4－7 是根据日本文部科学省《学校基本调查》各年度制作

战后初期开办的四年制私立大学多数是在战前的基础上发展起来的。由于教育经费不足等因素的影响，在学科设置及办学层次方面仍然延续了战前私立大学的传统设置，即以人文社会科学及本科生教育为主。从专业构成来看，私立大学在校生人数的三分之二是人文科学和社会科学专业，其中约占 50%的专业集中于法、政、商、经等社会科学专业。在这一时期，私立大学的专业设置体现了如下特点：

1. 理工科类人才受国民收入倍增计划及经济发展影响进一步增多。如前文所述，在 60 年代由于日本经济发展，经济界对于理工科人才的需求急剧增加，在国民收入倍增计划中，明确指出了理工科人才的缺口，并提出加大对其的培养力度。但由于国立、公立大学入学人数受到政府严格限制，单以其能力无法完成计划。因此，私立大学便分担了其中一部分理工科人才培养任务，出现了增设理工学科的动向。在 26 所大规模私立大学中，在此期间增设理工科学部或专业的大学有 5 所，加之原来就有理工科学部或专业的 14 所大学，共有 19 所私立大学开设了理工学科，协助国公立大学培养理工科人才，以满足经济高速发展对工程技术人员的需求。

2. 由于教育经费不足，战后大部分新设私立大学仍以投入少、见效快的文科为主。由于经济的快速发展，私立大学的增设数量从 1961～1965 年达到 69 所，1966～1970 年达到 65 所，增加幅度远远超过战后初期 1951～1955 年的 18 所和 1956～1960 年的 18 所。在这些新设大学中，有约半数的学校是由短期大学升格而成，资金缺乏不言而喻。因此，学科结构依然以投入较少的单一文科学科为主，学生规模有限。

第三节　日本私立高等教育在后大众化进程中的主体地位

20 世纪 70 年代初，日本高等教育在以民主、平等的教育理念下，颁布了《教育基本法》、《学校教育法》和《私立学校法》等政策法规，并借助经济高速增长计划对人才的大量需求，得以快速发展，并顺利步入大众化阶段。其后，教育质量低下、办学水平不高便成为教育改革的重中之重。20世纪90年代以后，在高等教育适龄人口第二个高峰期来临之际，日本高等教育又迎来了新发展，规模继续扩大，随之进入后大众化时代。其中，私立高等教育充当了主体地位，发挥了核心作用。

一、20世纪80年代末至90年代初高等教育规模停滞

20世纪60年代，日本进入经济快速发展时期。作为经济发展的重要推动力和人才供给源，私立大学在这一时期取得了快速发展，为社会发展培养了大批高层次科技人才，提供了强有力的人力支持。同时在这一时期，日本高等教育入学率达到23%，完成了高等教育由精英向大众教育的过渡。但是，由于缺乏政府对私立大学的宏观调控，导致私立大学过度膨胀，招生规模不断扩大，使其处于放任自流的状态。例如，1955年私立大学的超额录取率为1.39倍，到1965年上升为1.67倍，1975年为1.84倍，基本达到招生定额的近2倍。在社会科学类的学科专业超额录取率甚至达到2倍，而国立大学一直控制在0.99倍，导致私立高等教育质量严重下滑和社会的不满。

（一）私立高等教育机构质量下降

私立大学出于成本考虑，教师数量严重不足，大量聘请兼职教师承担教学任务，出现了严重的师生比例失调。例如，1960年国立大学的师生比为1∶8，而私立为1∶26.4；1975年这一比例进一步提高，分别达到1∶8.5和1∶31.5，使国立和私立大学的差距进一步拉大。另外，图书资料、学校面积、设备等办学条件不断降低，以生均校舍面积为例，1975年国立为29.8m^2，私立为8.9m^2，差距仍在3倍以上。1970年藏书量，国立大学藏书量生均为1004册，而私立大学只有30册左右[12]。再看生均教育经费，1970年国立为292万日元，私立为70.8万日元，1980年国立为330万日元，私立为128万

日元，1990 年国立为 295 万日元，私立 175 万日元[13]。从这些数字不难看出，私立大学教育质量已远远落后于国立大学，特别是随着规模的不断扩大，办学条件随之恶化，造成了教育质量严重下降。“社会对这一时期大学毕业生的基础知识、专业能力以及职业意识的评价很低。有调查资料一针见血地指出，这就是高等教育大众化，现代大学生的普遍现象[14]。在这一背景下，20 世纪 70 年代日本开始了第三次教育改革，出现了马丁·特罗指出的在高等教育阶段转型期，必然带来体系结构的改革。1967 年日本中央教育审议会接受政府《关于今后学校教育综合扩大充实的基本政策措施》的咨询，经过长时间的审议，于 1971 年提出了审议报告。报告内容重点就高等教育大众化体系提出了改革方案，并首次正式使用了“大众化”这一提法。指出，今后高等教育将趋于多元化发展，实现终身学习社会。所谓多样化是指高等教育机构类型多样化和修业年限、授予资格等，以实现到 1980 年大学和短期大学升学率达到 47%的目标。就此，文部省制定了 10 年发展计划。计划内容主要控制大学增设，引导高等院校向地方扩散；创设高等教育新型机构，即专修学校、广播电视大学和函授大学，以增加地方高等教育机会，缓解高等教育机会不均衡现象。同时，为改善私立大学办学条件，提高私立院校办学质量，1976 年颁布了《私立学校助成法》。当时，由于日本私立大学数量及在校学生数在整个高等教育中的比重大，其教育质量在一定程度上影响了高等教育的整体水平。为了解决私立大学教育质量不高、经营困难问题，日本政府于 1970 年开始加强政府对私立高等教育的宏观指导，通过财政补助等方式，对私立大学的数量及招生人数等采取严格的控制政策，引导私立大学由数量向质量转移。

（二）高等教育多样化政策

第一次日本高等教育计划的主要宗旨是提高教育质量，力求实现高等教育质量与数量的均衡发展。其重要举措体现为控制数量发展，加大投入力度，对私立学校给予资助等。同时还设置了一批新型学校。如新构想大学、放送大学和上越教育大学、兵库教育大学，其目的是引导已有大学的教育研究改革、适应终身学习社会的需要，提供开放式教育机会、提高在职教师素质和业务水平。这些学校的设置有助于高等教育计划目标的实现，是完成计划目标的重要手段。但是，专门学校制度的出现在这个时期显得更为重要，它是使高等教育制度类型向多样化发展的重要标志，是当时高等教育计划中提出的实现广义的高等教育概念、谋求高等教育机构类型多样化的具体体现，也是理解把握广义的高等教育概念这一思想的关键。

制定高等教育计划的一个重要指导思想是实现广义的高等教育概念，把高等教育理解为以接收高中毕业生为主的有组织、并达到一定修业年限的所有教育机构。具体方针是：(1) 建立广义的高等教育体系，通过不同形态的高等院校，即大学、短期大学、高等专门学校以及专门学校使教育结构合理，并富有弹性，进而完善高等教育整体结构；(2) 明确各高等教育机构间的职能作用和相互间的协作关系。特别要建立有利于教师、学生流动的学校制度体系；(3) 高等教育应作为终身教育、或终身学习的场所向在职人员和社会开放。就在这种思想指导下，1976 年新创建了专门学校制度，以满足人们对高等教育需求量的不断增加和社会对多种类型人才的需要，实现这次改革中提出的构建广义的高等教育体系。在这背后，实际更重要的是解决四年制大学质量不断下降的问题。

1. 颁布《私立学校振兴助成法》改善办学条件

1970 年，日本政府提出对私立大学实施经费补助的提案，通过法律正式设置私立大学经费补助金，并颁布《私立学校振兴财团法》。以该法为基础，私立学校振兴财团成立，专门负责文部省核定的对私立学校的援助及贷款发放等事务。《私立学校财团法》的颁布，标志着日本政府面向私立大学的补助金制度的开始。在此之后，日本政府又先后颁布施行《日本私立学校振兴助成法》(1975 年) 及《日本私立学校振兴援助法施行令》(1976 年)，通过法律的形式保证了国家对私立大学的财政支持。政府的财政补助金曾一度达到私立学校经费收入的三分之一。这些经费在一定程度上减轻了私立大学的负担，改善了大学的办学条件，稳定了学费的收费标准，促进了教学质量的回升。之所以会出现这一改变，是因为政府在核定及发放经费补助金方面，制定了极具导向性的制度要求，如为稳定招生规模，将对超定员的学校或学科采取停发或减少补助金，通过倾向性经费补助发挥了政府对高等教育的宏观调控。这些要求在相应的制度法律中也有明确的规定。例如，《日本私立学校振兴助成法》的第4条规定：（1）国家对设置大学或高等专门学校的学校法人，关于与该学校的教育与研究有关的经常性经费，可补助1/2以内；（2）依前项规定可以补助的经常性经费的范围、算定方法及其他必要的事项，以政令规定（补助金的减额等）。《助成法》第5条规定，国家在学校法人或学校法人设置的大学或高等专门学校符合以下之一的场合，可根据其情况，削减依前条（第4条）第一项规定向该学校法人交付的补助金的数额进行交付，这些情况包括：（1）违反法令规定和基于法令规定的主管机关的处分或捐赠行为的情况；（2）使在学的学生超过学校章程的招生定额数的情况；（3）在校的学生人数不满学校章程规定的招生定额的情况；（4）不能妥善偿还借款等财政状况不健全的情况；（5）其他教育条件或管理运营不够适合的情况[15]。通过以上法律要求，可以清晰看出，私立大学只有接受政府的监督与指导，才能获得政府补助金。在私立大学符合政府要求的情况下，其将得到多达学校日常办公经费（如教职员工的工资、教育、研究经费等）近一半的补助金，这充分体现了国家对教育及科研的重视；另一方面，如果私立大学等不能在招生人数、财政状况、教育条件等方面满足要求，其获得的补助经费将大打折扣。这也在一定程度上迫使私立大学按照相关规定，进一步改善自身办学条件，控制招生人数，提高教学质量。

1975年，日本政府对《私立学校法》进行了修订，增加了新的条款。规定：从1976年至1980年的5年间，不承认新设置的私立高校；在1981年3月31日以前不许私立高校新增学部、学科和任意增加招生人数。这样一来既改善了私立高校的运营状况，同时又有力地控制了私立高等教育的发展规模，从而对提高私立高等教育质量起到了一定的作用。

1982年，为了提高补助金的使用效率，政府在进行资金分配时采取了倾斜性分配原则，这也在另一方面体现了国家对于高等教育特别是高等私立教育的政策性引导。如在学生定员超出数减少、专职教师和学生的师生比例较小、将学生学费等项收入作为教育研究经费使用的比例较高、有效利用补助金改善教育科研条件等情况下，政府将加大对该校的财政补助。同时，对于没有有效利用补助金的私立高校，将会采取停发5年补助金的制裁措施。这一分配原则的实施，促使私立学校进一步控制招生规模，减小师生比例，增加教育及科研投入，保证教学质量，另一方面也保证了补助金的有效利用。

日本政府通过对学校的有倾向性及引导性的财政支持，有效地遏制了私立大学严重扩招现象，一定程度上提高了高等教育质量，充分发挥了国家对教育的宏观调控作用。除此以外，为保障大学教育质量提高，控制质量继续下滑及满足大众升学需求，日本政府开始对高等教育机构类型实施多样化政策。

2. 高等教育制度多元化

专门学校是专修学校设置的一种课程，它的产生和发展过程是和专修学校制度为一体的。因此，研究专门学校制度的产生也是了解专修学校制度的过程。专修学校的前身是各种学校。各种学校不同于学制中的学校。日本学校教育法规定，学校教育包括小学、中学、高中、大学以及高等专门学校。除此以外，进行类似于学校教育的机构为各种学校。这就明确了各种学校属于非正规学校体系，是一种辅助性教育机构，处于正规学校体系的“旁系”地位。因此，在日本学校教育法中就各种学校的入学资格、教育内容以及修业年限、教师资格等没有具体的规定。而且在1956年文部省制定的《各种学校规程》中也只有粗略、纲领性的规定。如修业年限1年以上（简单可修得的课程3个月以上），授课时数680小时以上、教师3人以上、校舍生均2.31平米以上等。但是，对正规学校享受的免税、政府补助政策均没涉及。这说明各种学校的存在缺少公共性，属于非正规学校。即便如此，20 世纪 60 年代各种学校还是迎来了快速发展期。1971 年学校数达到了 8,056 所，学生数达到 1,470,869 人（1968 年），表明了各种学校是一种不可忽视的学校群体。同时也说明各种学校设置认可标准低、课程内容容易适应国民需要等。由于各种学校设置标准低，使学校数量急剧增加。同时也有部分学校教育质量低、学校条件简陋，影响了整个各种学校的形象，进而使生源自进入 70 年代开始趋于减少，以至威胁到学校的正常经营。于是各种学校团体要求政府通过法律形式给予补助、扶持。但是考虑到各种学校属于正规学校的“旁系”性质，而且各种学校本身形式多样、质量不一，内部情况复杂等问题，把整个各种学校群体用统一的制度规范化几乎是不可能的。在这种情况下，日本文部省提出了解决问题的方案——创建专修学校制度，这一方案通过修改学校教育法加以制度化。修改后的学校教育法中写道：各种学校作为培养职业及实际生活所必需的知识、技术的教育机构发挥重要作用。但是，现有的各种学校从规模和质量来看多种多样，都以类似于学校教育的教育机构给予振兴、补助是非常困难的。为此将达到一定要求的各种学校升格为专修学校。这就在学校教育法中第一次出现了专修学校的字眼。它的出现意味着专修学校制度从此创建，日本高等教育机构类型开始实施多样化政策。专修学校制度是日本高等教育转型期——由英才教育阶段到大众化阶段以后，探索适应大众化阶段新型教育体系过程中诞生的以职业教育为主的高等教育机构类型，与各种学校有着本质上的不同。因此，可以说专修学校并不仅仅是各种学校的升格，而是日本高等教育实现大众化以后教育改革的必然，即大众化的实现必然要求高等教育向多样化发展。

根据日本《学校教育法》有关专修学校制度的规定，专修学校属于学校教育法中正规学校以外的教育设施，它以培养职业或实际生活所必要的能力、提高教养为目的，修业年限一年以上、学年授课时数 800 学时以上，班级学生定员 40 人以上、有组织的教育设施。由此，专修学校与各种学校在法律上区别开来。专修学校的目的具有同各种学校相同的一面，又有各种学校所不具备的一面——提高国民教养，摆脱了各种学校以预科教育、家政教育以及实业教育为主的性质，强化了日本高等教育体系的职业教育领域。例如，在专修学校制度创建以前的1975年，各种学校的在校学生数是1,205,000人，到1978年，也就是专修学校出现以后第三年减少到781,000人，减少了424,000人，减少部分流入专修学校。各种学校中以预备教育、家政教育和汽车驾驶为主要内容的占60%以上，而在专修学校各专业的学生比率中预备教育和驾驶专业消失，工、商专业出现，提高了职业教育领域所占比率，加强了日本高等职业教育的比重。

我们知道，控制数量发展意味着将更多的希望接受高等教育的青年人口拒之大学之外，同时也与时代的要求以及社会产业界对中高层次人才的大量需求背道而驰。在这次高等教育计划中指出，高等教育随着科学技术的发展、地区社会经济的需要，预测社会个人以及社会整体对高等教育人才的需求量增加，而且所需人才将进一步趋于多样化。为此，进一步扩大高等教育规模，满足社会及社会成员对高等教育的需要是政府义不容辞的责任。政府一方面要控制规模，另一方面又要满足社会及国民对高等教育不断增大的需求，从高等教育计划本身以及计划期间采取的政策措施来看，这似乎自相矛盾。那么，专门学校与高等教育计划期间控制规模发展有何关系？在两次计划中，对专修学校的招生名额没有规定。如在大学审议会提出的《改善高等教育的提言》中间报告中写道：就专修学校的规模发展不设指标，它可适应社会多种需要，进一步充实发展。换言之，日本政府提出的控制政策只适用于现有大学及短期大学，并不包括其他学校类型。这就是说，日本第一次高等教育计划期间，一方面控制大学和短期大学规模的扩大，另一方面扩大专门学校的规模，使部分高中毕业生转入第三种高等教育机构——专门学校。这样既解决了人才需求量增大与控制传统院校规模的矛盾，也缓解了大学及短期大学的升学压力，发挥了它对大学、短期大学的补充作用。因此，这个时期日本高等教育规模实际并没有缩小，只是改变了扩大的途径而已。1975年，日本高等教育恳谈会提出的关于扩大高等教育规模的报告中写道："高等教育量的扩大不仅仅指提高大学及短期大学的升学率，还应把其他教育机构考虑进去"。

专修学校制度的产生，不仅为解决20世纪70年代高等教育质量、发展数量做出贡献，而且使日本高等教育体系发生了巨大变化，由战后的单轨制成为双轨制、由单一的普通教育发展成为普通与职业教育并存的双元教育体系，为日本高等教育向多样化发展，满足社会多种需要，构建新型教育体系探索出一条新路，同时也为控制大学扩招发挥了重要作用。如1976年专门学校（学校第一年招生）的入学率为3.5%，到1980年上升到12%，超过了短大与高专的11.9%。截至2004年，专门学校入学率为23.7%，远远超过高专与短大的比率（8.3%）。正是由于专门学校制度的创设与发展，20世纪70年代后半期，大学与短大的规模扩张才得到有计划的控制[16]。

二、20世纪90年代后期日本高等教育进入后大众化时代

（一）人口年龄结构带来生源危机——第四次教育规模发展计划

第二次世界大战后，日本18岁人口的数量持续增长，到1966年出现第一个高峰期，约为249万人，其后减趋回落。1976年降至低谷154万人，之后，又逐渐回升，到1992年出现第二个高峰，约为205万人，其后又有回落。我们知道，18岁人口恰好处于高等教育的适龄阶段（18～22岁），对于80%为私立高等院校的日本来说，这一人口年龄结构的变化必将对其带来持续而深重的影响，即生源危机。面对这一问题，日本政府并为消极等待，坐观其然，而是详考慎查，因势利导，在政策的制定和落实两个层面不失时机地做出积极地应对。

18岁高等教育适龄人口的减少在给日本高等教育带来"生源危机"的同时，也产生两个正面影响：第一，由于就学人数的减少，客观上加速了日本高等教育的"大众化"向"普及化"转变的进程；第二，迫使日本高等学校面向社会开放，积极吸纳社会成人和在职人员

入学以补救“生源危机”，从而促进了日本终身教育体系的建构和完善。基于这一认识，日本政府在政策制定层面做出如下举措：针对18岁高等教育适龄人口的减少，日本政府制定了“第四次高等教育计划”（1993～2000年）。计划报告书提出两个互补：18岁人口的减少与成人学生数的扩大，试图通过扩大成人学生以补充18岁人口的减少部分，从而保证日本高等教育的现有规模，避免私立院校经营危机或倒闭现象的出现，以求成人学生成为日本高等教育的“救世主”。“计划”着重指出，应把“大学向社会开放”、“吸纳社会成人学生”和“扩大成人及留学生数量”等举措视为日本高等教育改革的战略目标。可见，解决现有高校的存续问题，即生源问题已成为此次高等教育计划的重点和核心。在本次高等教育计划出台之前，日本高等院校从未出现过生源不足的问题。因此，1991年日本大学审议会提出了《1993年以后高等教育计划整备》报告。指出，在第四次高等教育计划期间，适龄人口减少是该计划考虑的一个核心问题。由于高等教育机构传统的升学年龄层（18岁）人口急剧减少，各高等院校根据不同情况会出现学校规模缩小，甚至会影响学校的生存基础。可见获得生源，满足招生计划是该计划解决的首要问题。对于这一问题，该计划采用了与制订以往计划不同的手法，将发展规模的具体数值目标以几个不同值的设想方式提出来。如报告中写到：“由于高等教育适龄人口急剧减少，高中毕业生中志愿升学的志愿率增加，成人及留学生数大幅度扩大等多种难以预测的因素存在，在考虑高等教育发展规模时不宜采用以往的手法制订具体的计划目标，而以几个不同发展设想的方式提出来更为恰当。”这就构成日本第四次高等教育计划的主要特征。

这一特征为高等教育规模扩大及私立高等院校扩招带来机遇。从报告中也可以看出制订该计划的目的不在于各高等院校必须按照具体计划进行招生，而是为使人们对今后高等教育规模发展有个基本了解。在计划期间各校可根据志愿率、升学志愿者中的合格率以及成人学生、留学生数的变化情况在三个设想数值范围内上下浮动。由于政策上放宽，在计划期间各项指标均大大超过设想的最高值。如 2000 年志愿升学者中的合格率达到 80%（设想值为 51%）。但是，从实际入学人数看却出现逐年减少的趋势，1996 年入学人数为 80 万人，1997 年 79 万人，1998 年 78 万人，1999 年 76 万人，2000 年 75 万人，可见升学率与实际入学人数出现逆差，这说明政策上放宽也未能使实际入学人增加，反而出现负增长。针对这一问题，在 2000 年以后的高等教育计划中，日本政府首次表明了高等教育进入普及化阶段的设想。1997 年日本大学审议会发布了《2000 年以后高等教育未来发展设想》的报告（2000～2005 年）。该报告基于 18 岁人口继续减少及第四次高等教育计划中难以预测的因素，提出了普及高等教育。报告中写到："18 岁人口将继续下降，但高等教育的升学热潮不断上升，升学率也随之迅速提高，1996 年高等教育升学率达到 66.2%（包括高等专门学校的升学率），今后在考虑高等教育发展时应把国民积极接受高等教育的愿望作为基本思路"，充分表明了日本高等教育将由大众化时代进入普及化阶段。这意味着日本高等教育经过近 50 年的发展，走完了大众化和普及化的历程，后者主要是由于人口因素所使然。

同时，日本政府出台宽松政策，修改法律法规，以便给学校更多的办学自主权。如 1991 年日本政府出台新政策，放宽了大学设置标准，使大学设置标准纲领化。在 20 世纪 90 年代的高等教育改革中，政府对大学的设置基准进一步放宽，将之前的数量化设置基准转变为大纲化及自主化基准，赋予学校在课程设置及学部设置方面更多的自主权，降低了大学的准备门槛。伴随这一政策的出台，新设私立大学的数量随之增多；另一方面，许多办学时间较短的私立短期大学也争先恐后开始了"升格"至四年制大学。2001 年解除了禁止大城市设校的规定，使私立大学在大城市设校或学部成为可能。2004 年国立大学法人化制度的实施等一系列的放宽或解禁政策为应对高等教育适龄人口高峰期提供了依据。

（二）人口变动及多样化制度使日本高等教育后大众化时代成为可能

20 世纪 90 年代，在上述改革的基础上，日本高等教育出现了又一次快速增长。在这次增长过程中，国立大学在 1990～2000 年的十年间数量增长较为平稳，由 96 所增加至 99 所，但在 2004 年国立大学法人化之后，伴随国立大学的改革与重组，其数量在 2009 年降至 86 所。虽然学校数量减少，但由于法人化之后市场化机制加强，在校生数一直呈上升趋势，从 1990 年的 51.8 万人上升至 2009 年的 62.1 万人。公立大学由于大学设置条件放宽，适龄人口增多等因素的影响，学校数由 1990 年的 39 所升至 2000 年的 72 所，2009 年 92 所，增幅达到 235％。在校学生数也由 1990 年的 64,140 人增至 2009 年的 136,913 人，增加近两倍，大大增加了政府提供的高等教育机会。此时，私立大学出现了两种截然不同的变化趋势。一方面，受到大学设置基准降低等因素影响，四年制私立大学数量不断增加，由 1990 年的 372 所增至 2009 年的 595 所，在校生数由 1990 年的 155 万人增至 2009 年的 208.7 万人，增长速度迅速；另一方面，由于自身水平不足，缺乏市场竞争力，私立短期大学出现破产、倒闭等现象。同时又由于大量短期私立大学升格为四年制大学，使私立短期大学的数量及在校生数出现急剧下降态势，由 1990 年的 498 所下降至 2009 年的 378 所，在校生数由 43.8 万人降至 15.1 万人，降幅明显。取而代之的是私立专科学校的在校生数迅速增加。

日本专门学校自 20 世纪 70 年代中期产生以后，发展势头强劲，在较短的时间内迅速超过了短期大学的发展速度，一跃成为仅次于四年制大学的第二种高等教育机构。从各类高等院校的入学人数看，专门学校大大超过短期大学和高等专门学校。如 1995 年全国高等教育入学人口为 113 万人，其中大学为 56 万人、短期大学 23 万人、高等专门学校为 1 万人，而专门学校 33 万人，分别占 50％、20％、0.9％和 29％，可见，专门学校占入学总数的近 30％，特别在日本高等教育适龄人口第三个高峰期（1986～1992）期间，高等院校入学人数增加了25万人，仅专门学校就占据了11万人，占据率达到44%，所占比率之大显而易见。高等教育适龄人口高峰期过后，18岁人口开始急剧减少，由1992年的205万人减少到2000年的151万人，8年之间减少了54万人，无疑这对维持发展高等教育规模会产生一定负面影响，特别是对历史较短、且为短期高等职业教育类型的专门学校来说，进入了生死攸关的特殊时期。然而，事态并非如此。从2000年日本高等院校的入学情况看，总数为106万人，其中四年制大学60万人、短期大学14万人、高等专门学校1万人、专门学校31万人，各类院校所占比率分别为56%、13%、0.9%和29%。这说明生源减少对不同学校类型所产生的影响不同，对四年制大学来说，生源减少不但没有产生不利影响，相反入学人数增加，而对短期大学的影响却甚大，入学人数减少了9万人，减少7个百分点。再看对专门学校的影响，入学人数比适龄人口高峰期减少了2万人，但它在入学人数中的比率未变，仍保持着近30%的较高水平，可以说，在面临生源危机的今天，专门学校仍然保持着它的重要地位，以其独特的办学理念和培养目标经受住了考验，从而赢得了社会企事业界及国民们的广泛认可和赞赏，使专门学校在校生总数不断增加，远远超过短期大学。当然，专门学校的发展也与政府教育政策的大力支持分不开。通过上述内容可以看出，大学入学人数增加，短期大学入学人数减少，大学增加部分恰好是短期大学的减少部分，高等专门学校和专门学校基本没变。那么，为何出现如此变化？究其主要原因，一是自上个世纪末日本实施高等教育普及化政策以来，放宽了高等院校入学条件，原本不能升入四年制大学的学生进入了大学本科学习；二是短期大学和专门学校虽然均为短期高等职业院校，但短期大学是以教养教育为主、女性居绝对多数的院校。随着女性职业化趋势的发展，女性就业人数增加，需要有一技之长、获得某一职业资格或高文凭的女性越来越多，因此，可获得高学历的四年制大学或可掌握一技之长的专门学校便成为她们的最佳选择，其中特别是医疗卫生等适合女性的专门学校更是她们的选择对象。近年医疗卫生专门学校的增加也说明了这一点。为适应日本经济、产业的发展，日本高等教育体系自20世纪60年代中期以创建高等专门学校制度为契机，开始逐渐由单轨向双轨制转移，70年代中期由于专门学校制度的创建、21世纪初高级职业研究生院制度的出台，使战后制定的单轨制逐渐形成了较为完善的双轨制体系，其背后反映出日本战后“科学技术立国论”的战略思想。在日本普通与职业高等教育双轨体系中后发性的高等职业教育规模不断扩大，逐渐由战后初期的以教养型短期大学为主体发展到以专门学校为主力军，短期大学、高等专门学校和专门学校三位一体的职业教育体系。高等职业院校的学生规模迅速扩大，20世纪90年代以后，在校学生数占到了高等院校总人数的54%（1990年）和51%（1995年），使普通与职业教育达到了平衡发展。在高等职业教育中，专门学校发挥着举足轻重的作用，入学人数和在校生数在三种职业院校中一直遥遥领先，在校生数仅次于四年制大学，通过各年度的入学人数可以看到了解这一状况（参见图表4—8）。1980年专门学校的入学人数占高等职业院校总数的50%、1990年为59%、2000年达到了62.8%，充分显示出专门学校在高等职业教育体系中的重要作用。2005年日本高等教育升学率达到了76.2%，其中四年制大学占44.2%，专科学校占23.9%，短期大学占7.2%，高等专科学校的高专班占0.8%[17]，不难看出，以私立为主体的专门学校大大推动了日本高等教育普及化进程，而且，为高等教育多样化发展发挥了巨大作用。

从学校数来看，专门学校也占据绝对优势，超过了大学数。2000年专门学校数为3,003所，其中国立130所、公立208所、私立2,665所，私立专门学校占88.7%。2006年国立专科学校减少至13所，公立195所，私立2,765所，私立所占比率高达93%，远远超过了大学和短期大学80%多的比率。2010年国立专科学校已退出专科学校的舞台，使得私学主导型特征进一步凸显。这与日本不断推进市场化改革，国立大学法人化、国立学校地方化政策的实施相吻合。从以上数字中可以看出专门学校具有规模小（平均为200多人）和私学性质强这两大特征。从另一侧面看，专门学校也具有自身的优势：能够灵活转变办学方向和培养目标，即学校办学灵活、多样；受政府干涉、控制较少，可根据学校自己的办学理念和特色以及本地区的需要迅速调整学科、专业等。再有，专门学校有的是独立设置的，有的是属于设置在专修学校内的以招收高中毕业生为对象的专门课程的学校，它与专修学校成为一体，构成专修学校的一部分。这种在专修学校内设有专门课程的学校也称为专门学校，其规模远远小于独立设置的专门学校，是致使专门学校整体规模小的重要因素。

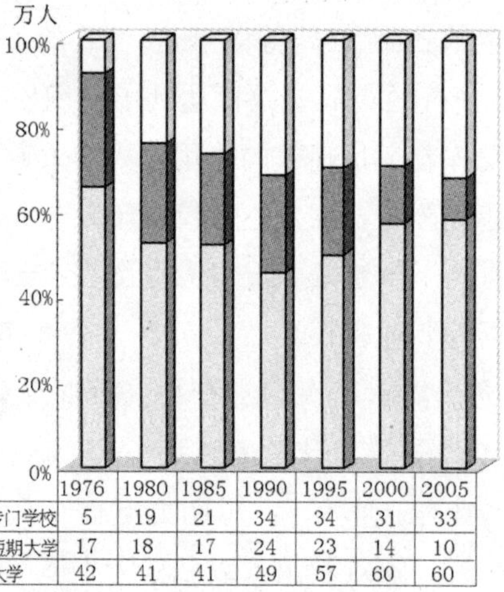

	1976	1980	1985	1990	1995	2000	2005
专门学校	5	19	21	34	34	31	33
短期大学	17	18	17	24	23	14	10
大学	42	41	41	49	57	60	60

图表 4－8　各类院校入学人数之比较

专门学校是一种综合性职业教育机构，学科专业设置广泛，为男女青年提供多种学习机会，这是专门学校不同于其他高等职业学校的一大特点，也是专门学校为日本高等教育规模扩大做出巨大贡献的主要原因，即专门学校属于男女兼收、文理皆有，综合发展的学校，在校学生中男性占 45％，女性 55％，男女性比例均衡。

专门学校自产生以来，发展规模一直处于扩大趋势。但进入 21 世纪以后，高等教育适龄人口继续下降，未来将进一步趋于减少。据预测到 2014 年将由 2004 年的 141 万减少到 119 万，平均每年减少两万两千人。随着这一生源绝对数的减少，专门学校未来发展究竟如何似乎难以预测。不过，从目前专门学校的改革情况分析，它将利用其自身灵活、多变的制度优势以及职业教育的特征迅速地适应日本未来产业结构变化、终身学习社会的需要，在培养各种富有实战精神的中级职业技术人才、实现终身学习社会等找到适合自己的切入口。

参考文献：

[1] 天野郁夫、日本高等教育结构 [M]. 玉川大学出版社，（东京）1986：136

[2] 天野郁夫、日本高等教育结构 [M]. 玉川大学出版社，（东京）1986：140

[3] 天野郁夫、日本高等教育结构 [M]. 玉川大学出版社，（东京）1986：45

[4] 天野郁夫、日本高等教育结构 [M]. 玉川大学出版社，（东京）1986：138

[5] 天野郁夫、日本高等教育结构 [M]. 玉川大学出版社，（东京）1986：47

[6] 梁忠义、战后日本教育与经济发展 [M]. 人民教育出版社，（北京）1981：7

[7] 文部省编、产业教育九十年史 [M]. 东洋馆出版社，（东京）1974：674

[8] 贺国庆、王保星、朱文富、外国高等教育史 [M]. 人民教育出版社，（北京）2003：610

[9] 陈武元、日本高等教育大发展时期的政策．高等教育研究 [J]. 1999（2）：100

[10] 文部省、我国的文教施策 [M]. 大藏省印刷局，（东京）1988：483

[11] 文部科学省．データからみる日本の教育．2006. 11. 30
http：//www. mext. go. jp/b _ menu/shuppan/toukei/

06122122/001. pdf

[12] 史朝、战后日本高等教育存在的若干问题评述．外国教育研究[J]. 1987 (1)：20

[13] 文部科学省、高等教育政策与经费负担研究报告，2001：8

[14] 矢仓久泰：学历社会 [M]. 吉林人民出版社（长春）1982：56

[15] 引用中华人民共和国国家教育委员会政策法规司、日本教育及文化法规要览、私立学校法（第 59 条） [M]. 吉林教育出版社，（长春）1995：120

[16] 天野郁夫，高等教育大众化：日本的经验与教训，高等教育研究 [J]. 2006 (10)：22

[17] 高等教育改革课题、东京大学教育学部大学经营讲座讲义 2006 (7)：2

第五章　日本高等职业教育质量与数量协调发展

日本高等教育二元结构的典型特征表现为多维度：办学主体的“官”与“民”；学校形态的“国立”与“私立”；学校类型的“研究”与“大众”、“普通”与“职业”；学校层次的研究生、本科与专科。其中：“普通”与“职业”、“专科”与“本科”二者的有序运行是构成日本高等教育协调发展的重要组成部分，也是日本解决高等教育普及化与多样化关系的有效路径。在高等职业教育领域，日本政府主要选择分类发展方式，解决教育质量与数量的关系，力图达到良性循环、有序发展之状态。

是否可实现高等职业教育质量与数量的基本协调发展取决于高等职业教育的制度设计和发展方式，制度设计与发展方式不相匹配则难以实现既定目标。因此，本章拟从日本高等职业教育发展方式入手，重点分析日本高等职业教育结构、学校类型以及功能定位与质量和数量之间的内在联系，探讨二元结构发展方式为解决日本高等职业教育质量与数量协调发展提供的制度保障。“按照结构功能主义的观点，教育的结构会影响甚至决定教育的属性和功能的发挥”[1]，综观日本高等职业教育制度的结构可以发现，其实现协调发展的显著特征为“质量→中央政府→国立职业院校；数量→民间力量→私立职业院校”，该发展方式既符合日本社会经济发展的需要，也能解决国家必要与大众需求之间的关系，既保障了教育质量，亦实现了规模的发展，有效地解决了高等职业教育质量与数量协调发展的关系。

为实现上述研究目的，本章按照日本高等职业教育分类发展的思路，将职业教育划分为两大类型：以满足国家需要为办学方向的国立职业教育制度——高等专科学校和职业研究生院、以满足大众需求为办学理念的私立职业教育制度——短期大学和专科学校，在其基础上考察各类院校的制度、职能定位、学科专业设置以及区域分布状态等。

第一节 日本高等职业教育制度结构及其功能

一、高等职业教育制度结构及其分布

早在近代学制产生之时，日本便出现了高等教育办学主体的二元化结构，具体表现为中央政府和民间团体都将职业教育作为培养人才的路径，将其纳入学校教育体系，并视之为高等教育制度的重要组成部分，构建起普通教育与职业教育共存并重的制度体系。

与普通高等教育相同，日本高等职业教育的办学主体包括中央政府、地方政府和民间团体，这三方既是普通高等教育的办学主体也是职业教育的兴办主体，共同参与、共同承担日本高等职业教育的发展任务。早在19世纪中期，日本就出现了国立和私立两种属性的职业院校，如国立的开成学校（1873年）、东京医学校（1870年）和私立庆应义塾（1858年）、东京专科学校（1882年）等。“专科学校是我国大学的母体”[2]。日本专科学校的产生早于大学，是大学的前身，无论著名的东京大学还是私立的早稻田大学其前身均为专科学校，即使战后出现的大批国立大学和私立大学也都源于专科学校的合并重组。在高等职业教育发展方面，日本高等职业教育体系内部出现了各自扮演不同角色的两种类型，即国立职业教育扮演“国家必须”的角

色、私立职业教育扮演“满足大众”的角色，精英与大众两种类型共同发展的道路，这一点与普通教育的发展道路一致。在此情况下，高等职业教育领域出现了需求主体、办学主体与各职业院校制度和办学方向之间高度一致现象。

国立和私立职业教育办学理念及定位不同，造成了学校类型及规模发展上的差异。首先从学校类型结构看，第二次世界大战之前，日本有私立专科学校和国立专科学校，虽然名称相同，但是其定位却各有侧重，国立偏重实用科学、实业专科学校占主流，而私立专科学校则侧重人文科学，宗教、文化和教养学科专业，并成为其主流。第二次世界大战之后，高等职业院校类型趋于多元，无论是定位还是名称都出现了区别化发展趋势。国立职业教育机构的名称为高等专科学校，实行五年一贯制，学制上横跨后期中等教育和高等教育两个阶段，学科专业设置以工科为主。私立职业教育机构的名称为短期大学和专修学校，前者以适宜女性选择的文化教养类专业为主，后者以综合类专业为主，男女皆宜。从所属的教育阶段看，短期大学无疑属于高等教育阶段；而专修学校则由以接收初中毕业生为主的中专部和以接收高中毕业生为主的高等专科部两部分组成，二者独立开班，以区别于国立高等专科学校的五年一贯制（我国研究成果中出现的日本专科学校一词一般指专修学校的高等专科部）。除上述职业教育机构类型外，21 世纪 90 年代末，为满足新兴职业的出现及部分职业对专业知识、技术和技能要求的提高，日本还创建了职业研究生院，提升了职业教育的层次。职业研究生院是采取内涵式发展方式，在原有基础扎实、教育质量高、有特色的学科专业基础上，设置职业研究生课程的一种教育研究组织机构，学科专业主要集中在社会科学领域或文理交叉性学科领域。目前设有职业研究生院的学校没有国立和私立之分，只要符合设置标准均可设置。

从各类职业教育机构发展规模看，国立与私立之间差距甚大，甚至达到 9∶1。中央政府开办的职业院校数量远不如民间团体开设的私立职业院校，私立专科学校一直占据主体地位，尤其是随着日本经济的发展和民间资本的增加，民间开设的私立职业院校一路走高，第二次世界大战之前由1920年的66所增至1930年的102所，第二次世界大战之后由1980年的2,187所增加到2000年的3,195所，占专科学校总数的90%。私立短期大学也是如此，1955年204所（占短期大学总数的77.3%）、1960年214所（占短期大学总数的76.4%）、1980年432所（占短期大学总数的83.6%）、2000年369所（占短期大学总数的93.4%），数量上占有绝对优势。与之相比，1920年国立专科学校数有40所（包括6所公立学校）、1930年有71所（包括10所公立学校），在数量上根本无法与私立职业教育机构相比。第二次世界大战之后此种趋势进一步增强，国立高等专科学校（第二次世界大战之前的专科学校）或职业院校所占比例进一步减少，短期大学，1960年国立短期大学有27所，1980年达到35所，占短期大学总数的不到10%，1990年国立短期大学总数为41所，2000年国立短期大学完全退出短期大学行列，公立短期大学也不断减少，剩下26所，仅占6%强；国立高等专科学校，1980年国立高等专科学校有187所、1990年为166所、2002年减少为139所、2010年则降至10所，公立专科学校数量分别为1980年146所、1990年182所、2002年217所和2010年203所。上述情况表明职业教育的战略转移，一方面是国立职业院校逐渐向高层次、工程技术类倾斜。例如，第二次世界大战之后经济高速增长期出现的高等专科学校基本集中在国立，1970年49所（占新出现高等专科学校总数的82%）、2000年54所（占新出现高等专科学校总数的86%）、2010年51所（占新出现高等专科学校总数的88%）。另一方面是私立职业院校在数量发展方面的绝对优势。又如国立、私立各类职业院校的在校学生数比例基本达到1∶9的格局（图表5－1、5－2），占据绝对多数，特别是私立专科学校在校生数更占绝对优势，私学依存度之高和私立职业院校在整个职业教育中的作用之重显而易见。上述状况折射出国公立职业院校数量少，吸纳的学生规模小以及国立和私立职业院校定位各异，私立发展数量，国立追求实学、工学和质量的办学方向。

	国立	公立	私立
短期大学	0	26	369
高等专科学校	51	4	3
专科学校	10	203	3,098
职业研究生课程	45	6（2）	77（12）

图表 5－1　国公私立职业院校结构图（2010）

注：（　）内为独立职业研究生院数

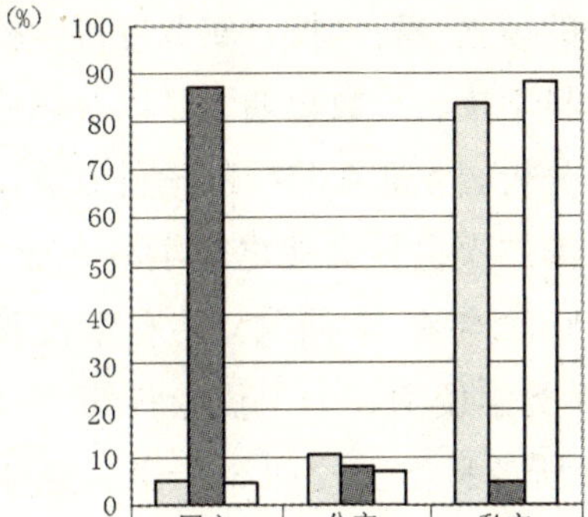

	国立	公立	私立
□短期大学	5.5	10.5	83.9
■高等专科学校	87.1	8.1	4.8
□专科学校	4.6	7.2	88

图表 5－2　国公私立职业院校在校生分布图

通过以上数据可以看出，日本职业院校呈现出类别化发展，一种是国立高等专科学校，另一种是专科学校和短期大学。高等专科学校和职业研究生院虽然层次不同，但其社会定位相同，以追求或坚守国家需要的“卓越”、“实学”为主，培养不同层次、高质量的专业技术人才；专科学校和短期大学由于缺少中央政府财政支持和财团、企业以及社会各界的捐赠，无奈选择了面向大众，设定了培养技能型人才、满足大众需要的办学定位，形成了以大众需要为特色的办学方式，为扩大职业教育的规模化发展发挥着应有的作用。

二、各类高等职业院校的功能定位

制度设计决定功能定位。日本高等职业教育设置主体出现二元化结构的原因在于各设置主体的价值判断。设置主体不同，考虑的问题和解决的问题就有所不同。日本中央政府兴办职业教育的目的在于满足国家经济发展的战略需要，为国家、整个社会经济的发展培养高质量、高层次的职业技术人才。为实现这一目的，国立职业院校以质量第一、“实学”和“工学”至上为办学宗旨，大力兴办职业教育。第二次世界大战之前的国立专科学校、实业专科学校和第二次世界大战之后的国立高等专科学校、少数短期大学以及职业研究生课程所承载的就是这一使命。分析国立职业院校的学科专业设置可以发现以实学为主的办学特色，第二次世界大战之前学科专业主要集中在工、农、商三大学科领域，1930 年在 61 所国立专科学校和 6 所大学附属专科部中，有 21 所工学类学校和 3 个工科专科部、14 所农学类学校和 2 个农学专科部、13 所商科类学校和 3 个商学专科部，三者占到学校总数的 79%，而其他类外语、音乐、美术类学校只有 3 所；第二次世界大战之后，国立高等专科学校继续在战前实学的基础上，进一步集中工科类优势，将所有国立专科学校办成工程技术类职业院校，极大地突出了战前实学为主，战后工学为重的办学特色。而职业研究生课程则以现代新兴学科专业和高级职业资格教育为主，重点开设了律师专业、经营专业、金融专业、中层经营管理者专业、国际经营管理专业、工学经营管理专业、国际经营学专业、国际会计专业、公共经营专业和社会健康医学、医疗经营管理专业等职业资格专业的课程，以便提升新兴行业和社会管理层的专业水平，满足社会对高级管理经营人才的迫切需求。

在私立职业院校中，第二次世界大战之前有专科学校，第二次世界大战之后有专修学校中的专门课程（专科学校）和短期大学，仅从国立和私立两类院校的名称看，没有太大区别，但其学科专业设置却有着明显的差异。战前私立专科学校的学科专业主要集中在人文、社科和医学领域，1930年在102所私立专科学校中，实业专科学校只有7所，女子专科学校26所、宗教专科学校12所、法律、经济和商学类共14所，医学、齿学、药学共22所；战后私立专科学校依然延续了以文科为主的办学特色，文化、教养、服饰、家政、教育、社会福祉等占据主体，家政和医疗专业的在校生数量占到校生总数的50%以上，而工科类学校只占14%，虽然也有一定数量的文理类学科，但文多理少的特征极其显著。私立短期大学以女性为主要服务对象，在私立专科学校人文、社会科学的基础上，集中优势学科，将特色置于教育和家政两大领域，在校学生数的35.6%就读于教育学科、18.9%就读于家政学科，二者之合达到了54.5%。与之相比，短期大学工科和农学专业的在校生数则只占总数的3.7%。

通过分析上述各类职业院校的学科分布以及各学科在校生数、学校数量规模的基本情况可以看出，在日本职业教育领域，形成了以工科、综合学科和教养学科专业为主体的三种学科专业群和以质量至上、数量为重的职业教育制度结构，为日本高等教育大众化与多元化、保障质量与扩大数量多维度的协调发展、有序运行提供了制度框架。教育发展方式的选择，必将体现在教育资源的配置方式方面。日本职业教育领域形成了“公与私”两大职业教育机构类型，而两大类型的形成内因是两种教育财政来源渠道所使然，以中央政府财政为主体的职业院校和以学生学杂费为主要财源的职业学校分别承担起培养高级专业技术人才和一般技能型人才的功能，二者形成了功能互补的关系，为日本职业教育质量与数量的协调发展提供了制度基础和保障。

第二节　国立高等专科学校实学为主、工学优先的制度设计

明治维新以来，以中央政府为设置主体的国立职业教育机构，以

满足国家经济发展战略需要为目标，秉承质量至上、工学优先的办学方向，使国立职业教育走出了“实学为主”、“工学为重”的高质量特色。在办学过程中，日本中央政府紧紧围绕满足国家社会经济发展需求的核心任务，建立各项制度，使国立职业教育从制度设计上做到了资源相对“优质”、学科不断“优化”。在上百年的发展过程中，日本国立职业教育学科专业设置不断调整，为整个职业教育的发展起到了示范作用。纵观日本国立职业教育的发展过程可以发现，工程技术类学科领域始终是日本国立职业教育一成不变的优势学科。

一、国立高等专科学校设置标准及发展方式

众所周知，实用科学、尤其是基础性学科和工程类学科属于高投入、小规模发展的学科类型，其学校设置标准高，办学条件相对严格。因此有必要从设置标准分析日本国立专科学校以实学为主、工学为重的办学特色。

截至 20 世纪 90 年代中期，日本高等教育质量管理主要依赖于学校设置标准和各自的社会定位。日本国立专科学校在设置初期，便有与公私立学校不同的要求和标准，即“设置认可”和“标准判定”。“设置认可”和“标准判定”是两种不同的学校设置标准，“设置认可”适用于国立院校，无论大学还是职业院校都采用“设置认可”的形式和要求，对新设学校给予审查核实，其具体要求较“标准判定”严格；“标准判定”适用于公私立学校。“设置认可”属于政府的主观行为，实际是一种没有法律条文的以政府判断和一定标准为标准的，进行检查核实的行政性认可行为。日本政府主要参照德国工、商、农业专科学校的条件和标准创办了第一所国立专科学校，其后以该学校为标准，不断增设国立专科学校。也就是说，第一所国立职业专科学校的设置条件成为国立专科学校的设置标准，对达到该标准的学校给予认定，否则，不允许开设。在该统一标准要求下的国立专科学校以较高的设置标准开办，无论是设施设备还是师资、生源以及教育经费等方面都远远高于适用于公私立专科学校的《标准判定》。有学者说，

国立专科学校采用了标准上线，而私立专科学校则采用了标准的下线，只要达到最低线便可获得批准。1903 年日本政府颁布的《专门学校令》和《公私立专门学校规程》（专科学校设置标准）规定，该设置标准只适用于公私立专科学校，不包括国立专科学校，这一点充分说明公私立专科学校设置标准与国立专科学校之间的差距。“政府设置的官立专科学校在设施设备、教师等方面有统一的标准，新增设的学校常常以既有学校为标准，具备相同的教育研究条件。但是私立专科学校并非如此，二者之间存在着巨大差别”[3]。第二次世界大战之后，在经济高速增长 10 年计划的影响下出现的高等专科学校更是如此。为培养少数高质量的工程技术人才，1961 年日本颁布了《高等专门学校设置标准》，标准由总则、组织编制、教师资格、教育课程、课程修订认定、设施设备和其他等部分构成，对各项内容做出了详细规定，尤其是对教师资格、师生比例和学生规模与设施设备等做出了严格要求。指出，学生定员要根据教师、学校面积、校舍以及其他条件等进行综合考量，一个班级的学生以四十人为标准，校长要学识渊博、人格高尚，且具有高等专科学校管理的经验，教授要具有博士学位和有从事所教授学科的专门学位；有在大学或高等专科学校从事教授、副教授以及讲师的经历；有在学校、科研院所以及工厂等从事技术业务经验的人员；按学年划分教育科目，每门课程的学分数为 30 课时一学分；实验、实习等课程可以根据实际情况作出相应调整，学生课程修了的学分数要达到 167 学分，商船类除去实习科目可达到 147 学分；校址要有适合教育的环境、有适合学生休息活动的空地；校舍要包括校长室、教员室、会议室、事务室、教室、图书馆、保健室、学生休息室等，学校的校地以及校舍面积要达到每人 10 平方米。而 1976 年日本颁布的《专修学校（专科学校）设置基准》相对于《高等专门学校设置基准》来说则较为宽松，专修学校学科可以是 1 至 2 个，学科的基本组织形式包括白天课程和夜间课程（可以通过函授形式授课）。专修学校每门科目的听课人数以 40 人为标准，但根据实际情况可以适当调整。专修学校的教授科目可以实行学分互换。对于教师的要求也低于高等专科学校，如具有学士学位 2 年以上的人员和具有短期大学学士学位或准学士称号的 2 年以上的人员以及在学校或研究所等从事教育、研究、技术业务的人员都有资格可成为专修学校专门课程的教师。专修学校的校地和校舍要适合于教育并保证保健卫生，校舍要包括教室、教员室、事务室以及其他必要设施等。由于定位不同，高等专科学校和专修学校的设置标准随之区别化发展，专科教育领域出现了类型相同、质量各异的“同类非同质”现象。

由于国立专科学校为国家培养高层次、高素质工程技术型人才的办学方向，使其规模难以实现扩大化发展，尤其在高等教育规模化发展时期，国立专科学校的定位进一步集中化，将市场难以培养或承办的专科集中在国家办学范围内，其他尽最大可能交由市场开办。因此，日本出现了第二次世界大战之前国立专科学校规模大、在国立高等教育领域发挥主力军作用，而第二次世界大战之后却迅速减少、在国立高等教育领域中的作用微乎其微的现象。例如，20 世纪初期，国立专科学校在日本国立高等院校中的地位极其重要，远远超过四年制本科院校。这一点从学校数量或规模中可以看出。1915 年国立院校占日本高等学校总数的 34%、1925 年占 34%（含公立）、1935 年占 34%，日本出现了国立院校数量 30 年不变的情况。而在“34%”中，国立专科学校占国立院校总数的比例分别为 87%、92%和 90%，1945 年该数字达到了 93%（图表 5—3）；毕业生数量虽然由 1915 年的 80%降至 1930 年的 65%，但仍然是当时日本高学历人才的主要供给源，超过了国立本科院校，该状况表明第二次世界大战之前国立专科学校在人才培养以及为日本近代化建设中所做的贡献。再从国立专科学校在高等职业院校中的比例看，1905 年国立专科学校占全国专科学校总数的 31.7%、1915 年占 31.5%、1925 年占 41.2%、1935 年占 31.6%，与公私立专科学校之比约为 3∶7，这对长期以来一直保持在 2∶8 比例格局的日本高等教育格局来说，无疑说明国立专科学校发展达到了前所未有的高水准。第二次世界大战之后，新《学制》的颁布推动了大学数量的不断增加，国立职业院校的规模迅速下

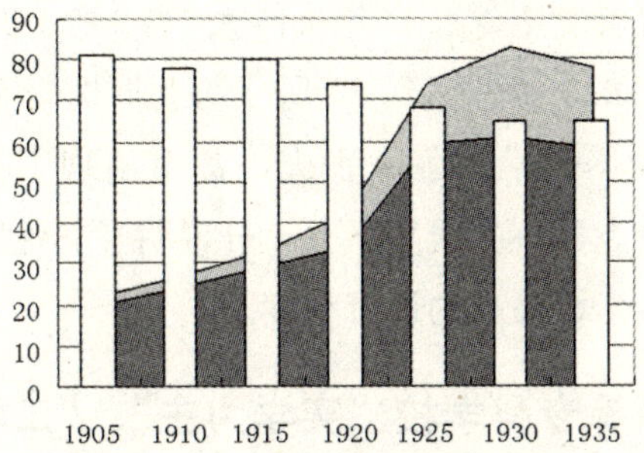

图表 5-3　第二次世界大战之前国立专科学校与大学之比较

注：该图表根据天野郁夫《高等教育の日本的構造》第 42～45 页制作

降。第二次世界大战之前的国立专科学校被统一合并重组为地方国立大学，而无法升格为大学的国立教育机构改称为短期大学，2000 年国立短期大学仅剩 20 所、2010 年消失在人们的视野中。相反，20 世纪 60 年出现的高等专科学校不断增加，但从整个国立高等教育领域看，专科学校和短期大学处于少数，吸纳的学生数更无法与四年制大学相比，这就造成了专科学校入学竞争程度的提高。例如，1962 年日本全国共有 17 所高等专科学校，其招生计划为 1,480 人，而第一志愿报考高等专科学校的人数竟达到 25,866 人，比例为 17.48：1。其后，随着高等专科学校的增加，竞争激烈程度有所缓解，但仍一直高于普通大学的竞争比例，即使在高等教育进入普及化发展的今天，高等专科学校入学竞争比例仍然居高不下，2006 年志愿者人数是实际录取数的 1.86 倍，该数字长期处于 1.5～1.8 之间。例如，东京工业高等专科学校 2008 年为 2.0 倍、2009 年为 2.1 倍、2010 年为 2.3 倍、2011 年为 2.7 倍、2012 年为 2.3 倍；在学科专业的竞争方面，东京工业高等专科学校的信息工学专业最高，竞争比例达到 3：1、机械工学专业为 2.6：1、物质工学专业为 2.2：1、电子工学专业为 2.0：1、电气工学专业为 1.9：1，学科专业的平均竞争比为 2.3：1。与之相比，日本四年制大学的竞争比例却相距甚远，随着高等教育大众化程度的不断提高，未完成招生计划的四年制大学逐年增加，以至于学校倒闭现象时有发生，2007年关停大学22所、2010年该数字达到39所、据预测2015年可达到73所。与此同时，私立大学的在校学生数也不断减少，大学竞争力丧失，甚至出现了100%入学的大学。高等专科学校竞争率的居高不下充分说明了其优质性和稀缺性以及社会对高等专科学校极高的认可程度。

二、国立高等专科学校“实学为主”、“工学为重”的办学特色

（一）第二次世界大战之前的国立实业专科学校

近代工业的发展离不开大批专业技术人才，尤其是既掌握一定专业知识，又具有一定动手能力的应用型人才。为此，日本国立职业院校将重点置于“实学”，尤其是“工学”领域的人才培养。“日本要实现工业近代化必须重视实学，学校教育内容应以读写算为基础，以学习法律、天文、医疗等人类生活所必需的知识、技术为目的，改变以往对所谓学问——词、章、咏、空理、虚谈的认识”[4]。在当时明治时期“和魂洋才”思想盛行的社会背景下，重视实用科学的风气已成为日本社会的核心价值，大力强调学校教育对日本近代化进程应发挥的经济促进作用。回顾日本高等教育发展可清晰地看到重应用、讲实学的改革轨迹贯穿其中。例如《学制追加二编》写到：“专门学校是由外国教师讲授西方学术技艺的高尚学校，”[5] 把专科学校作为专门传授西方近代技术的高尚之地。国立东京开成学校和东京医学专科学校即是由外籍教师教授西方学术和技艺的实业专科学校。20世纪初，工业资本团体及政治家纷纷向国会提出增设工、商、农产业技术人员的培养机构，当时担任文部大臣的菊池大麓随之提出，增设以培养实务型产业技术人员为目的的实业专科学校，并制定了《专科学校发展六年规划》，使其得到逐步落实。继之，1913年文部省又颁布了《实业教育费国库补助法》，指出：实业教育关系着我国富国强兵之大业，不可拖延一日。在“富国强兵”、“殖产兴业”基本国策的影响下，国立实业专科学校得到迅速扩大。从类别发展来看，日本国立专科学校

基本属于实业专科学校类型，以实学为主体是其办学的一大特色。为区别于实学专科学校，第二次世界大战之前日本政府将开设的专科学校划分为两类，一类以工、农、商为主体的实业专科学校，另一类以经、医、药、文、理、美术为主体的专科学校。大力发展实业专科学校是日本政府的初衷，也是开办国立专科学校的终极目标。从两种学校开设的数量以及增加速度来看，1905 年国立实业专科数为 12 所、1915 年增加到 20 所、1925 年 49 所、1935 年 47 所，而同期专科学校数分别为 8 所、9 所、10 所、11 所，实业专科学校大大超过专科学校，实业专科学校在国立专科学校的地位以及中央政府对实业专科学校在经济发展中作用的重视由此可见。20 世纪初，日本国立专科学校中的工、农、商实业专科学校占到国立专科学校总数的 82%，如果将医学专科学校也纳入实学领域，其比例甚至可达到 95%以上，尤其是工程性或技能性专业占据了绝对多数。与之相比，私立专科学校大多数仍以教授医学、法学、农学、宗教等为发展方向，大力开办人文、社科类学校，在学科专业上与国立专科学校形成了明显区别（图表 5—5）。这样日本逐步形成了公私立专科学校以人文社会、家政、医疗、法律等为主体，国立专科学校以工程技术型、职业型为主体的办学特色。

年度	1905	1910	1915	1920	1925	1930	1935
农业	2	2	5	8	13	14	14
工业	4	7	7	12	21	21	19
商业	4	4	5	5	13	13	12
医学	5	6	5	5	0	0	0
齿学	—	—	—	—	—	1	1
药学	—	—	—	—	5	5	5
外语	1	1	1	1	2	2	2
美术	1	1	1	—	1	1	1
音乐	1	1	1	—	1	1	1

图表 5—4 战前日本国立专门学校类型结构

资料来源：根据天野郁夫《日本高等教育结构》第 46～47 页制作而成

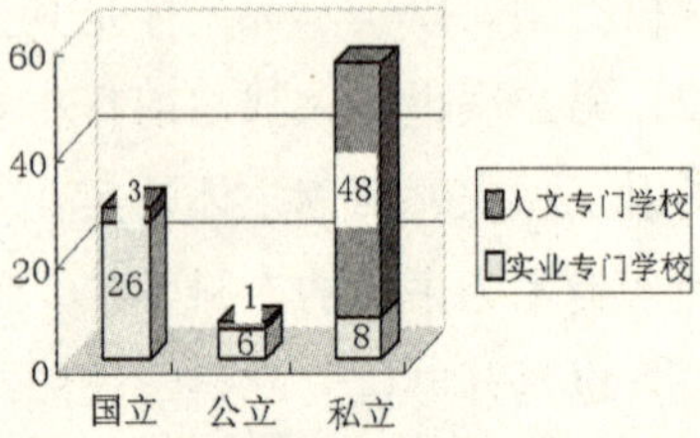

图表 5-5 战前日本专科学校类型及其设置主体的关系（1915 年）

资料来源：天野郁夫《日本高等教育结构》第 40 页

（二）第二次世界大战后国立高等专科学校以工学为重的办学特色

20 世纪 50 年代末，日本制定了以化学工业为主要产业升级的经济高速增长 10 年计划，据此 1962 年日本出台了《五年制专门教育机构设置纲要》，该纲要使第二次世界大战之前的以"实学为主"转变为以"工学为重"，国家成为只办工程技术类专科学校的办学主体。《五年制专门教育机构设置纲要》规定，高等专科学校只能设置与工业相关的学科，即机械、电器、工业化学、土木工学、建筑学和金属工学等，该规定催生了战后高等专科学校工业学科专业的发展优势。目前，日本 58 所国立高等专科学校基本都是工程技术类，成为国立专科学校发展的强势学科和办学特色。特别是工科类院校中，机械专业成为其中的重中之重，占据了工程技术类专业的主体。随着日本经济增长方式的转变，高等专科学校的学科类型逐步拓宽。1967 年《学校教育法》修改，规定高等专科学校可设置船舶学科，以培养船舶领域的专业人才。1991 年又一次修改的《学校教育法》进一步扩大了高等专科学校的学科领域，指出除工业和商船领域的学科外，还可开设其他领域的学科专业（主要包括情报科学学科和国际流通学科）。虽然经过多次改革，但从总体发展规模看，传统的工业学科仍占主导，高等专科学校传统的工学性质并未发生变化。例如，2002 年日本商船领域的学科只有 5 个，工业商船以外的学科只有 4 个，而工业领域的学科则为 261 个，占高等专科学校总学科数的 97%，工科性质之强显而易见。在高等专科学校的学科构成中，传统的信息和工业机械学科专业占据主导地位，例如，在各学科开设的专业数中电子和机械专业最多，达到81和60种（图表5—7），在校生数达到总数的24%；其次为电器工学科，占总数的17%；再次是电子工学科和物质工学科，分别占10%和9.5%，四个专业领域的在校生数之合达到了在校生总数的60%以上[6]。专业如此集中的学校类型在日本高等职业院校中极为罕见，此种学科专业优势在劳动力市场上表现为毕业生的就业竞争优势。从毕业生的就业情况看，自日本高等专科学校产生以来，毕业生一直供不应求，1996年一个高等专科学校毕业生竟有11.4个企业竞争录用，竞争率高达11.4%，1997年达到10.8%，即使在经济萧条、就业异常困难的2000年，高等专科学校毕业生的竞争率仍维持在10%以上（图表5—6），此种状况突出反映了日本高等专科学校"实学为主"、"工学为重"学科专业的自身优势。从毕业生竞争率的变化发展情况看，1970年高等专科学校毕业生的就业率高达97%，1980年变为89%，1990年成为80%。虽然高等专科学校一直保持着强劲的竞争优势，但是自20世纪80年代末期，日本高等专科学校毕业生就业率出现持续走低的势头。该现象的产生并非高等专科学校毕业生在劳动力市场上的竞争优势减弱，而是经济因素及教育政策的诱导所使之。随着日本经济增长方式的转移、科学技术水平的提高以及升学制度的放宽，高等专科学生毕业后希望继续就学、插入大学三年级的学生人数不断增加，使得高等专科学校毕业生的升学率直线上升，1990年为13%，1995年为22%，2000年达到34%，2005年达到42.2%，2010年更是达到42.8%。升学率的提高以及就业人数的减少形成了两条相反的曲线图，就此有人置疑，高等专科学校培养一线工程技术骨干的职能作用是否会受到冲击？确实如此，随着职业教育向高层次的不断发展，高等专科学校一方面向对口院校输送具有基础扎实、专业过硬、动手能力强的优秀学生，另一方面，还通过政府修改学校教育法，在高等专科学校内部设立了专业科（本科层次），以满足高等专科毕业生继续深造的愿望。从这一意义上说，日本高等专科学校毕业生升学率的持续走高是科学技术水平不断提高、高等教育普及化和政府政策诱导的结果，而非在劳动力市场上竞争优势的减弱所致。

区分	2007 年	2008 年	2009 年	2010 年	2011 年
毕业生总数	8，897	9,213	8,996	9,097	9,094
就业率（%）	53.6	52.9	50.7	54	57.1
求人倍数	24.6	24.8	18.6	15.2	15.6
升学率（%）	43.9	44.1	45.5	42.8	39.9

图表 5－6　日本高等专科学校毕业生出路

资料来源：http：//www. kosen－k. go. jp/outline4. html. 2013. 3. 4

区分	工业领域							
	机械类	电子类	信息类	化学类	土木建筑	其他	商船	工、商船以外学科
学科专业数	60	81	45	32	39	4	5	4
入学名额	2,490	3,345	1,250	1,240	1,565	165	200	160

图表 5－7　日本高等专科学校学科专业数及其入学名额（2002）

国立专科学校制度的产生除了满足国家经济发展的战略需求之外，还肩负着贯彻民主、公平教育理念的使命，出于该因素的考虑，日本专科学校在学校设置过程中采取了均衡部署、平均设校的做法。

早在明治时期，日本中央教育财政已认识到处理好高等教育效率与公平的关系是高等教育财政不可回避的重大问题，在考虑专科教育对经济发展促进作用的同时还高度重视教育机会的公平问题。日本国立专科学校在明确为社会经济培养人才的同时兼顾了公平原则，制定了使国家教育资源实现质量与区域间公平双重发展的目标，而国立专科学校的均衡设置则是日本政府实现该目标的具体体现。19 世纪末，日本效仿德国采用大学区制，将全国划分为 7 大学区，每学区包括若干县（相当于我国的省）。1908 年日本按照“一区一大学”、“一县一高专”的战略部署，在全国全面扩展国立专科学校，这样日本拥有国立专科学校的县由 11 个增加到 22 个，实现了倍增计划。1935 年，日本全国 46 个县基本达到了“一县一专科”的发展目标，有的县甚至还拥有 2～3 所国立专科学校。以日本东北学区为例，该学区共有 6 个县：青森、岩手、宫城、秋田、山形和福岛，其中 5 个县拥有国立专科学校，青森县因设有一所国立高中，未设专科学校。在这一过程中，日本政府采取先中央后地方的设校步骤，1903 年以前，重点集中在东京等大城市。其后，在 1903 年《专科学校发展六年规划》的影响下日本开始国立专科学校的地方化发展道路，将建设重点转向地方城市。1903 年至 1908 年专科教育发展六年规划期间日本创办的 5 所农业、7 所工业、4 所商业专科学校大多落户在地方城市。第二次世界大战之后高等专科学校的设置依然沿用第二次世界大战之前国立教育平均分配的发展思路，基本按照一县一所的规划部署，除个别县之外各县均有 1 所，有些边远地区还设有 2～3 所，目前日本全国共有 51 所。高等专科学校的均衡分布不仅有利于实现高等教育资源的区域均衡发展，亦能通过高级工程技术人才的培养有效推动地区工业经济的发展，该做法缓解了日本高级应用型人才的供给矛盾。

（三）国立高等专科学校的优势特征及发展趋势

1. “国学”依存型特征

日本国立高等专科学校以中央政府为主导，培养满足工业经济发展需求的工业技术骨干和技术精英为宗旨，符合时代的发展要求，具有明显的国学依存型特征。综观日本高等职业院校的发展，私学主导型特征极为突出，87％的院校为私立，尤其在短期大学领域，私立院校占总数的 86％，专科学校占 88％。但该特征却未反映在第二次世界大战之后的日本高等专科学校领域，私立学校仅占高等专科学校总数的 4.8％，国立学校却占到 87％，公立学校占 8.1％，二者之和达到了 95％以上，凸显出国家依存型特征。在高等专科学校产生初期，私立高等专科学校所占比率曾达到过 13％（1965 年），在校生数一度占到了总数的 20％。但是到 20 世纪 60 年代末，私立学校逐步减少，学校所占比率由13%下降到2000年的5%，在校生数也随之由20%下降到1970年的16%、1975年12%、1995年5%、2000年的4%、2012年5%[7]。该现象反映出日本传统的重实业、轻人文的教育发展观念和工学专科学校投入大、民间力量难以承办或维系的社会现实。在其影响下，日本形成了以工业学科专业为主体的高等专科学校发展模式：高等专科学校→工学类型→国家负担→全民受益。

2. 工学集中型特征

综观日本国立高等专科学校的发展历史可以发现，虽然其办学目标随着时代的发展在不断地调整与变化，但培养实践型技术人员的总体目标和定位却未发生根本性的变化，即日本国立高等专科学校的工学集中型特征始终相当明显。日本国立高等专科学校创办初期的目标为“培养具有创造性的实践型技术人员”，在科学技术发展以及产业结构升级的影响下，日本国立高等专科学校将培养目标转为“具有创造性的实践型技术人员”或“实践性的开发性技术人员”，即在培养目标方面，国立高等专科学校始终培养能够将发明创造转化为生产力的技术专家。其次，从课程设置来看，日本国立高等专科学校的工学集中型特征在第二次世界大战之后反映地更加明显。《五年制专门教育机构设置纲要》将国立高等专科学校限定在工程技术类专科学校，只能设置与工业相关的学科，使得日本目前的58所国立高等专科学校基本都是工程技术类学校，虽然在经济发展影响下，一些新的学科开始出现在日本国立高等专科学校的课程设置之内，国立高等专科学校的学科类型得到了拓宽，但是以工学为主的工学集中型特色始终未发生改变。

3. 应用性产学合作特征

日本高等专科学校的职能作用主要体现为教育和社会服务两个层面。从社会服务层面来看，日本高等专科学校充分发挥了社会服务职能，为解决地区居民生活以及企业所面临的难题发挥了重要作用。根据1983年日本政府创建的共同研究制度、委托研究制度、委托研究员制度以及奖学金捐赠制度等相关规定，高等专科学校开展了多种形式的产学官协作活动。具体形式有独立研究、联合开发、接受委托研究和开发项目等，打破了部门之间、区域之间的界限，集中产、学、官多方面力量，发挥地区、部门之间的优势，形成了以人为本的研究体制。20 世纪 90 年代，日本高等专科学校均设置了专门的组织机构——综合技术开发中心、地区共同研究开发中心或产学协作促进中心等，负责学校与地区社会的合作研发等，具体负责技术开发、学校内部科研成果公开、向社会提供培训机会等。该机构的出现，使高等专科学校的研究开发活动蓬勃发展，无论是委托研究还是共同研究及文部科学省批准的项目都有了明显增加。2010 年国立高等专科学校的共同研究项目为 740 项，到位经费为 290,922 万日元[8]。从承担的研究项目内容看，应用性合作项目占百分之百。上述状况充分显示出日本国立高等专科学校直接为地区社会服务的重要职能以及源于社会用于国民的办学理念。

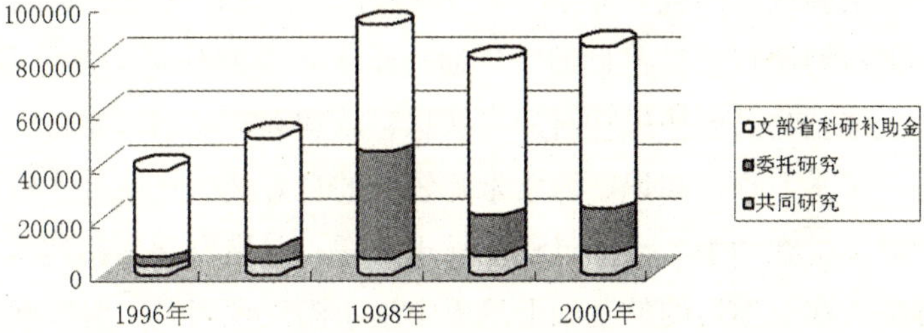

图表 5-8　日本高等专科学校各项研究经费的变化情况

资料来源：根据日本高等专门学校事务部长协议会资料制作

（四）国立高等专科学校的发展趋势

随着日本高等院校之间竞争机制的建立，日本国立高等专科学校开展了一系列的改革运动以保持自身在高校竞争中的优势地位。20 世纪 90 年代末期以来，日本国立高等专科学校的发展趋势主要体现在创新教育课程的设置、学校经营模式的改革以及学制的改革等方面。

东京高等专科学校物质工学科：	项目《鸡蛋壳内膜的有效利用》
群马高等专科学校物质工学科：	项目《擒名湖公鱼繁殖炭素纤维人工藻塘开发》
岐阜高等专科学校城市环境科：	项目《植物护岸的稳定化和河道动态研究》
都城高等专科学校土木工学科：	项目《植物性燃料制造研究》

图表 5-9 日本高等专科学校产学研合作项目

http：//www.anct.jp

1. 创新教育课程设置

为适应日本经济的快速发展以及社会变革需求，自 20 世纪 90 年代末期以来，日本国立高等专科学校开始发展创新教育。创新教育以实验或实践教育为主，在实践中启发学生，使学生不断发现问题、解决问题，并萌发出新的求知欲望。该课程不同于将理论课和实验课分开设置的传统课程，而是将理论课与实验课（实践课）容为一体，通过科学实验或实际操作培养学生理解理论知识和解决现实问题的能力。创新型课程的设置目的为：通过学生亲手制作某一物品等形式，使学生体会物品创作成功时的成就感、乐趣和神秘感，并将其作为学生进一步学习理论知识、探索未知领域的良好契机；通过实验和实践活动使学生在动手、动脑过程中发现问题，并启发学生找到解决问题的方法；在上述目的的基础上培养学生不断发现问题、解决问题的能力以及创新意识。日本金泽工业高等专科学校是开展创新教育的典型范例，受到社会、专家以及日本政府的高度评价。1996 年日本金泽工业高等专科学校开设创新教育课程。自 1996 年日本金泽工业高等专科学校开设创新教育课程到 2000 年已有第一批毕业生毕业。通过对毕业生及在校生的问卷调查结果表明，75％的低年级学生、近 80％的高年级学生回答“上创新制作课非常有意思”，毕业生中有很多人认为虽然制作机器人时很辛苦，但制作成功后却有一种成就感，而且非常感动[9]。针对该现象，日本国立高等专科学校协会教育方法改革研究小组在《专业设置与高等专科学校教育体系》的研究报告中写道“金泽高等专科学校的创新教育已见成效，此做法唤起了学生的兴趣、激发出学生自发性思考问题的热情、对引导学生从实际操作中发现问题并解决问题有着重要意义，创新教育是基于工科教育的本质开展工学教育的思路，是该校课程改革成功的重要原因”[10]，肯定了动手制作是工学教育最根本的做法，是未来日本高等专科学校的最大优势，预示其将成为日本高等专科学校教育改革发展的必然趋势。

2. 学校经营模式的改革

20 世纪 90 年代，随着日本高等教育财政制度的改革以及国立学校法人化制度的实施，为了进一步融入社会、赢得社会各界的广泛支持，日本国立院校开始引入竞争机制并采用企业经营的方式，陆续出台了通过竞争获取经费的政策措施。该做法削弱了以往国立院校政府保护的观念及制度运行模式，使高等教育领域逐步趋于市场化。2003 年日本政府制定了《独立行政法人——国立高等专科学校机构法案》。法案总则指出，独立行政法人——“国立高等专科学校机构”是以设置国立高等学校为目的的法人，其主要职能包括：决定国立高等专科学校的增设或关闭，管理已有的 55 所国立高等专科学校的相关事务，负责分配国立高等专科学校的教育预算和校长任命等，以期以理事长为核心的内部组织的主体作用得到有效发挥；引入弹性化人事制度和工资体系；通过文部科学省向该机构交付学校运转费用，力求实现财务制度的弹性化，确保学校经费使用的高效化。2004 年 4 月，国立高等专科学校也实行了法人化制度。高等专科学校法人化制度的实施给学校内部带来了极大的冲击。冲击首先表现在教育经费分配方式的转移方面——由平均分配转向绩效分配。此种分配方式以效率为准则，根据外部评估结果进行资金配置，通过竞争使有限的教育经费达到效率的最大化。在该政策导向的影响下，日本政府在不断减少对国立院校拨款的同时（5 年内减少 5%，年均减少 1%）还实施了全面的外部评估，根据评估结果决定减少或增加拨款数额。在此情况下，如何确保办学经费成为各国立高等专科学校的头等大事。冲击其次表现在学校的产学研合作方面。国立高等专科学校一方面努力提高办学质量，保障中期目标顺利完成，另一方面将产学官合作视为经费来源的重要渠道，不断改组校内组织机构，投入大量人力、物力，以便更好地将学校融入社会，得到社会各界的大力支持。因为高等专科学校认识到在竞争不断激烈的现代社会，只有增强与产业界的联系才能使高等专科学校继续生存、发展下去，才能保持其以往的社会地位，使学校的竞争能力得到不断提升。

3. 学制的改革

随着日本经济社会结构的调整、高等教育适龄人口结构的变化以及产业界对专业技术人才要求的不断提高，日本国立高等专科学校启动了学校教育制度改革工程。从整体改革情况看，日本国立高等专科学校学制的改革打破了高等专科学校终结性教育的局限，打通了学生接受更高一级职业教育的学习道路，使职业教育在自身体系之内得以上下有效连接，在自身体系之外得以与其他教育机构有机结合。日本国立高等专科学校的改革措施主要包含以下内容：国立高等专科学校在自身内部设置了以两年为学制的可授予大学本科学士学位的高等专科学校后技术教育——专攻科，专攻科采取 5＋2 模式，即毕业后再继续学习两年经过独立行政法人大学学位授予机构的审核之后就可以获得大学本科资格；高等专科学校毕业生在完成五年教育获得准学士学位之后可以编入丰桥科学技术大学、长冈科学技术大学等技术科学大学或普通大学本科的三、四年级或相应的短期大学本科班等继续学习，在经过独立行政法人大学学位授予机构的审核之后就可以获得大学本科资格；专攻科学生毕业之后可以进入社会参加工作也可以进入研究生教育阶段学习，该阶段一共包括五年教育（两年硕士课程和三年博士课程），各个阶段学习完之后均可获得相应的学位。日本国立高等专科学校学制的改革从制度上拓宽了高等专科学校毕业生的出路，满足了高等专科学校毕业生继续求学、深造的愿望，同时也适应了社会和企业对高级应用型人才的需求。高等专科学校未来将进一步打通专科学校与本科院校之间的制度壁垒，使具有一技之长的专业技术和技能的人才解除后顾之忧，安心进入职业院校，不断提升职业教育层次和职业素养。

高等专科学校入学资格	高等专科学校	毕业后可升学的学校制度
·初中毕业生 ·特别支援学校中学部	高等专科学校 5 年制 15 岁以上	·高等专科学校 5+2 模式班 ·编入大学三年级 ·编入 2 年制短期大学本科班 ·编入 3 年制短期大学本科班

图表 5－10 高等专科学校的制度衔接

第三节 私立高等职业教育规模扩大的制度设计

日本私立高等职业教育以服务大众、满足地方经济发展和实现自我价值为目的，进行了与之相吻合的制度设计，使日本高等职业教育无论在培养初中级技能性人才、提高文化修养和国民素质还是为高等教育实现大众化和普及化发展等方面都做出了巨大贡献。满足大众需求的功能定位是日本私立院校产生与发展的源动力，为了实现这一定位目标，日本私立院校通过推动规模扩大、降低教育成本等措施进行了制度设计，目的是通过市场调节解决教育供需关系，实现规模化发展。日本私立院校发展的主要包括短期大学和专科学校两大类型。

一、短期大学和专科学校的“私学”属性及其规模发展特征

（一）两种学校类型的“私学”属性

在日本以市场或社会大众需要为主的高等教育机构主要集中在私立院校，“私学”属性决定了其低成本、低标准和规模化的发展方式。20 世纪六、七十年代，以私立为主体的短期大学和专科学校制度相继产生，并得以制度化和法制化发展。短期大学和专科学校均属于非经济政策及社会发展战略因素的驱动，前者是为解决第二次世界大战

之后未能纳入新《学制》体系内、办学条件不达标的战前部分专科学校问题而出现的产物，后者则是在高等教育大众化背景下解决以四年制大学为主体的单一学校类型问题而出现的，而非经济因素或者说非国家经济发展战略规划所必需的学校类型，这就决定了短期大学和专科学校的“私学”属性。首先，从短期大学的设置主体结构看，民间团体和个人占绝对多数，成为学校设置的主体力量。例如，第二次世界大战后初期，国立短期大学或公立短期大学也占有部分比例，1950年公私立短期大学共149所，其中私立为132所、公立17所，到五年后的1955年短期大学增加到264所，国、公、私立短期大学分别为17、43和204所，1965年短期大学数量增加到369所，国立、公立、私立分别为28、40和301所，1990年短期大学发展到593所，其中国立41所、公立54所，私立498所，私立短期大学增加了3.8倍，占短期大学总数的84%，2010年私立短期大学占到90%以上（图表5—11），而国立短期大学从此退出短期大学的舞台，短期大学的私学依存性特征进一步凸显。同样，专科学校具有与短期大学相同的属性，第二次世界大战之前的1925年、1930年和1935年私立专科学校分别占当时专科学校总数的55.2%、58.9%和62.3%。第二次世界大战之后更是如此，在专科学校制度确立之年的1976年，专科学校共893所，其中国立46所、公立28所、私立819所，私立占92%，1980年2,520所，其中私立学校占2,187多，达到86.8%，2010年私立专科学校发展到3,311所，占专科学校总数的93.6%，而国立专科学校2006年仅占总数的0.03%，即使在国立专科学校最发达的1990年，也只有41所，占专科学校总数的0.7%，仍未越过1%的水平，私立专科学校达到近百分之百。该状况与第二次世界大战之后60年代出现的以国家必需为目标产生的高等专科学校形成了鲜明的对比，突出了两种学校类型的不同属性——“官与民”和日本高等职业教育机构类型与设置主体之间的密切联系或定位不同，学校类型各异的办学特征。

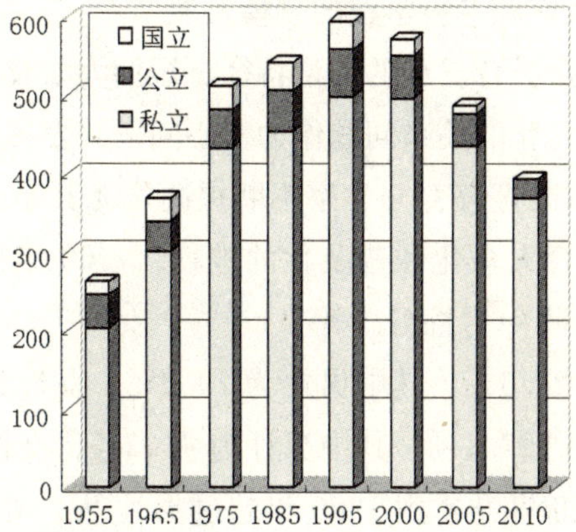

图表5－11 国、公、私立短期大学的构成

资料来源：文部统计要览各年度（图表5—16、17）

由于短期大学和专科学校的“私学”属性所致，其区域分布不如国立院校均衡。私立专科学校在选择设校区域时，主要考虑生源的充足状况，选择人群集中的大城市。因为大城市的青年人口远远超过中小城市，青年人口的多寡是决定生源充足率的重要因素，而生源的充足率又是决定学校经营基础或命运的决定性因素。不仅如此，就业机会的多寡也是决定学校选址的重要因素。基于这些因素，日本私立专科学校更多的集中在大城市和中心城市，从日本全国七大区域分布看，首都圈内的专科学校北关东、甲信越地区比中部、北陆多出近三分之一，首都圈私立专科学校人数占在校学生数总数的23%。另外，私立专科学校高度集中于都、道、府、县官厅所在地的特征也十分显著。以东北地区为例，专科学校大多集中在中心县和县厅所在地的仙台市，设在宫城县的专科学校占东北地区总数的27.6%（59所），超过各县平均数的35所，在校生数占总数的58.6%，达到近六成，而在宫城县官公厅所在地的仙台市集中了80%的专科学校和80%强的在校生。专科学校过度集中在首都圈、中心县和官公厅所在地三级城市的特征显而易见，在区域之间严重失衡。该现象的出现是专科学校私学性质所使然，也是教育市场化带来的必然结果。

（二）短期大学和专科学校的规模发展

规模化是大众教育发展的典型特征。短期大学及专科学校将高等教育大众化与多元化的关系问题作为核心问题并发挥了主体作用。20世纪70年代日本高等教育升学率不断提高，尤其是女性升学率的提高推动了高等教育大众化和普及化的进程。1960年日本高等教育升学率为10.3%，其中男性升学率14.9%、女性升学率5.5%；1970年全国升学率为23.6%，其中男性为29.2%、女性为17.7%；1980年全国升学率达到37.4%，其中男性为41.3%、女性为33.3%，之后女性升学率不断攀升，到1989年超过男性[11]。在1990年女性高中毕业生中，填报短期大学的人数占总数的27.5%，录取率为22.2%，“日本劳动省总务厅统计局对就业结构的基本调查结果显示，在职业女性中，以从事事务性工作者和专业技术性职业为主体，高学历人员的比例逐渐增加，特别在从事专业性职业的女性中，高学历者占总数的三分之二”[12]。短期大学以提高女性职业技能和文化教育程度、实现女性个人价值、培养贤妻良母型女性为办学方向，满足了社会对不同人才类型的需求。假如没有短期大学的存在，日本女性社会地位的提升、女性社会就业的实现和高等教育的大众化进程将大打折扣，该情况从短期大学的发展也可窥见一斑。第二次世界大战后初期，短期大学数量不断扩大，1950年短期大学有132所，1955年达到204所、1960年该数字214所、1965年301所，其后继续增加，1990年498所，2000年为497所[13]。在校学生数与之同步增长，1955年私立短期大学在校学生数为63,000人、占短期大学学生总数的81.8%，1960年该数字为66,000人、占短期大学学生总数的78.7%，1965年私立短期大学在校学生数发展为126,000人、占短期大学学生总数的85.3%，1970年发展为237,000人，所占比例达到90.1%，1990年私立短期大学在校学生数发展为438,000人、占短期大学学生总数的91.4%，2000年私立短期大学在校学生数发展为299,000人、占短期大学学生总数的91.2%[14]。私立短期大学为20世纪日本高等教育大众化和职业教育发展做出的贡献之大由此可见。另一方面，短期大学的锐减也折射出短期大学的发展危机。进入20世纪90年代之后，短期大学由1990年的593所减少到2000年的572所，2010年进一步减少到395所，10年内减少了177所，降幅达到了30%强。其中国立短期大学退出了该领域，公私立短期大学锐减，在校学生数减小幅度也超过50%，日本短期大学已面临一场经营危机，今后如何发展将关系到其自身的生存问题。

专科学校也不例外，其发展速度和规模甚至超过了短期大学，在日本高等教育领域占据重要地位。从专科学校的规模发展看，第二次世界大战之前的1930年日本有102所专科学校、1935年该数字发展为114所。第二次世界大战之后新专科学校制度的产生进一步快速了专科学校的发展，1976年专科学校发展到893所，2000年达到3,551所。专科学校在校学生数的增长也引起全社会的关注，20世纪90年代，日本专科学校的规模发展越居第二，成为仅次于4年制本科大学的高等教育机构，超过了短期大学和高等专科学校的规模。受私立学校经营的灵活性及规模小等因素影响，20世纪70～90年代中期，专科学校数量直线上升，1995年日本全国高等教育入学人口为113万人中，其中大学为56万人、短期大学23万人、高等专科学校1万人、专科学校高达33万人，分别占55%、20%、0.9%和29%。20世纪90年代以后日本高等教育适龄人口急剧减少，但是专科学校却未受到严重的影响，2000年日本高等教育入学人口由1995年的113万人减少到106万人，其中升入本科的60万人、升入短期大学的14万人、升入高等专科学校的1万人、升入专科学校为31万人，各类院校分别占56%、13%、0.9%和29%，与1995年保持了同一水平。高等教育适龄人口总量减少并未对新型专科学校产生明显影响，借助于专业设置的合理性、广泛性、实用性和灵活性等自身发展优势，专科学校保持了比较稳定的发展态势。

二、短期大学和专科学校的专业设置及其特征

短期大学和专科学校在高等职业教育领域发挥出其他高等院校无

法替代的重要作用，形成了相互补充，有序发展的格局，该格局主要通过专业的课程设置实现了具体化和显性化。

首先分析短期大学的专业设置及其特性。短期大学的办学目标决定其专科课程的设置。以女性为对象，培养女性职业能力、生活技能和文化修养的短期大学，专业设置主要集中在人文和社会科学领域，主要包括教育、家政、艺术、医疗保健等专业。例如，人文社会学科领域设有社会福利、产业福利、旅游等专业；医疗保健领域设有护士、针灸、卫生、保健、放射技术、医疗秘书等专业；家政领域设有生活知识技能、饮食、营养、服饰、服装等专业课程；教育领域设有幼儿教育、儿童教育、特殊教育、体育保健、初等教育等专业课程。随着社会对职业技术技能要求的不断提高，短期大学不断调整专业设置，控制或缩小传统专业，增加新型专业，以适应社会的发展需求和女性的就业需要。以教养教育为主体的短期大学逐步向职业型短期大学转型，开设大量金融、保险、信息处理、商业零售、社会服务和外语类专业的短期大学也迅速增加。从近年短期大学类型的变化情况看，以职业教育为办学目标的学校快速增加，特别是保健学和护理及幼儿教育专业增加幅度较大，而以学习文化教养，即培养贤妻良母型的学校不断减少，各专业的在校学生人数变化反映出此种变化趋势。20 世纪 70 年代短期大学人文科学的在校学生数占 20%，80 年代上升到 25%，其后逐年下降，2003 年下降到 10%。与之相比，家政、健康学等专业自 20 世纪 80 年代一直保持稳定状态，其中增幅最大的是保健学，由 70 年代的 2%增加到 2003 年的近 10%。日本幼儿教师、小学教师以及营养师、护理师等职业资格需求量的增大，推动了短期大学相应学科专业的增加。

从第二次世界大战后初期到 20 世纪 90 年代末，以文化教养、女性职业教育为办学特色的短期大学学科专业设置的优势在提高女性就业、学历和开展性别教育方面发挥了不可否认的作用。但是由于专业职业要求的不断提高、社会追求高学历风气的日益浓厚以及高等教育适龄人口的急剧减少，短期大学面临着越来越剧烈的挑战。在此情况下，短期大学采取了一系列措施，如升格为四年制的大学、实施男女同校、扩大学校学科专业领域等，短期大学的“学习文化教养之场所”或“女子学校”的性质悄然变化。但是短期大学所面临的危机仍然很严重，2000 年甚至出现因生源不足停止招生的 1 所短期大学、2001 年变为 3 所、2002 年发展为 4 所、2003 年变为 6 所。

与短期大学相比，专科学校的学科专业设置具有综合性和广泛性特征，是一种职业型、生活技能型、教养型和趣味型齐全的学校专业类型。专科学校的学科领域主要包括工学、农学、医疗、卫生、教育、社会福利、商业实务、服饰、家政和文化教养，每个学科类型由 3 至 4 个学科和多个专业构成，且学科领域内部含有数个系统，每个系统内部包含多个专业。例如，在商业实务领域内，有商业实务系统、商业服务系统和外语系统，商业实务系统内设经理、簿记、办公事务、文字处理和速记等专业，商务服务系统内部设有商务、秘书、法律、经营、不动产、观光、饭店等专业，在此情况下专科学校形成了系统的一级学科、二级学科和专业、方向齐全的学科专业课程体系。专科学校的学科设置范围之广是其他职业院校无法比拟的，成为专科学校发展的一大特点。另一方面，专科学校更偏重于文科专业设置。例如，1925、1930 和 1935 年私立专科学校总数分别为 75、95 和 100 所，其中实业专科学校分别为 4、7、14 所，所占比率为 2.79％、4.0％和 7.65％，由此可见实用性专科学校尤其是以工学和农学为办学主体的学校甚少的设置特点。第二次世界大战之前的专科学校中非实业性专科学校占据绝对多数，以女子、法经商和宗教为主的学校占的比重最大，而以工学为主的专科学校只有 1 所，农业学校直到 1935 年才增加到 3 所。第二次世界大战之后也是如此，专科学校的文科性质未能得到明显改观。据文部科学省统计，2010 年专科学校类型分别为（图表 5－15）。与之相应，在校学生趋于文多、实业或工、农业学科少，与国立专科学校重实学和工学特征形成了鲜明对比。一般说，文科投入少、见效快，许多国家高等教育的大众化和普及化阶段更多地依赖于文科和私立学校规模的不断扩大，特别在经济后发型国家更是如此，或许成为一个基本的发展规律。由于专科学校学科设置的广泛性特征，在招生方面突出了男女皆宜，既有适合男性职业的专业，也有适合女性学习的专业，实现了男女同校的目标，改变了高等专科学校以男生为主体、短期大学以女生为主的性别差异。日本高等专科学校由于以工科为主，男生高达90%以上，而短期大学以教养教育为主，女生占到了80%以上，专科学校则成为二者的综合体，2000年在专科学校在校生中，男女生分别占45.9%和54.1%，2010年45.6%和54.4%，保持了性别的均衡状态，体现出专科学校学科专业优势：文理皆有、男女兼收、综合发展的办学方向。

三、短期大学、专科学校制度改革

面对高等教育适龄人口不断减少的趋势，早在20世纪80年代日本政府就陆续出台改革措施，以便避免因人口结构变化给高等教育带来的严重影响。例如1984年日本出台了学分互换制度，规定短期大学与四年制大学可进行学分互换、在两年制短期大学修得的学分数（64学分）可与大学二年级互认、短期大学毕业生可插入大学三年级等。上述作法加强了短期大学与四年制大学的衔接，在制度上为二者的合作发展打通了道路，从而在一定程度上满足了短期大学毕业生继续求学、深造的需求以及社会企业对职业教育要求不断提高的愿望。但是，日本高等教育适龄人口的不断减少，对以民间或社会力量为办学主体的短期大学来说，生源不足的厄运难以躲避，短期大学命运不得不引起人们的深思。面对这一危机，短期大学采取了积极的探索与改革，各项政策措施不断出台，但是仍难以扭转入学人口不断减少的尴尬局面，短期大学无论是在学校数量还是在校生数量方面都逐年下降，尤其是进入21世纪之后入学人口递减态势更加明显，如何有效阻止这一事态进一步恶化？关系到日本短期大学的生死存亡。

总体看日本短期大学具有一定的脆弱性，一是学校数量多、规模小，二是私学性质突出。私立高等教育机构数量大、增速强，但学校的在校学生数量少、规模小等也比较普遍性。在短期大学成立的20世纪五、六十年代，平均规模为200到400人的短期大学占短期大学总数的28.3%，400至600人的短期大学占短期大学总数的19.5%，600至1,000人的短期大学占短期大学总数的16.5%。即使是到了现在，短期大学的平均规模也不超过800人，大部分短期大学为千人以下规模的学校。因此，在原有小规模的情况下，如果生源再持续递减的话，短期大学的经营将会受到直接的威胁。与之相关，日本短期大学90%以上为私立学校，国家很少给予财政支持，财政基础薄弱，对于以学生的学杂费为主要经费来源的私立短期大学来说，今后如何发展至关重要。在日本产业结构和就业结构不断变化的背景下，私立短期大学为了应对目前发展所面临的困难，采取了一系列措施，主要包括：第一，以社会发展为基础推动学科的多样化发展。日本私立短期大学主动调整学科和专业设置，积极改变过去偏重家政、教育和医疗等方面的学科结构，培养社会急需的信息处理技术人才、能与国际交流的外语人才以及社会保健医疗人才等等。此外短期大学还及时地改变以往的教养型学科设置，增设了职业型学科专业。从1986年到1990年期间，短期大学增设信息相关学科专业35个，医疗技术相关专业学科38个，秘书教育相关专业9个，英语相关专业41个。同时在教育课程中，短期大学也相应增加了职业类科目。随着科学技术的迅速发展，日本的信息量大量增加，短期大学在调整学科设置时，努力适应社会信息化发展，主动担负起培养信息技术人员的重要责任。与此同时，日本自1991年起在短期大学课程设置方面还实施了新的课程设置基准。新基准对课程科目的设置规定和学生的毕业条件作了修改，允许开设一定的授课科目，编制自成体系的教育课程。第二，满足更多的社会需求，推动教育终身化发展。短期大学改变了以往招收学生的年龄层次，开始向社会人员和老年人等年龄层的方向发展，很多想继续接受教育的人由此而获益。日本短期大学一方面在经济社会的情报化及国际化到来的情况下不断增设新专业以培养应用型人才；另一方面，短期大学向高学历化方向发展，加强与大学三年级的衔接。此外，许多短期大学开设了面向地方居民的公开讲座等活动，及时地调整课程内容和方式，学校的文化娱乐设施免费向公众开放，为更多的人提供接受教育的机会。另外一些四年制大学的毕业生，由于职务上的需要，也会到短期大学所开设的日间部或是夜间部攻读所需要的职业技术课程，短期大学开设的日间部和夜间部可以为在职青年和成年人提供接受教育的机会。第三，加强自身发展推动制度的弹性化。在教师资格方面，依据短期大学设置基准，作为教授和助教的资格，以前都是由有教育经历并且在研究上取得一定成绩为条件的，而现在没有教育经历的裁判官、外交官和专门技术者，只要在本领域之内有相关经验和优秀的学识，并且在教育研究方面有一定的能力，就可以考虑聘用为教授或助教。在授课时间方面，短期大学不再区分昼夜，相应的开设夜间授课，还有的短期大学除了原则上的夜间授课制外，还增设了周六下午的授课。这样短期大学的授课时间在一定程度上也实现了弹性化。

在专科学校方面，1994 年 7 月，日本政府修改的《专科学校设置标准》中写到："废除修改前专业教育课授课时数必须达到十分之一的规定，以社会多种需要为基础，"以扩大学校办学自主权。同时还指出，达到一定条件的专科学校毕业生授予"专门士"（专门士是指专业性职业资格）的称号。所谓一定条件是指（1）修业年限两年以上；（2）总授课时数为 1,700 学时以上；（3）根据考试成绩认定其课程是否修完。2003 年经文部大臣认可有权授予"专门士"的学校达到了 93%，2010 年几乎达到百分之百，此种专门职业资格授予权的获得为专科学校的教育改革提供了出路。另外，专科学校与大学制度壁垒的消除、专科学校成绩优秀的毕业生可直接插入大学三年级学习的改革措施为希望继续学习的专科学校毕业生提供了良好的机会。1998 年日本文部省通过修改《学校教育法》明确规定：修业年限两年以上、总学时数为 1,700 以上的专科学校毕业生可编入大学三年级继续学习。上述政策措施有效推动了专科学校的改革与发展。目前，日本专科学校向社会各界开放，积极开展在职培训和职业资格教育，专科学校的发展又多了一条新的出路。

除上述改革措施之外，日本专科学校自20世纪90年代以来，还积极发挥自身职业教育的办学特色，推进职业教育与职业资格融合沟通事业的发展，实现职业教育与职业资格合二为一的大胆设想。社会各界认为，在高等教育普及化阶段，学历证书已不再是就业或择业的唯一条件，它应和职业资格有机结合，而资格与职业的关系不断坚强，使学历社会逐渐向资格社会转型。这一转型对以职业教育为主体的专科学校来说无疑是绝好的发展机遇，为在职人员和高等院校毕业生获取职业资格提供了机会。据日本文部科学省调查表明，1999年有2万名大学、短期大学和高等专科学校的在校生进入专科学校专修职业资格课程学习以获得专业职业资格证书。据统计大学毕业后直接进入专科学校的学生已占到45%，其中短期大学毕业生达到了70%[15]。专科学校的改革与探索使其找到了新的发展空间，使其专业领域广、学科专业多、实用性强的优势特征得到了极大程度地发挥，较好地满足了大众的需求。然而，这并不是说专科学校高枕无忧，仍然需要不断改革，加深产学研合作、承担企业员工培训任务和接受政府的委托是未来专科学校深入探索的新领域。随着日本企业终身雇佣制度的不断弱化以及企业内员工培训教育经费的削减，在职培训经费越来越多的转嫁到员工个人身上，此种情况对以职业教育为主体的专科学校来说是一个极好的发展机遇：发挥专科学校综合性、专业性和实用性优势，加强校企合作，承办企业内各种在职培训业务。同时，日本专科学校还在探索与政府的进一步合作。如在“产学合作专修学校高级职业人才培养协议会”开展的各项合作业务中，专科积极接受政府委托，开展失业人员职业技能培训、高级职业人员和新兴职业人员培训等。

第四节　职业研究生院制度及其功能

职业研究生院是21世纪初日本创设的一种以培养具有较高能力的实务型高级人才为目的的职业教育机构，该机构的办学特色是获得高级职业资格。职业研究生院的产生不仅提高了日本职业教育的层次，也拓宽了研究生阶段教育的功能，使研究生教育由单一的理论人才培养扩大到理论与应用型人才培养，提升了为社会输送高层次应用型人才的能力，具有划时代的意义。

一、职业研究生院制度的产生

职业研究生院产生于2003年，以培养具有高级职业能力的实务人才为目的，重点开展教育实践研究活动，是一种新型研究生层次的职业教育机构。职业研究生院的产生是时代发展的需要，更是日本社会经济发展政策以及国家经济发展战略的必然。20世纪90年代，日本社会经济面临着重大变革，特别是在经济停滞不前、甚至出现负增长的背景下，日本政府为转变经济增长方式，制定了科学技术创新立国的基本国策，为科学技术、学术界和教育界改革指明了方向。从教育领域看，教育体制的改革、教育的高层次和个性化发展成为教育改革的主旋律。其中适应专业性强的新兴职业需要，培养高层次职业人才成为重要的改革课题之一。在此种社会背景下，日本通过修改《学校教育法》于2003年正式出台了《专业职业研究生院设置标准》，该标准的出台标志着专业职业研究生院制度的产生。修改之前的日本《学校教育法》第60条规定，“研究生院以教授研究学术理论与应用、探究其深奥、推进文化发展为目的”。修改之后的日本《学校教育法》规定：“研究生院教授研究学术理论、探究其学术深奥，同时还要承担专业性强的职业知识和卓越能力的培养，推进文化的发展”。在该法第二项中还特别添加了“在研究生院中，以培养从事高级专业性职业的知识和卓越能力为目的的机构就是专门职业大学院（专业职业研究生院）”的有关规定。在此背景下，日本颁布了《专业职业研究生院设置标准》，指出：专业职业研究生院开设的“专业职业学位课程以培养从事高级专业性职业人才，教授研究深奥学识和卓越能力为目的。”自此，日本研究生院制度以修改《学校教育法》为契机，研究生院教育开始由单一趋于二元多元化，其功能也由传统的研究生教育向职业研究生教育发展，使研究生院从只培养理论型人才向理论与应用型人才共同培养的局面转变。研究生院二元制度的产生，对整个高等教育改革产生巨大影响，具有深刻而广泛的意义。综上所述，职业研究生院的产生适应了日本经济转型的需要，是在科学技术创新立国基本国策出台后，高级应用型人才匮乏、急需一批具有国际化水准的职业型人才的前提下孕育而生的。

二、职业研究生院的运行模式

日本职业研究生院采用内涵式发展方式，是在原有办学条件完善、基础扎实、有特色的学校或学科基础之上设置的一种职业性研究生教育组织或机构。该研究生院利用学校强势学科的现有资源，吸收具有实践经验的教师，强化实践设施设备，进行实践性能力训练，培养知识基础扎实、实务能力强的高级应用型人才。根据《专业职业研究生院设置标准》要求，无论国立还是私立只要达到设置标准的大学都可以设置职业研究生院。职业研究生院在设置主体上未出现“国学为国家所必须”、“私学为庶民所需要”的区别，体现出了公平竞争的理念。在日本目前开设职业研究生院的大学已达 130 所，涵盖 185 个专业，涉及法律、教育、会计等 9 个领域。从职业研究生院的课程设置看，职业研究生院除去一般研究生院开设的硕士课程、博士课程之外，还要增设一些职业技术类专业的学位课程，并承担如下教学目的——为担任具有高级专业性的职务而培养高深的学识及卓越的能力。职业研究生院的修业年限一般为 2 年。但是，根据不同专业领域的特殊需要，也可以1年以上、2年以内完成学业。另外，对于具有实践经验的职业人士，还可以为职业研究生院的学生开设1年制或多年制的职业型学位课程。从职业研究生院的师资队伍看，职业研究生院的教师除了在专业领域内具有教育业绩和研究业绩之外，还要求在高级职业技术和技能方面具有特别优秀的知识和经验，此外，还要求在所担当的专业领域内具有很强的教育指导能力。职业研究生院教师与学生人数的比例要相当于一般研究生院的1.5倍。师资队伍中有丰富实践经验者要占30%以上，而且要能够胜任职业型学位课程的教学工作。另外，这部分教师的编制不能算入大学本科、硕士课程、博士课程的专职教师之内，是必须另外建立的师资（在2013年以前，各校可根据情况暂缓执行）。获得了职业型学位的人，如果被认定具有在大学任教的能力，就可以与一般硕士学位、博士学位获得者同样地获得大学副教授、教授的资格。从职业研究生院的教学方法看，学术型研究生院只规定根据专业领域的需要而设置必要的教学科目，要编写出成体系的教材，而职业研究生院为了达到自己的教育目的，要采取更强有力的措施。具体说来，要求增加事例研究、课堂讨论、现场调查、互动式教学等教学方法，还要求教师把年度的教学计划、教学内容、教学方法等事先向学生公布。为了保证毕业成绩评定的客观性和严肃性，要求向学生公布成绩评定的标准，并且围绕此问题开展研修活动。另外，职业研究生院学生在其他研究生院所学习的课程及获得的学分可以被承认，但这部分学分的总数不得超过本校规定的毕业学分总数的二分之一。从职业研究生院的毕业条件及学位颁发看，职业研究生院的学生要在校学习2年以上，获得30个学分以上，可是实际上却相当灵活。关于学位的颁发，职业研究生院颁发的是“学科硕士（职业型）学位”。

综上所述，职业研究生院与传统研究生院明显不同，其具体区别如下表所示（图表5—12）。

	传统的研究生教育	新型职业研究生教育	法学研究生教育
修业年限	标准 2 年	修业年限没有具体规定，均由各专业自行决定。	→同左（标准 3 年、法学专业毕业生可缩短为 1 年。
毕业资格	•修業年限 2 年以上者 •修完 30 学分以上 •接受必须的研究指导 •硕士论文审查合格者	→同左 •修完一定学分（各专业领域规定的学分）。	→同左 →修完 93 个学分以上者。
教师配置	•配备教育研究必要的师资 •配备一定数量的教育研究指导教师 •师生比不能超过上线（师生比虽然由各专业领域确定，但法学专业规定在 20 以下） •实务家教师的配备不作具体。	•配备经认可具有高级职业教育指导能力者 •不要求配备研究型指导教师 •各专业领域规定师生比最低标准 →同左	•配备具有高级教育指导能力者 →同左 →同左（15 人以下） 同左（配备 20% 以上）。
教学方法	—	→同左	→同左（＋现场实习） •以小班授课为标准
研究指导	必须实施研究性指导。	•不要求实施研究性指导。	→同左
外部评价	—	•各专业领域有义务连续性第三方评估。	•有义务接受连续性第三方评估（职业资格性认定）。
学位种类	修士（○○）。	•与已有硕士、博士学位不同，根据学科专业授予○○硕士（职业硕士）○○博士（职业博士）；对修业 3 年以上的根据法律规定授予（○○）博士（职业博士）。	•授予法务博士（职业学位）。

图表 5－12　传统研究生院与职业研究生院的比较

资料来源：根据《大学财务经营研究》第 1 号第 38 页和日本《学位规则》第 5 条制作而成。

三、职业研究生院类型及规模

日本职业研究生院自2003年开设以后，每年都有新的学科种类出现。目前，日本职业研究生院的种类包括如下内容：（1）法学院。法学院是培养司法（法律）专业人才的机构。法学院聘请律师、审判官、检察官等担任教学实务指导。大学本科专业为法律学的毕业生学习期限规定为二年，大学本科为其他专业的毕业生学习期限规定为三年。按2006年开始实行的“新司法考试”规定，法学院的毕业生不仅具有司法考试资格，并且其合格率目标提高至50%～70%。另外，根据《律师法》规定，从2008年开始，法学院毕业生可以免除司法考试中的工业所有权这一考试科目。从2011年开始，司法考试的应试对象限定为法学院毕业生及通过“模拟考试”者。（2）工商管理专业学院。工商管理专业学院是以掌握国际开发协作、技术经营、财务、知识产权等专业知识为目的的经营管理学研究生院。根据其研究教学的内容不同，可分为颁发MBA学位的商学院（设有以培养企业家精神为主的MBA），及以财务管理为重点的MBA等专业领域的实践教育课程；颁发MOT学位的技术经营研究生院，主要对包括产品和服务在内的新技术产品进行管理，并在研究开发、技术开发、产品生产及提供服务的过程中，对企业组织内部进行技术革新；知识产权研究生院主要为培养申请办理专利、著作权、商标权、实用新颖专利等知识产权手续的专利代理人而设立，对相关专业进行实践和研究指导，为企业、专利事务所、大学等机构培养知识产权实务专家和专利代理人。（3）会计学研究生院。2008年开始执行新的注册会计师考核制度，相应地日本成立了会计学研究生院，授予毕业生会计学（专业）学位。按有关规定，会计学研究生院毕业生可免除一部分注册会计师考试中财务会计学概论、管理会计学概论、审计学概论等三项考试科目。会计学研究生院不是注册会计师的专业教育机关，其目的是为了培养国际社会的通用型高层次专业人才。（4）教职研究生院。日本从2008年开始，在全日本高教界广泛设立教职研究生院，其目的是为了培养兼备实践指导能力的新一代教师，对活跃在学校第一线并具有领导能力的教师进行培养。第二次世界大战之后日本对中小学教师的培养主要在大学本科中进行。当前，为了适应社会高度专业化需求，中小学教师培养的重点转移到了研究生院。教职研究生院的入学对象为取得教师证的在职教师。毕业生被授予教职硕士（专业）学位。(5) 公共政策研究生院。以满足国际机构、日本中央省厅、地方自治团体等人才需求为目的，是培养学生解决知识应用问题和政策立案能力而设置的专业领域。学校主要聘请公务员、企业经营者、记者等实践指导者，参与公共政策实务能力的人才培养。学院招收大学应届毕业生、公务员及有志于提高工作能力的社会在职人员等。按有关规定，毕业生可授予公共政策硕士（专业）、行政硕士（专业）、公共经营硕士（专业）等学位，并可免去一部分公务员考试科目。公共政策研究生院不仅为公务员考试提供教学服务，还为解决实际应用问题和制定政策培养人才。(6) 公共卫生及医疗管理研究生院。公共卫生及医疗管理研究生院主要对在社会医疗保健领域及医疗经营管理有关的高层次专业人才进行培养。学院招生不仅限于医师、口腔医师、药剂师、护士等医务人员，还招收法律学、经营学、传媒学及心理学专职人员。(7) 护理及福利研究生院。目前日本只有天使大学设立了护理研究生院。该学院的护理专业为具有国家护士考试资格及持有护士证人员学习妇产科而设立，主要培养妇产科助产师，其性质为妇产科助产师专业研究生院。另外，目前只有日本社会事业大学开设了福利研究生院。该学院的福利专业是为培养具有专业知识和特别技能的社会工作者服务。预计将来护理及福利研究生院会随着社会需求的增加而不断增加。(8) 临床心理研究生院。临床心理研究生院设立于2005年，为培养临床心理师而设立。该研究生院开设心理学专业课程，培养解决和研究心理问题的专家。临床心理师必须进入由“财团法人及临床心理师资格认定会”所认定的研究生院学习，毕业后必须通过临床心理师资格考试并获取合格证书。按有关规定，从2007年开始，临床心理研究生院的毕业生可免除临床心理师资格考试中的小论文考试。(9) 理工学专业研究生院。理工学专业研究生院专门培养既通晓专业知识，又掌握系统化技术、企业秘诀、信息技术及工业技术方面的高级专业技术人才。该学院开设的信息技术（IT）专业旨在培养学生掌握高深应用信息技术能力，并兼学理工学及经营学等相关知识，对具备管理能力，并在信息技术（IT）行业和计算机软件行业中发挥领导作用的技术骨干进行培养。该学院中设立的工业技术专业旨在培养工业系统设计者及原子能专家。(10) 艺术及家政研究生院。最近，越来越多的日本大学根据各自的专业特点增设了艺术及家政研究生院。目前，日本开设了 5 所艺术及家政研究生院，其专业学科分别为电影制作研究、影像数据信息研究、服装设计生产研究、美容业经营研究、商业设施设计经营研究等。(11) 教育及国际研究生院。教育及国际研究生院始于 2006 年，为高度重视实践和交流的教育研究，以培养高层次知识和实践指导能力人才为目的。目前，日本只有 2 所大学开设了教育及国际研究生院。其入学对象为持有中学教师证及高中教师证人员。按有关规定，修满学分者可获取教育硕士（专业学位）、英语教育硕士（专业学位）、日语教育硕士（专业学位）等学位。[16]

日本职业研究生院目前开设的专业有经营管理、公共卫生、医疗经营、法务、知识产权、公共政策、MOT（技术经营）、MBA、教师教育、会计国际金融等国际通用型专业课程，类型达到了 39 种，其中开设法律（律师、监察员）、教师教育、商务经济或技术经营等专业的学校较多。职业研究生院的学科专业多集中在社会科学领域，社会科学领域的在校人数也一直居高不下。2006 年社会科学领域的在校人数占职业研究生院在校人数总数的 94.8%，该数字在 2011 年虽然降至 83.1%，但仍然是职业研究生院入学人数的重要组成部分（图表 5－13）。从在校生的学校分布看，国公私立学校基本为 32.2%、3.5%和 64.3%，私立学校发挥着重要作用。因为，私立学校的优势在人文和社会科学领域，在职业研究生院以社会科学为主体的情况下，固然私立学校可发挥其应有的优势。

区分	各专业在校生结构									
	共计	人文科学	社会科学	理学	工学	医、齿学	药学	家政	教育	其他
2006 年	100	0.3	94.8	—	0.5	0.3	—	—	0.2	3.9
2007 年	100	0.5	93.9	—	0.8	0.5	—	—	2.3	4.1
2008 年	100	0.7	90.7	—	1	0.6	—	—	3.1	3.9
2009 年	100	0.9	96.9	—	1.3	0.5	—	—	5.9	4.5
2010 年	100	1.1	84.7	—	1.5	0.5	—	—	7.2	5.0
2011 年	100	1.2	83.1	—	1.6	0.5	—	—	7.7	5.0

图表 5－13　职业研究生院各专业在学人数

第五节　日本学校职业教育特征及其对我国的启示

日本高等职业教育质量与数量均衡发展得以实现源于其制度结构的双重性：国学与私学各自承担的不同任务和使命。国立职业院校肩负高级职业技术人才培养，私立专门职业教育机构承担职业技术和生活技能的培训，定位明确，各尽其责，有序运行。

一、日本式二元制度结构具有保障质量、促进规模发展的基因

日本高等教育制度的显著特征表现为二元结构：需求主体→办学主体→学校属性→学校类型→功能定位。而这种系统性的二元结构有效地解决了质量与规模问题，在职业教育领域解决了高级、工程技术人才和初中级专业技术技能型人才的供需关系，实现了职业人才或应用型人才类型与市场需求基本匹配的目标。评价教育结构的合理程度有内外部两个视角：从内部来看，主要依据是各级各类教育是否协调

发展、规模是否大致匹配；从外部来看，主要依据的是教育的类型和学科专业是否与经济社会发展需求基本匹配。日本式二元结构形成的初衷就是要通过两种不同的教育制度体系解决“国家必需”和“大众需求”的问题，完成培养国家必要型少数精英、提高国民大众素质的使命。基于这一办学理念，自明治时期就形成了两种教育制度，国学与私学、普通与职业，特别是在两种不同属性的学校制度内部，形成了普通与职业教育共存的制度框架，为不同层次、水平的均衡发展——精英型理论人才和应用人才、大众型理论人才和应用人才的培养和基本匹配——奠定了坚实的基础。

国学的社会定位要求其必须坚守“卓越”，不断提高教育质量，为国家提供高质量的应用型人才，这就决定了国学的发展方式：高水准的办学条件、实用类和工科类学科专业的集中、入学竞争的激烈；而私学大众化的社会定位也决定了其自身的发展方式：宽而松的学校设置标准、简易的办学条件、以文科为主的学科设置，较低的入学竞争等。可以说日本高等教育结构具有保障教育质量、实现规模化、均衡化发展的基础和基因，是精英教育和大众教育制度的结合体。

二、日本职业教育并非实现大众化的路径

基于马丁·特罗的理论，高等教育规模化发展需要有与之匹配的制度结构，即大众化与多样化发展同步进行。按照这一理论分析日本高等教育推进大众化进程，可以肯定的说，日本高等教育大众化并没通过多样化来实现，而是由单一的学校类型，即四年制大学走过了大众化历程，其中私立四年制大学发挥了重要作用。也就是说，日本高等教育大众化的实现并没从根本上改变教育结构和体制，只是高等教育规模的扩大而已，没有出现马丁·特罗理论中涉及到的教育体系、结构内部的变化，表明了日本职业教育在实现高等教育大众化过程中，并未作为普通高等教育的补充。确实如此，第二次世界大战后60年代，高等专科学校制度主要由于推动经济发展、产业结构转型等经济因素而产生，70年代以私立专科为主体的专科学校制度是在

日本高等教育进入大众化以后，强调高等教育向多样化、由学历主义、向能力主义转移的政策背景下出现的，两种制度虽然产生的背景不同，定位各异，但均以培养应用型或职业型人才为目的，突出了职业教育特有的功能作用。因此，在高等教育进入普及化的今天，日本专科学校依然保持稳定的发展，办出了自己的特色。

三、对我国的启示

（一）中央政府应承担起优质高职院校的办学主体

在经济后发型国家，由于教育投入滞后于教育需求，民间投入不足、政府投入有限等因素，诸多国家选择了优先满足支撑国家科技发展的优质高等教育，在优质高等教育领域发挥主导和主体作用。日本学者将此种以国家需要为主的办学模式称为东亚模式，其中有日本、韩国和中国。然而，同为东亚模式，但对优质教育的范畴界定却相差甚远。邻国日本高等教育发展史证明，优质高等教育应由普通教育和职业教育两大类型构成，中央政府既要承办研究型院校，亦要开设职业型院校，在优质高等教育领域形成普通教育与职业教育双轨制体系，这样才能满足经济社会对高级人才多元化、高层次的需求，同时也符合优质教育多元化发展方向。日本自高等教育制度产生以来，一直将高职院校视为中央政府承办优质高等教育的重要组成部分，通过立法进行制度创新：开设国立高等职业学校，培育优质高职教育，力求构建精英教育二元制度体系。与之相比，我国在20世纪90年代末期高等教育结构调整、重组初期，普通高校开始分类发展：研究型、教育研究型和教育型，以便使其适应经济社会多元化发展要求。但是，高职院校仍采取整齐划一的粗放型发展方式：扩大规模、满足大众需求，从而出现高职院校办学主体基层化、隶属管理权重心下移等问题。

当然，以地市级政府为主体的高职教育发展模式符合我国区域经济发展需要和穷国办大教育的战略思路，是切实可行的战略选择。但是，将整个高职教育归到非优质教育范畴，交由地方和民间团体承办不符合我国打造制造业强国的战略目标需要，也有悖于“投资者受益”，即谁需要谁负担的付费原则。根据技能性人才类型供给情况，目前我国高级技能型人才缺口巨大，供不应求现象十分突出，高级技能性人才一人难求的现实多年来一直不见好转，且有进一步加剧之势。其主要原因是高级技能人才培养的受益方与成本支付者的关系不对称：投资者并非受益者，以致出现优质高职教育资源的提供者或承办方一直缺位。投资者收益的逻辑关系分析，省、地市级职业院校主要为区域经济社会培养技能性人才，具有很强的区域性，而服务于全国和跨区域经济以及国际社会的高技能性人才培养的优质高职教育资源则应由中央政府提供，中央教育财政充当起办学或投资主体，既往地方政府出资，中央受益的高等职业教育发展思路难以推进，必须改变。“高等教育属于准公共产品，具有一定的社会公共性，受益主体既属于个人也离不开国家，二者密切相连，难以分割。但是谁是主要受益者？是根据国家和地区长期发展战略制定还是基于个人需要制定，二者的侧重点有所不同，由此产生了高等教育不同的需求主体。”[17] 日本著名学者矢野真和就此进行了系统研究，力求探究教育成本由谁负担的问题，指出，“高等教育可概括为公共收益高的国家必要型和个人收益高的个人需要型。国家必要型高等教育肩负着培养国家所需人才、承担着国家重大研究与开发的重任，它的存在直接关系着国家社会发展的前途与命运；国家必要型高等教育是根据社会需要解决教育供求关系。”[18] 按照这一解释，分析我国赋予高职教育的使命：“高等职业学校要服务于国家“走出去”的战略和大型跨国集团和企业的境外合作，开展技术培训，满足企业发展需要和高技能劳务输出需要”；“全面落实教育规划纲要，职业教育要紧紧围绕国家战略需求”发展现代产业体系赋予职业教育新任务；“十二五”时期，加快发展现代农业，提高制造业核心竞争力”等等表明了优质高职教育的需求主体和受益主体均为国家或全社会，属于国家必要型。基于矢野的解释，“国家必要型”是指，“为实现国家经济社会发展必不可少的教育，它是由有必要改善社会现状，构建理想未来这一社会价值判断来支撑的”，该解释明确了国家既是需求主体也为受益者，由中央财政投资，承担其教育成本合情合理。“高等教育的制度设计必须充分考虑受益的外溢性这一特点，从而促使制度的设计能够满足投资者收益的要求。”[19] 或许正是如此，在日本私立学校占高校总数80%的比例格局下，中央政府从不放弃对优质高职教育的主办权，将其紧紧把握在中央政府手中，通过中央财政性拨款，设立高职院校，打造职业教育品牌，推动高职教育健康快速地发展。日本社会认为，社会经济发展需要理论精英，更离不开应用型精英，只有二者有机结合，相互支撑才能有效地推动科技创新与成果转化，使其迅速带来经济效益。

（二）中央政府应承办优质工程技术和技能型高职院校

中央政府开办优质高职院校的目的在于培养高级技术和技能性人才，服务于国家“走出去”的战略和大型跨国集团以及企业的境外合作等。此类院校以工、农等工程技术为主体，属于高投入、高配置的教育领域。它虽然不需配置研究型院校一样的一流实验设施、设备和著名教授，但需拥有充足的、先进的教学仪器、实验室、实习实训设施设备和具有实践经验的高级技能培训师。“无论在哪个国家与地区，无论对哪一级的教育而言，正规职业技术教育的成本总体上都大大高于与此对应的学术型普通教育的成本。”[20] 因此，优质工程技术和技能型高职院校的发展需要中央政府出面，给予财政支持。

近20年来，我国高职院校发展速度惊人，规模超过千余所，但是“同种”、“均质”现象十分严重，文多、工少、质量差，学生难以掌握一技之长的现象普遍存在。以河北省高职院校的专业构成情况为例，商业贸易，餐饮业类、社会服务业比例远远高于制造业类、电子信息技术以及采掘业、交通运输，仓储及邮电通信业、农林牧渔业、电力、煤气等生产和供应专业。例如，从23所高职院校专业设置数量排行榜分析，会计电算化、旅游管理、电子商务、商务英语、计算机与信息管理、市场营销等分别排在前1~6名，均集中在第三产业，说明了以第三产业为主的专业大大多于第一、第二产业的专业。河北省是农业大省，而其农林类专业比例低。不适应河北产业结构发展的需要，更有悖于通过高职教育培养高级工程技能性人才，推动河北省经济快速发展的战略目标。换句话说，投入少、见效快的文科专业在全国各地普遍居高，不适应高职教育主要满足我国工业、制造业、农业机械化发展的战略需要。与此同时，同类院校定位趋同、缺少特色、低端、低质，甚至挂着工科类职业院校的牌子却未能开设相关课程、开展有针对性的实验和实训活动，名不符实的院校屡见不鲜，相反，科学规范的高级工程职业技术院校少而又少，难以形成一批能代表我国高水平工程技术、技能性的高职院校，此种情况直接影响着我国高级工程技能型人才的培养，制约着我国科学技术的改造与应用。为此，中央政府应将高级工程技术和技能性教育纳入我国优质高等教育领域，打造一批高质量、高水平的工科职业院校，填补优质高职教育资源的缺位。具体操作方法可以考虑以下内容：一是，中央政府通过对符合国家经济发展战略需要的优质专业和学校给予一定比例的拨款或中央政府出资设立部分关系到国家产业结构调整和经济增长方式转型的优质工程技术类职业院校，使其成为职业类精英型院校。二是，充分考虑我国产业特点，分布学校网点，形成强势产业、拳头产品与学校专业特点对接的工程技能人才培养基地，以服务于国家经济中长期发展战略需要。邻国日本正是基于这一考虑，自明治时期在教育财政极其匮乏之时，中央政府就出资开办了与国立大学数目相等的实业学校，学科专业重点集中在工、农、水产、医疗领域。特别是第二次世界大战之后，在产业结构向重化学工业转移的经济政策引导下，日本政府坚持理论精英与实用精英共存并重的办学理念，基于从南到北、从东到西的战略目标，全国开设了90多所以工业、信息、船舶为主体的高等专门学校（五年制）和部分医疗卫生短期大学，为国家支柱产业、大型企业输送了大批高级技术、技能性人才，亦为产业结构转型和拿来主义的技术改良提供了一批又一批产业精英、优质的人力资源。有人说，日本之所以能迅速崛起，原因之一是日本政府在重视高精尖人才培养的同时，从未放弃工程技能性人才的培养，一直将打造优质工程职业技术和技能教育视为发展高等教育的要务，大力开办实业学校、工程职业学校，强化产业型和职业型高级人才的培养。第二次世界大战之前的大批国立实业学校、第二次世界大战之后的国立高等专科学校和短期职业大学的产生使日本有效地解决了“学”与“术”二者之间的关系。

参考文献：

[1] 赵应生、钟秉林、洪煜．转变教育发展方式：教育事业科学发展的必然选择 [J]．教育研究，2012（1）：32～39.

[2] 天野郁夫．日本高等教育结构 [M]．东京：玉川大学出版社，1986：24.

[3] 天野郁夫．日本高等教育结构 [M]．东京：玉川大学出版社，1986：49.

[4] 山住正己．日本教育小史 [M]．东京：岩波新书出版，1991：26.

[5] 天野郁夫．日本高等教育结构 [M]．东京：玉川大学出版社，1986：26.

[6] 张玉琴．中日职业教育区域研究 [M]．保定：河北大学出版社，2005：248.

[7] 文部省统计要览 [M]．各年度，东京：大藏省印书局．

[8] 张玉琴．中日职业教育区域研究 [M]．保定：河北大学出版社，2005：237.

[9] 文部时报（J）.2003（3）：40.

[10] 文部时报（J）.2003（3）：40～41.

[11] 日本短期大学协会 50 年史编辑委员会．日本私立大学 50 年史 [M]．2000：22.

[12] 吴雪萍．国际职业技术教育研究 [M]．西安：陕西教育出版社，2004：5.

[13] 周谊．1955～2002 年日本私立高等教育发展统计研究 [J]．重

庆职业技术学院学报，2006（2）：1～4.

[14] 周谊．1955～2002年日本私立高等教育发展统计研究［J］．重庆职业技术学院学报，2006（2）：1～4.

[15] 日本每日新闻［N］．2000年1月15日.

[16] 江虹．日本专业学位研究生院：模式、作用及意义解析［J］．上海商学院学报，2009（3）：28～31.

[17] 张玉琴．日本高等教育数量与质量的均衡发展［J］．教育研究，2006（2）：84～89.

[18] 张玉琴．日本高等教育数量与质量的均衡发展［J］．教育研究，2006（2）：84～89.

[19] 张玉琴．试论日本高等教育均衡发展的重要途径［J］．日本学刊，2005（5）：124～134.

[20] 施迎春．国外高校薪酬制度解析及对我国高校薪酬管理的启示［J］．人力资源管理，2010（1）：7～8.

第六章　日本高等教育质量保障体系的形成与发展

日本高等教育质量保障体系是提高教育质量、保障教育活动不断完善的重要环节；是解决教育质量与数量协调发展的调控手段；是构成日本高等教育发展方式的重要组成部分。

日本传统的高等教育质量保障体系主要由“宽进宽出”型和“严进宽出”型两大类型构成，前者有助于促进学校的大量产生和学生规模的迅速扩大；后者有利于提高教育质量、保障教育品质。两种类型的质量保障体系均有上百年的历史，它们无论是对于扩大教育规模还是对于提高教育质量都发挥了推动作用，特别是依据这两种质量保障体系制定的学校设置基准对于解决教育质量与数量均衡发展以及普通教育与职业教育的协调发展起到了极大的推动作用，甚至是决定性作用。然而，随着时代的变迁，日本以学校设置基准为核心的质量保障体系逐渐显得苍白无力，无法满足现代社会对教育质量不断提高的新要求。于是，20 世纪 90 年代后期就产生了与传统质量管理模式不同的现代教育质量保障新体系。这一体系是在控制教育规模政策前提下，以提高高等教育整体水平、提升国际竞争力和提高公共教育资源配置的科学性、合理性，使其更加符合国家以及社会发展的战略需要为目的建立起来的。

日本高等教育质量保障体系的形成经历了两个阶段：一是传统的“宽进宽出”和“严进宽出”阶段；二是“宽进严出”阶段。第一阶段的主要依据是学校设置基准，通过制定并落实学校设置基准来保障高校教育质量。其特征是以建校时的办学条件作为依据，判断申请者是否具备办学资格，学校一旦成立便不再进行教育研究等方面的质量检查和监督，仅靠学校法人通过自我约束办学行为来维持和提高教育质量，这就是日本传统的“宽进宽出”和“严进宽出”型教育质量保障方式。与之相反，第二阶段的“宽进严出”型质量保障体系主要是通过外部（第三方）评估中介机构，对学校教育科研等进行客观和公开的评估。其特点表现为放宽设立学校的准入门槛，把紧学校的“产品”出口关。这种质量保障体系的转变标志着日本高等教育发展进入引进竞争机制的新阶段，在满足大众需求的同时，全面提升质量和办学效率，进而构建高等教育新秩序。

第一节　传统的“严进宽出”和“宽进宽出”型质量保障制度

自 19 世纪大学制度的产生到上世纪 90 年代末，日本高等教育质量保障体系一直沿用着传统的质量保障体系。这种质量保障体系不仅在日本，而且在世界其他国家的高等教育“精英阶段”都发挥了重要作用，为保障高等教育服务品质符合国家、社会和个人需要做出了贡献。然而，在日本传统质量保障体系中却出现了两种学校设置基准：一种是“严进宽出”型，即德国式的“设置认可”；另一种是“宽进宽出”型，即美国式的“基准判定”。这样就形成了二元结构的学校设置基准，其结果一是为解决日本高等教育质量与数量均衡发展这一重大课题发挥了积极作用；另一方面也造成同一层次的日本高等院校出现不同的教学水平，即“同种异质”问题。

一、“比照式”国立大学设置认可标准

高等教育机构的设立一般需要获得国家或州、地方自治体等（政

府部门）的认可。而认可程序通常为议会或行政机构长官对达到一定条件的申请者予以认可，允许申请者办学的方式。但是，需要满足何种设立条件却因国情不同而差异甚大。一般来说，学校设置认可的性质和所达到的水平直接关系到高等教育发展方式，即根据学校定位不同而形态各异，从而出现多元化的结构。例如，制定低标准、宽松条件的学校设置基准，就会导致学校的大量产生，这将有益于促进教育规模的扩大；反之，则有利于提高教育质量，保障教育品质。基于此，日本出现了两种高校设置认可方式：一种是欧式传统式的；另一种是美式近代式的。欧式传统式的认可方式适用于日本中央政府为设置主体的学校类型，即国立高等教育机构。日本政府认为，国立高等教育机构提供的教育服务对社会和国家具有重要作用，因此应提供高质量教育、培养高层次人才，以确保政府的服务质量和水平，这就要求政府必须进行准公共产品的“品质管理”。与此相对，美式设置方式适用于民间团体作为学校设置主体的学校类型，即私立高等教育机构。这是因为私立高等教育机构教育质量主要由市场调控，通过供需关系来提高和保障，政府不宜过多干涉。

19世纪中后期，日本中央政府在私立院校产生前夜，率先开办了以欧洲传统大学为范式的国立大学（帝国大学）和专科学校。前者是以德国（university）为标准的传统大学，后者是以德国工业、商业、农业等非大学为标准的专科学校（Technische Hochschule）。设立这两种学校的初衷是为国家培养理论精英和应用精英。因此，在学校设立初期就制定了严格的标准，并按照这一标准开办学校。但是，由于该标准没有以敕令或法律法规的形式出现，只是照搬德国大学的基本框架，按照德国大学的基本条件筹备设校，因此，战前日本没有出现与国立学校设置基准相关的法律法规或政策文本。战前日本的学校设置基准一般是以《学校令》或《敕令》、《规程》等形式出现的。例如，早期有《帝国大学令》、《大学规程》、《大学令》和《专门学校令》等法令，但在这些法令中并没有涉及国立大学具体的设置标准，更没有规定学校具体的办学条件，只是在《帝国大学令》中指出：帝国大学为官立大学，成立教授会，实行讲座制；内设研究生院和本科课程；对修完所规定课程的学生授予学位等，主要就学校的组织机构及管理人员的人选资格进行了详细规定，而很少涉及、甚至根本没有涉及学校的办学条件。从日本教育史料记载来看，战前国立大学的设置基准实际上是一种“比照式”的基准，即参照德国传统大学的标准，设置一所示范性大学，其后以此为标准模仿设校，因此将此种方法称之为“比照式”标准。“比照式”基准只适用于中央政府开办的国立大学，是一种政府设校、政府审查认可的方式，设置主体和认可主体同为一体，这就是战前日本实施的国立学校设置认可制度。例如，自19世纪后期到20世纪中期，在日本开设的一批顶尖级大学——七所帝国大学中，以1877年成立的东京大学为第一所，其后六所都是按照东京大学的设置基准和方式而陆续开设，形成了以东京大学为“比照”标准的国立大学设置基准。但是，战前日本的经济基础薄弱，且七所帝国大学都是在合并重组原有国立专科学校的基础上设立的，如东京大学的前身是东京开成学校和东京医学专科学校，其后又合并工学部等才逐渐发展而成综合性大学。京都帝国大学、东北帝国大学、北海道帝国大学、九州帝国大学等也都是采用同样的方式建立起来的。在当时经济落后、财力有限的情况下，日本难以投入大量资金设立德国式的综合性国立大学，因而只好选择整合资源，合并国立专科学校，参照德国大学标准，使其不断完善，来发展教育事业。正如日本学者天野郁夫指出的那样，“确实没有成文的统一设置标准，但国立高等教育机构的设立是以既有学校为基本标准，采用‘同型繁殖’的增设方式均衡设校。因此，国立学校设置标准即使没有通过法规的形式明文化，但有东京帝国大学、东京商业高中和东京工业高中作为样本，使其标准具体化。[1]”也就是说，要维持日本国立高等教育质量就必须严格按照既有学校标准新增学校，而是否达到既有学校的设校标准则由中央政府进行核实判断，对核实判断为达标的学校予以批准设立。日本将这种以既有学校为标准的核实认可方式称为“设置认可”方式。该标准自明治时期一直沿用至战后初期，为保障日本国立大学的办学质量，提高日本高等教育整体质量发挥了不可忽视的重要作用。“在日本高等教育制度的形成初期，国家制定了严格的设置标准，对达到标准的学校给予认可、允许设立。但这只是指国立大学和国立专科学校，不包括私立大学。[2] ”

第二次世界大战结束后，日本政府将战前国立专科学校合并重组为地方性国立大学，此时，日本中央政府基于高等教育民主、公平的教育理念，开始着手制定新的学校设置基准。1946 年，日本文部省学校教育局局长在大学设置基准会议上指出，要改变过去“内部掌握式”的大学设置基准，制定公平、统一的基准，并向社会公开。基于这一精神，文部省专门成立了大学设置委员会，明确了大学应制定统一的基准，该基准应该是新时期大学具备的基本条件，而非最高标准，这就是大学设置基准。新设置基准重点突出了设置各学科的基础教育课程和实施学分制两个方面，这是战前学校设置基准中所没有涉及过的。新的设置基准首先明确了各学科开设的基础教育课程，例如，人文科学类学科开设哲学（包括伦理学）、心理学、教育学、历史学、人文地理学、文学和外语；社会科学类学科开设法学、政治学、经济学、社会学、统计学、家政学；自然科学类学科开设数学、化学、物理、地理、生理学、人类学和天文学，以便为专业课打好基础。此外，根据学科特点，还可将其他课程纳入基础课程，基础课程根据各学科的学习目的和教学计划授课。另外，基础课程一律采取学分制（一周两节课，十五周为一学分）。基础课程开设的时间随着年级的提高逐渐减少，目的是引导学生由浅入深（由高中所学的知识逐渐深入），逐步进入专业课学习阶段，同时也为学生学好专业课打好基础。针对教师和教学组织的设置问题，新设置基准提出“为完成大学的目的和使命，根据需要开设讲座，（专业开设的组织形式采用讲座制）。讲座原则上由教授承担，暂时没有专职教授担任的讲座，经教授会批准可由兼任教授、副教授或讲师分担，但不能超过讲座总数的 50%。一个讲座中可设置副教授和助教。校长没有任免教师的资格，任免教师时必须获得教授会的同意方可执行。决定任免时，必须对其本人进行人格、学历、职业经历、著作及论文发表情况等项目进行资格审查，最终决定必须尊重教授会决议”。新设置基准不仅适用于新设的大学，同时也适用于已设院校，目的在于进一步规范大学的办学条件，防止出现大学教育研究水平下滑问题。根据这一规定，文部省设立了大学设置基准协会，要求在大学设立五年后，由大学基准协会对其进行检查核实，以判断学校是否达到学校设置基准。这一做法的目的是使大学基准协会在提高大学教育研究质量上发挥其功能作用。但是，大学设置基准协会只是对其会员校开展了形式上的审查评判，对提高大学的教育研究质量并没有起到真正的实质性作用。因此，日本大学未能像美国那样，通过民间协会评估来严格控制教育质量。

二、“放任式”私立大学设置基准

日本高等教育发展史表明：没有私立大学的存在就没有今天日本高等教育的繁荣。私立大学在高等教育大众化和普及化的过程中发挥了不可忽视的作用。由此不难想象，私立大学的发展选择了一条“宽进”、“宽出”型的发展之路。“宽进宽出”是指大学设置基准低、门槛低、毕业资格以及教学过程管理宽松、学生容易毕业、“进出宽松”的办学方式。“宽进宽出”型发展方式有利于扩大规模，满足社会对高等教育的需求。

日本私立大学的发展规模与高等教育需求量的增加同步推进，满足了供需关系。对此有人曾批评说，日本高等教育大众化或规模化发展是以牺牲质量为代价的。早在明治时期，日本私立大学采取了不同于“比照式”国立大学设置认可的“基准判定”标准。所谓“基准判定”是一种以最低条件为标准的学校设置基准，且其判定权由地方政府掌控。地方政府在审核判断时，一般以最低的私立学校设置基准进行审查核实，对认定为合格者批准设校。从严格意义上说，这种地方政府的判定实际上是“注册”的方式，没有什么标准，私立学校的设立处于一种自由放任的状态。特别在 1903 年《专门学校令》颁布以前，公私立学校设置基准没有法律法规或明确的政策文本可依，设置者只需向地方政府注册登记便可。20 世纪以后，为规范办学行为，日本政府相继出台了《大学规程》、《专门学校令》、《大学令》等一系列相关法律法规。其中，1903 年颁布的《专门学校令》及其实施规则《公私立专科学校规程》对学校设置基准作出了具体规定：公私立专科学校的设置认可权由地方长官统一归到文部大臣，由国家长官统一掌管，从此公私立学校的设置审批权统一在中央政府的手中。“教授高等学术技艺的学校称为专科学校”。“既设公私立学校依照本令，自该法令实施之日起一年以内，重新向文部大臣申请认可，获得认可的学校继续开办，未获得认可的学校，自接到不认可通知之日起视为废除。[3] ”认可条件按照《公私立专科学校规程》所规定的标准进行核实，以决定其是否合格。《专科学校入学者检定规程》对学生的入学资格和教师资格均做出了规定。学生入学资格为“中等学校毕业生或具有同等以上程度者”，从而统一了入学资格标准。关于专科学校教师资格，《公私立专科学校规程》第七条写道：(1) 专科学校教师须为拥有学位者；(2) 国立学校毕业生需有学士学位者；(3) 文部大臣指定者及获得认可者[4]。所谓指定和认可者主要指由本人提交简历，向文部大臣申请教师资格，文部大臣根据其学术水平予以批准、认可为教师。但是，被认可的教师只有在该校任教的资格，从而严格规定了专科学校教师的任职资格。这在《专科学校令》颁布之前是从未有过的，这一做法对提高公私立专科学校的教育质量发挥了重要作用。此外，《规程》还就校舍、教学设备、学生编制以及教育经费等做了相应规定。整体来看，《规程》更为强调人（学生与教师）的因素，成为《规程》的一大特点。《专门学校令》及其《规程》的出台大大规范了同类院校的设置标准，在一定程度上提高了公私立学校的教学质量。由于院校的设置认可权统一收归到中央政府，避免了地方政府的随意性或标准的不统一性，从而有效地扭转了设立私立学校的放任自流或无序状态。值得注意的是，《专科学校令》只适用于公立和私立院校，国立院校不在此令规定的范围之内。这就充分说明了国立与公私立院校在设立初期时的标准其实并未在同一水平上，而是采用了不同的学校设置基准。战后依然如此，新设置基准主要适用于公私立院校，是学校设置的最低标准；国立院校仍采用传统的“比照式”标准，以高标准、高要求增设学校，“二元式”的学校设置基准一直沿用至今。

虽然日本政府一再强调提高公私立学校设置基准和保障教育质量问题，但由于设立主体及学校类型的功能定位分化，设置认可基准表面上合二为一、统一在一起，实质上公私立学校与国立学校的设置基准仍然存在差距，即存在着两种不同的设置认可基准，致使出现“同为大学或专科学校却质量各异”的“同种不同质”的特征。

第二节　日本实施内外部评估制度的初期阶段

20世纪90年代，日本经济出现负增长，因此改变经济增长方式、由模仿改造型向科学技术创新型转变迫在眉睫。基于此，1996年日本政府出台了“科学技术创新立国论”，旨在通过科技创新重振日本。作为推动科学技术进步、支撑日本科技发展的高等学府——大学无疑首当其冲，发挥其应有的作用。从社会因素看，日本人口结构出现了巨大变化，高等教育开始出现生源危机，这就要求高校必须有足够的吸引力来争取更多的生源，从而保证学校生源的充足率。基于以上两种社会背景，提高教育质量、赢得社会高度评价便成为高校改革的重中之重。基于这一改革，日本以“教育机会均等”为准则的高等教育资源分配政策迅速向以“提高效率”为准则的配置方向转变，体现为“效率→竞争→评估→配置”过程。为此，日本高等教育实行了种种根本性的改革，其中以修改大学设置基准、放宽学校设立标准及学校办学自主权、引入大学评估制度、引导大学走个性化发展之路为改革重点。改革的目的是在减少政府干预的同时，强化自主、自律意识，建立一种具有约束力的大学评估制度，从而巩固、提高高等教育质量和办学效率，加强大学质量管理，引导教育资源向以效率和效果为准则的方向转移。

一、20 世纪 90 年代高等教育评估制度的出台与实施

由于日本经济增长方式的转变和高等教育适龄人口的锐减两大社会背景出现，使日本政府提出的实施大学内部和外部评价制度成为可能。但是，对于一向独立于政府、社会团体的日本大学来说，从未有过外部机构对其进行检查或评估，甚至学校本身也从未进行过自我评估。大学教师们似乎对内部和外部的评估有一种抵触情绪，唯恐外界干涉大学学术自由和学校自主办学的方向。因此，为防止大学教师对评估的抵触或反对情绪，在实施教育评估制度的过程中，日本政府选择了“先内后外”（先实施大学内部的自我评估制度，再实施外部评估）、“先温和后强势”的思路，逐步深化推进评估活动，使教育评估制度顺利地由内部转向外部评估。值得一提的是，20 世纪 90 年代开展的内外部评估仅限于国立大学，原因是国立大学财政均由中央政府拨款，财政性拨款的使用情况必须向纳税人或社会说明，以便提高资金使用效率和效果。当然，此时的评估是指由教育行政主管部门设立专门评估组织机构进行评估，是一种上级对下级工作情况的检查或评估，属于内部评估，是实施外部评估制度的初期阶段。

（一）日本国立大学内部评估制度的实施

日本高等教育评估分为内部评估和外部评估两种。内部评估主要是指以学校为主体进行的内部自我评估和学校之间进行的相互评估。学校内部评估是日本高等教育实施评估后最早提出的评估制度。从评估的范围来看，该项评估只针对国立大学，涉及面较窄，参与评估的学校仅占日本高等院校总量的 20%，但是影响较大。它向所有高等院校发出了一个信号，那就是必须提高教育质量。通过自我评估的方式认识或评价自身的教育研究状况，从而发现问题，改善不足，达到“以评促建”的目的。

1. 学校内部评估制度的产生

20世纪70年代，日本高等教育进入大众化阶段以后，为进一步巩固、提高教育质量，官方教育咨询机构曾多次提出要制定并实施教育评估制度。在临时教育审议会设立之前，大学设置审议会以及大学基准协会就探讨过大学应通过自我评估的方式提高教育研究质量，并认为教育质量的提高需要通过学校自我评估手段加以实施，把自我评估与提高教育质量紧密联系在一起，这一观点得到与会者的一致赞同。于是，大学基准协会在1979年设立了“大学自我评估研究委员会”，并在1981年提出了一份名为《关于大学自我评估》的中期咨询报告。该报告强调了学校自我评估的重要性及其必要性。在此基础上，1983年“自我评估实施方法探讨”委员会继续讨论自我评估的具体事项，并于1987年提出了《关于加强国立大学开展自我评估》，但该报告未能付诸实施。直到大学审议会成立以后，临时教育审议会提出的《关于自我评估的建议和实施方案》才付诸于实施。大学审议会成立后，首先讨论了临时教育审议会提出的关于学校内部评估的一些具体建议和实施方案，并于1991年2月提出了五项咨询报告。其中影响较大的有《重新探讨学位制度与研究生院评估》、修改《研究生院设置基准》、《引入自我检查、自我评估机制》等。这一系列报告最终通过修改《学校教育法》、《大学设置基准》而具有了法律效力，成为一种制度并加以具体化。修改后的《大学设置基准》规定“为提高大学教育研究水平、履行大学社会使命，完成大学的教育研究目的，各国立大学必须努力对本校教育研究活动进行自我检查和评估，检查、评估项目由学校自行设定。学校要构建与之相适应的检查评估体制”[5]。学校自我评估第一次被写入《大学设置基准》，使国立大学的自我评估成为一种带有强制性色彩的必须执行的义务。此后，日本大学审议会根据修改后的《大学设置基准》又提出了一系列审议报告，如1998年的《21世纪的大学与今后改革方案——构建在竞争中能发挥个性的大学》、1999年《大学有义务向社会公开本校自我检查、自我评估的实施情况及其结果》等，强调了评估结果向社会公开，以获得社会监督、理解和支持。报告重点就提高教育研究质量、发挥学校个性与实施教育评估的重要性、迫切性，教育评估内容、方法和评估主体，评估结果与资源配置的关系提出了建议，并做出了具体的规定，以期迅速有效地实施学校内部自我评估制度。

2. 学校内部评估的实施

学校内部评估的内容和方法主要依评估目的而定。日本大学自我评估的目的主要有：（1）促进学校自身改革，提高教育研究质量和大学自身改革发展的动力；（2）发挥学校应有的责任，赢得社会的理解和支持。也就是说，学校进行自我评估的目的在于提高教育研究质量，强化改革动力。在评估过程中，要求检查学校自身的教育研究内容是否与学校的定位一致，并进而研究探讨今后的改革方案。1998年和1999年的两个报告就学校自我评估的目的及过程指出：第一、学校内部评估是一种自我评估，自我评估首先应以自我检查学校的教育研究活动为前提，在正确认识、把握现状的基础上，明确应改进的问题及其努力方向；第二、应不断分析研究自我检查的指标体系、方法和自我评估的情况，逐步改进实施方法，提高自我评估效果。评估方法原则上由学校自主决定，但也希望大学及学会制定可供大学参考的评估材料。内部评估的程序一般由“制定评估方案→具体实施计划→开展评估活动→公布评估结果”四个环节组成。评估内容主要由教育、研究和教育研究环境三部分组成。在第一部分的教育领域内，主要对教学内容、教学方法和毕业生出路三个环节进行评估。教学内容评估重点考察专业基础教育的广度、学生对课程内容的理解程度、选修和跨系听课的自由度、课程内容的应用性以及课程结构、授课标准、实践课开设体系、各类型讲座的构成，同时也考察课程的改革体制如学部各委员会的构成及委员长和委员的选举办法、大学之间学分互换制度的实施及其互换的课程科目等内容。教学方法评估主要包括专业课班级规模、课上发放的补充材料、授课的信息量、使用多媒体教学情况、通过网络鼓励学生自主学习的措施、教育实习课的学分数以及信息化教学的实施情况、学生成绩的评定方法等内容。对于授课内容的评估主要是查阅各门课的内容及授课方法、进度等资料，并向学生进行授课情况的问卷调查。对教育质量的评估，主要是查看毕业人数和肄业人数、学生在校期间获得的教师资格证书的种类及人数、毕业生中获得教师资格证书的情况。由于毕业后的出路也是衡量学校教育研究质量的一个重要指标，因此，分析毕业生就业的产业、职业构成情况、学校就业指导体制、毕业生考取研究生的比率、就业人数及考研人数也属于必要的评估项目。在评估学校设施设备时，主要考察该学部所占面积、教学楼内的设备情况、多媒体设备的配备情况以及教师使用多媒体设备的频率、过去五年内设备购置一览表、计算机配备情况等项目。招生情况也是评估的一项重要内容，重点考察各学部的招生计划和实际入学人数、考试科目及录取分数线、学生报考该校的主要理由及其信息来源。科研领域主要检查评估本校教师出版的著作和发表的论文数量、刊登的杂志种类以及科学研究经费的获得情况、民间委托课题的数量及其到位经费数额。教学科研环境主要通过考察图书馆、信息处理设备的完善情况等进行，具体评估内容和指标体系如图 6—1 所示。

教育体制评估	教育实施组织的完善情况：（1）各种讲座的构成及开设的课程；（2）教育课程改革的组织体制；（3）各种委员会的构成及委员长和委员的选举办法。
	招生方针：（1）招生计划和实际入学人数；（2）考试科目及分数线；（3）学生选择本校的最大理由及其信息来源。
教育内容评估	教育课程的编程：授课标准、实践课的开设体系、大学之间的学分互认制度的实施及其可互换的课程科目。
	授课内容：各门课的内容及授课方法、进度等资料，向学生进行的有关授课情况的问卷调查表回收率等。
设施设备	设施设备：本系所占面积、教学楼内的设备情况、过去五年内设备一览表、计算机配备情况。

续表

教育方法评估	专业课班级的规模、课上发放的补充资料和信息、使用多媒体教学的情况、通过网络鼓励学生自主学习的措施、教育实习课的学分数以及信息化教学的实施情况，学生成绩的评估方法。
教育质量评估	学生掌握的知识和能力：毕业人数和肄业人数、学生在校期间获得的教师资格证书的种类及人数、毕业生中获得的教师资格证书情况。
	毕业后的出路：就业人数及考研情况。

图表 6－1 日本国立大学自我评估项目内容及方法（教育系）

资料来源：日本横滨国立大学自我评估报告书 2001（6）。

日本实施的内部自我评估对增强教师自身的改革意识、改善和提高学校教育研究质量、扭转重科研轻教学的风气起到了极大的推动作用，成为日本高等教育评估体系中的重要组成部分，为学校外部评估制度的实施提供了经验，奠定了基础。

（二）学校外部评估制度的产生及实施

一般来讲，评估制度的多元化优于单一化。日本政府为提高国立大学的办学效率和办学水平，选择了一条先内后外（先实施内部评估，后实施外部评估制度）的发展思路，在国立大学内部评估制度实施数年后正式启动了外部评估制度。因此可以说，内部评估为外部评估制度的设计积累了经验，提供了参考，也为构建多元化评估制度体系奠定了基础。

1. 实施外部评估制度的社会背景

根据高等教育发展的一般规律，当高等教育进入大众化阶段后，引入竞争机制，实施公开、公正的外部评估制度，并以此为依据进行教育资源的重点配置，进而提高教育科研质量和办学效率已成为国际发达国家的普遍做法。然而，这种做法对日本来说似乎来得太晚，直到 21 世纪初才被真正采用。20 世纪 70 年代日本高等教育就已经实现了大众化，80 年代末高等教育升学率已超过 40%，距普及化阶段仅隔一步之遥。但是，日本提高高等教育质量的途径并不像其他国家那样是通过外部评估加以实现，而是一直沿用传统二元结构的学校设置基准来维持教育质量。但是，进入20世纪90年代末，日本高等教育质量保障体系不得不进行改革，引入外部评估制度。那么为何在20世纪90年代才进行改革？究其原因，主要有以下两方面：

（1）生源危机是推动外部评估制度产生的核心因素

20世纪90年代初，准确地说是自1992年以后，日本18岁人口出现了急剧下降的势头，由1992年的205万人下降到2000年的150万人，在短短的8年内减少了55万人，降幅之大令人吃惊。2010年日本18岁人口进一步减少，出现了最低谷的121万人。这一人口结构变化无疑给高等教育带来沉重打击。因此，20世纪90年代后期，为弥补生源不足，日本政府开始提出普及高等教育、扩大研究生教育的解决对策。为此，人们开始对高等教育质量产生担忧，这就迫使日本政府做出新的抉择——在高等教育进入普及化的同时，必须把好质量关，通过新的方法，即外部评估制度提升教育质量。

（2）“科技创新立国论”加速了外部评估制度的实施

20世纪90年代中期，日本科学技术省提出了“科技创新立国论”的经济增长方式，目的是使日本真正步入知识经济时代，在激烈的国际竞争中实现可持续发展。为此，日本政府先后三次制定《科学技术基本计划》，重点强调了科学技术与教育研究的关系、教育资源配置重点的转移、配制方法采用竞争机制、设立竞争性研究经费，减少定量拨款等内容。尤其是强调了要加大政府投入力度，进行有效、高效的资源配置，使政府投入更加符合国家及社会发展战略需要。这就要求以国家公共财政为主的国立高等院校通过公平、公正的竞争机制逐步实现这一目标。为此，20世纪90年代后，构建高等教育外部评估体系，实施行之有效的外部评估制度，解决评估与教育资源重点配置的关系成为日本高等教育改革的又一核心课题。

2. 国立院校外部评估制度的产生及实施

20世纪90年代末期，日本高等教育改革的焦点转向积极引入外部评估机制、提高教育经费使用效率和效果上来。外部评估是一种以学校外部人士为评估主体，对学校教育研究活动进行的全面评估，一般包括社会评估和行政评估两种方式。社会评估主要是指由考生、毕业生以及社会企业对学校进行的评估；行政评估是指由行政组织（如文部科学省内设立的教育评价委员会、总务省内设立的评价审议会等行政评估机构）对学校教育研究活动进行的评估。外部评估也被称为“他人评估”，在评估主体及由此引发的评估目的、内容等方面与内部评估有着很大的不同。为使外部评估确保学校教育评估效果、提高教育评估的客观性、公共性和透明度，日本政府于 2000 年专门设立了外部评估机构——大学评价及学位授予机构，这不仅标志着日本大学外部评估制度的产生，同时也意味着评估制度由以往的单一内部评估发展为多元评估制度，从而形成了一套互为补充、内外结合的评估制度体系。

1998 年大学审议会在《关于 21 世纪的大学与今后的改革方案》报告中建议：“为了让社会更清楚地了解大学教育研究活动情况，有必要专门设置评估机构，实施公开、透明的大学评估制度，建立多元的评估体系。[6]”根据这一建议，1999 年 4 月日本文部省成立了大学评估机构创设准备委员会，负责起草和规划大学外部评估制度的工作。该委员会在不到一年的时间里，先后提出两份关于创设大学评估机构的审议报告，重点就设立外部评估机构的必要性、外部评估的目的、内容、方法以及组织机构的任务进行了具体分析和研究，最后通过修改《国立学校设置法》、《国立学校设置法实施规则》，于 2000 年 4 月正式创建了大学评价及学位授予机构。该机构的成立标志着大学外部评价制度的正式实施，为真正意义上的外部评估迈出了关键的一步。大学评价及学位授予机构是由原有学位授予机构通过扩大功能改名而来，为文部省的下属机构，是教育行政管理机构的组成部分，也是国立大学共同利用机构之一，因此其不属于第三方评估机构。

修改后的《国立学校设置法施行规则》附则规定：大学评价·学位授予机构基本上以国立大学为评估对象，不受理私立学校的评估业务。根据需要，公立大学也可通过地方公共团体以及学校法人提出申请，开展对公立大学的评估活动。该规则明确了外部评估制度的适用范围仍以国立大学为主，只是在必要时可根据申请对公立院校实施评估。

日本大学评价·学位授予机构虽然是政府机构的一部分，但机构评估成员主要由大学、企业以及社会经济及文化界的有识之士组成。内部组织由大学评估委员会、专门委员会的委员及评估员构成。其中大学评估委员会负责制定评估计划及实施方针，并审议核实评估结果。专门委员会是大学评估委员会的下设机构，负责审议各专业的评估项目、内容及方法等。各专门委员会下设有若干名委员和评估员，开展具体的评估活动（详细情况如图表6－2所示）。大学评价·学位授予机构成立后，为使外部评估制度化，首先着手分析研究了大学外部评估的目的、内容、方法、过程以及内部组织机构，并提出了具体方案。评估目的相关规定如下：“（1）对大学开展的教育、研究、社

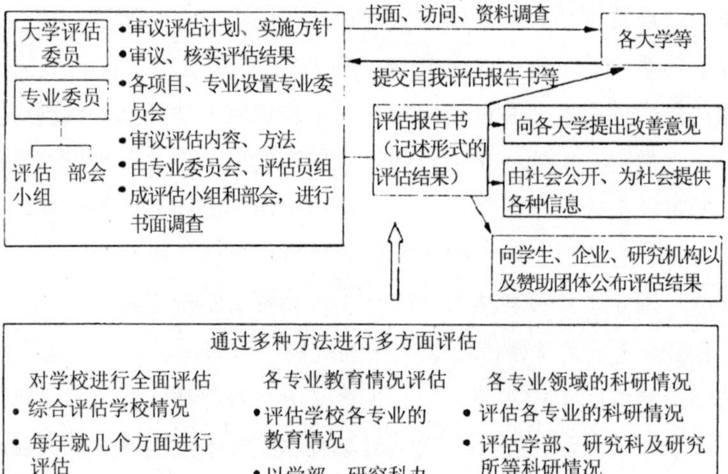

图表6－2 日本大学评估、学位授予机构内部职能分工及评估程序

会服务等活动进行多方面评估，并将评估结果反馈给各大学，以期改善提高教育研究质量，改进大学教育研究状况；(2) 通过评估使大学的教育情况、科研成果以简明易懂的形式向社会公开，以广泛获得民众对大学的理解和支持，为学生择校、企业投资提供参考信息，从而促进大学的发展。(3) 与政府资源配置政策相结合，为资金的重点配置提供参考依据。[7]”从评估的目的来看，外部评估的结果更加强调获得社会的理解、支持以及政府资源配置，从而使外部评估结果与资源配置的关系更为紧密、直接和有效。

外部评估是在内部评估的基础上进行的。外部评估内容可分为三大类：(1) 对学校整体的综合评估；(2) 对教育活动、服务活动（教养教育、接收留学生、产学合作情况及对社会的贡献程度）进行评估。具体而言，对学校进行全面评估的内容包括：①全面、综合评估学校各方面情况；②每年就若干个领域进行重点评估；③评估大学共同利用机构的工作情况。教育活动评估主要以系及学科为单位评估学校各专业的教学情况；(3) 对学校各领域的科研活动进行评估。学校的科研评估主要分三个方面进行：一是先考察、评估各专业的科研成果，二是评估系及研究科的科研情况，最后评估大学共同利用机构的科研情况（见图表 6—3)。其具体程序为：首先由大学评价委员会及专业委员会制定评估内容、方法，然后由各大学根据其内容、方法进行自我评估，评估结果以自评报告的形式提交大学评价委员会及专业委员会，随后大学评价委员会及专业委员会对自评报告进行书面审查和实地考察，开展综合性评估，最后提交评估结果并将结果反馈给学校，向学校提出改善意见。另一方面将评价结果向学生、企业、研究机构以及赞助团体公示，以期达到“以评促建”和向社会公开学校经营状况的目的。评估方法分系、学科及教师个人三级进行。系主任负责整个系的评估工作，包括所有评估项目的评估；学部长负责本学科的评估工作，内容包括第一、二类中的综合性评估（其中包含七个项目）；教师本人进行个人评估，主要统计个人的研究成果。在进行个人评估过程中，为了避免出现主观因素，一些系采用了由教师自己制定评估标准，然后根据其标准进行自我评估，分析自己的统计数据是否客观，在此基础上算出自己的评估指数，最后将其评估指数和评估标准一同提交评估委员会。其他项目的评估均根据个人评估及其统计数据由各研究领域的人员分别进行统计，之后再由各系进行综合评估。在此基础上，学部长参照外部评估委员会的评估要求将各学科的自我评估情况及各系的统计数据进行全面统计汇总，进而开展全学科性的综合评估。评估标准划分为："很好、好、一般、不好、很不好"五个档次。最后按照这五项标准提出内部评估结果，并作为外部评估的重要参考提交外部评估委员会。外部评估委员会对自评报告的内容进行走访核实，检查评估项目及其结果是否与学校定位、发展目标相一致，自评内容和提交的佐证材料是否属实等，最后给出评估结果。

评估内容	评估项目	评估方法
全校综合评估	1. 教育研究实施体制 2. 活动内容及方法 3. 活动成绩及效果	书面调查和听取汇报会
教育评估 （各学科、专业）	1. 教育实施体制 2. 教育内容的构成 3. 教育方法及学生学习成绩评定方法 4. 教育目标完成情况 5. 学生学习援助措施 6. 提高完善教育质量的制度体系	书面调查和听取汇报会
科研评估 （各学科领域）	1. 科研体制及科研援助体制 2. 科研内容及水平 3. 科研成果的社会、经济、文化效果 4. 各项政策及其功能预期的完成情况 5. 提高完善科研水平的制度体系	书面调查和走访调查 （综合学科采用书面调查和走访调查）

图表6－3 日本外部评估内容及其方法

二、两种评估制度的关系特征

（一）内部和外部评估制度的相互关系

日本大学多元化评估体系历经十多年的时间终于在 21 世纪初期形成。这意味着日本高等教育从此步入以多元化评估机制为基本模式的竞争化时代，因而具有划时代的意义。但是，日本引入高等教育评估机制起步较晚，有些制度、措施还不尽完善，甚至出现了一些矛盾，如学校内部与外部评估的关系等问题，需进一步改革、充实和完善。

日本高等教育评估体系的形成过程不同于其他发达国家，日本选择了先内后外，即学校内部自我评估制度早于学校外部评估制度，走了一条先易后难的发展道路。有人认为，选择这一发展模式的目的在于最大限度地尊重大学自身的自发性、自主性和自立性，通过大学自我评估来提高大学自身的水平。这一观点在大学审议会提出的报告中也给予了肯定，认为大学评估的核心应放在各大学的自我评估制度上，评估内容围绕教育研究领域，强调了内部评估在教育评估体系中的地位和作用。对此，学术界也一致认为，大学评估应由熟知学校内情的教师进行，大学评估的标准应重点放在学校教育和研究两大领域，而不应过分强调社会经济效益，这表明了教育界人士要求以学校自我评估为主的强烈愿望。但是，在 20 世纪 90 年代后期大学审议会提出的各种报告中，不断强调外部评估制度的必要性。如 1998 年大学审议会报告指出“大学自我检查、评估的实施情况及其评估结果除了向社会公布外，还有义务接受校外人士的检查和监督，进而引入外部组织机构的客观评估机制，并根据评估结果配置教育资源[8]”等旨在改善大学教育研究活动，获得民众的理解和支持，为择校考生、赞助者提供参考依据。这表明了日本大学内部评估最终要以转向外部评估，引入外部评估和竞争机制为终极目标。对此，许多学者认为，大学内部评估制度实际上是向外部评估制度过渡的一种手段，因为这样做可以使大学内部人士更容易接受。由内向外平稳过渡，指出了大学评估制度选择先易后难发展思路的本质。“以改善教育研究活动为目的的教育评估活动究竟能为学校提高教育水平和资源配置发挥什么样的作用？以改善、提高教育研究质量为目的的内部评估又如何转向以社会需要为准则？[9]”一时质疑声不断。也有些学者及政界、产业界人士提出，大学评估的目的是为了适应外部社会需要，故应以外部评估为主。那么，究竟以谁为主、以谁为辅？这一问题直到21世纪初仍存在着极大争议。其实，主与辅的关系应该由其评估目的而定，即通过评估活动所需要解决的问题来确定。

（二）内外部评估制度的职能特征

当今，就日本大学教育评估目的这一问题存在着两种不同的认识：其一是审视大学的社会责任和义务，主张大学必须将使用财政拨款的情况向社会明确公开，接受社会的评估。假如大学被认定为不能进行充分的、高质量的教育和研究活动，其财政拨款应被停止。在这里，外部评估受到重视；其二、评估目的是为了改善大学的教育研究质量，它要求大学向外界说明自己开展的教育及研究活动情况，以便让他人评估，使自身的教育研究活动做得更好。在这里，学校内部评估倍受关注。从日本高等教育实施评估制度的最初动因看，一是在高等教育进入大众化阶段，高等教育质量明显下降，出现了高学历、低学力的现象；二是在高等院校中存在着重科研、轻教学的倾向。为了扭转这两种现象，人们开始强调要实施学校内部评估。“事实证明，实施学校内部自我评估有效地提高了教育研究质量，加强了教师自我改革、创新意识。[10]”因此，一般认为，以提高学校教育研究质量为目的的教育评估应以学校自我评估为主，反之则以外部评估为主（图表6—4）。

	教育评估（内部评估）	社会评估（外部评估）
目的	改善教育活动	改善教育投资
主体	校内有关人员	校外人员
对象	学习成果	社会效果
时间	教学活动期间	教育课程结束后
场所	教育体系内部	教育体系外部

图表 6-4　内部评估与外部评估的区别

（三）改善评估方法，适应教育供需要求

教育评估的目的是为了改善学校教育研究质量而进行的，因此应根据教育提供者的需要开展评估活动。但评估结果却主要是基于教育的需求者——学生、社会，为其择校、出资提供参考依据。要想处理好二者的关系，就得既要考虑提供者的需要、又要顾全需要者的利益、适应需要者的要求，这无疑成为日本高等教育评估体系面临的最大难题。改善这一问题的唯一办法是使学校内部评估量化和客观化。这是因为，教育活动与研究活动不同，不易量化，缺少客观性，难以进行客观评估；此外，处于大众化时期的高等教育价值不断多样化，根据不同的需要，其判断标准不同，如果用统一指标评估教育价值，既不符合学生多种价值观的需要，也难以适应社会多样化发展。为此，在进行教育评估之际，应针对教育自身特点采取与科研评估不同的方法，在方法论上进行探索研究，否则即使认识到教育评估的重要性，也无法量化或客观化。日本高等教育评估政策导向一方面强调了学校内部教育评估的重要性，另一方面又强调了外部评估结果在资源配置政策上的反映。如何处理二者的关系将成为今后教育评估面临的重大课题。

第三节　构建新世纪“宽进”、“严出”型质量保障新体系

21 世纪是日本高等教育质量保障体系从内到外、从部分到整体

不断改革与完善的关键时期。一般而言，当高等教育步入大众化以后，质量保障体系必须进行彻底变革，即由传统的以学校设置基准为基础的质量保障体系转为以公平、公正、透明的评估为准则的质量保障新体系。因为高等教育在处于“精英”阶段时，高等教育本身就处于教育“金字塔”的顶端，能接受高等教育的人数甚少，可称为一国之精英。但是，进入大众化甚至普及化阶段以后，高等教育便与其他教育阶段趋同，有求必应，失去原有的选拔竞争性质。这时处于金字塔顶端的高等教育“精英”性质发生变化，逐渐转向大众化。在这种情况下，如何保障教育质量、如何在国际竞争中处于不败之地便成为各国高等教育改革发展的核心问题。正如马丁·特罗指出的那样，高等教育必须形成新型金字塔状。日本高等教育质量保障体系的建立恰好契合了这一规律，力求通过第三方评估重构高等教育新秩序。

一、《构建大学质量保障新体系》政策的出台及其法律基础

国立大学办学效率低、缺乏竞争力，私立院校质量差等问题一直是日本高等教育面临的最大难题，也是长期以来高等教育改革一直未解决的问题。追根溯源，其症结在于传统的重“入口”轻“出口”的教育质量保障体系，正是这一因素造成高等教育竞争机制的缺失、办学效率低下。因此，通过进行改革建立适应新时期高等教育大众化需要的质量保障新体系便迫在眉睫。为此，日本于2002年出台了《构建大学质量保障新体系》政策，为建立“宽进严出”型高等教育质量保障新体系提供了契机。而《学校教育法》的修改则为新体系的形成奠定了法律基础。

（一）《构建大学质量保障新体系》政策的出台

加强质量管理、建立行之有效的外部评估制度是21世纪日本高等教育改革的重中之重。1998年日本文部科学省提出对国立大学实施外部评估制度，在大学审议会出台的《21世纪的大学与今后的改革方案》审议报告中提出要建立多元化评价体系，实施第三方评价。

2001年6月日本文部科学省在“远山计划”中明确了通过建立第三方评估制度，引入竞争机制等内容。例如，实施21世纪COE项目（建立30所国际一流大学），对具有卓越研究成果的大学给予重点拨款；之后又设立了21世纪教育版COE项目（建立有特色的大学教育资助工程），鼓励通过竞争机制，选拔优秀或卓越的院校、学科、团队开展高水平的教育研究活动。“远山计划”为建立实施真正意义上的第三方评估制度奠定了基础。以此为契机，2002年8月，中央教育审议会提交了《构建大学质量保障新体系》的报告，正式宣布引入第三方评估制度，最大限度地建立第三方评估制度体系，通过国家认证的机构（认证评估机构）实施大学评估，由传统的“严进宽出”型转向“宽进严出”型质量保障体系。新的认证评估制度打破了日本传统的“事前把关，事后放任”的教育质量保障体系，由“事前审查控制”转为“事后检查评估”，力求实现“放宽入口”、“缩紧出口”的质量保障体系的战略性转移。换句话说，就是放宽学校设置基准和审批程序，加强学校设置后的教育品质管理。这一措施在20世纪90年代初就已启动，1991年日本文部科学省对大学设置基准进行了修改，大幅放宽了学校设置基准和审查程序，实行注册登记制，放宽了大学的准入门槛，这就是所谓的“放宽入口”的具体内容。与此同时，日本政府采取了把好学生毕业、科研质量关，严格按照学校与政府共同制定的目标，严防不合格“产品”流入市场，而合格与否不由学校和政府决定，而是由第三方（认证评估方）检查核实并做出判断，目的就在于实现“严出”型质量管理监控体系。传统与现代两种质量保障体系的异同如图表6—5所示。这种战略性转变是日本高等教育自明治维新以来，教育质量管理体系的根本性变革，也是日本乃至世界其他国家高等教育进入普及化阶段的必然产物。马丁·特罗认为，当高等教育步入大众化阶段以后，在高等教育内部进行重新组合，形成新的金字塔状是非常必要的。换句话说，高校应分为顶端大学、中上端大学、中端大学、中下端大学和底端大学，其比例应该是自上而下逐渐扩大，20世纪70年代，日本提出的高校应分为五大类型的设想实际就反映出马丁·特罗的这一理论。只是这一设想因社会条件不成熟而未能付诸于实施。“在 90 年代末，以研究生院重点化为核心内容的高等教育质量保障政策、以引入竞争机制为手段的质量保障体系的建立恰恰是 20 世纪 70 年代高校类型化的翻版。值得注意的是，新时期金字塔状的形成不同于传统的政府保护，它并不是一成不变、而是动态性的，是通过平等竞争——外部评估的结果上下移动的。[11]”因此可以说，日本高等教育质量管理新体系的形成有利于促进学校不断改善、激发教师不断改革的意识，从而增强学校整体的使命感，进而发挥学校应有的职能作用。

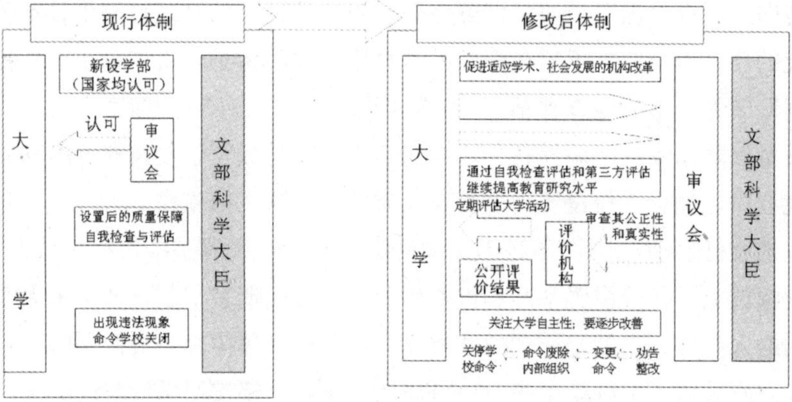

图表 6－5　现行与修改后大学质量保障体系之比较

（二）构建大学质量保障新体系的法律基础

2002 年《构建大学质量保障新体系》出台后的 11 月，日本通过修改《学校教育法》，使其具有了法律保障。修改后的《学校教育法》规定：1. 所有高等院校必须接受外部评估；2. 外部评估机构必须由政府认证，否则无权实施[12]。这两项规定一方面明确了无论高等院校的设置主体是谁，均有义务接受政府认证评估机构开展的外部评估，改变了 2000 年外部评估只限于国立大学、且自愿参加的有关规定，使高校接受外部评估成为一种义务，突破了以往高等教育质量仅由国立大学参与的狭隘观念和制度范畴，保证了教育质量的整体提高，扩大到整个高等教育领域，为私立高等教育与国立高等教育平等竞争提供了法律平台，其意义之大不言而喻；另一方面也明确了高等教育外部评估机构必须经政府主管部门认证，待获得认证评估机构资质后方可实施，否则无权开展大学评估业务。也就是说全国高校的质量评估工作均由政府认证的外部评估机构承担，目的是使外部评估标准、方法等评估活动科学化、规范化、客观化和有效化。两项规定为新体系的形成赋予了法律依据，从而建立起日本高等教育第三方评估制度。

所谓认证是指日本文部科学省根据评估机构设置标准对申请机构的评估标准、评估方法、评估体制、评估结果的公开程度以及评估经费等事项进行审查核实，对符合标准的机构（官方或民间机构均可）予以资质认证。而认证评估是指经文部科学省认证的独立法人（认证评估机构）向社会所有高校开展的外部评估。认证评估的目的在于通过向学校、社会公开评估结果，使作为准公共性产品的大学发挥其应有的作用，完成法律所赋予高校的责任和义务，提高社会对大学的公信度、向纳税人说明学校办学及经费使用情况，进而接受社会的有效监督。基于这一目的，认证评估以大学办学理念、办学目的为标准，开展全方位的外部评估。目前认证评估机构有大学评价·学位授予机构（独立行政法人）、大学基准协会（财团法人）、日本高等教育评价机构（财团法人）、短期大学基准协会（财团法人）等分别承担不同类型院校的外部评估工作[13]。其中大学评价·学位授予机构主要承担国立大学的评估任务，是获得日本政府认证的第一家认证评估机构，最具权威性和影响力。

二、日本国立大学实施双重外部评估制度

任何单一的外部评估制度都难以客观、全面地把握高等教育质量这一复杂问题。因此，世界上许多国家都采用了多元化的评估制度，以促进高等教育质量保障功能的有效发挥。日本也是如此，在构建国

立大学质量保障新体系中，采用了二元、双重的外部评估制度，即在实施第三方认证评估制度的同时，实施非认证性评估。日本文部科学省基于《学校教育法》和《独立行政法人通则法》两项法规，在开展外部评估活动时，针对不同院校采取不同的做法，要求国立院校必须接受认证评估和非认证性评估。根据《学校教育法》规定，国立大学有义务接受认证评估机构开展的外部评估。而《独立行政法人通则法》则规定，国立大学必须接受国立大学法人评价委员会开展的非认证性评估[14]。由于两种评估主体不同，评估内容及评估项目亦不相同。前者侧重专业性评估，目的在于以评促建、向纳税人说明学校的责任和义务，进而接受社会的监督；后者则注重办学效率、经费使用和绩效评估，旨在为政府拨款提供依据，使评估结果与拨款直接挂钩。

（一）非认证性评估制度的实施

日本国立大学法人化制度的实施使国立大学大幅度地扩大了办学自主权，获得了前所未有的发展空间。但同时也给国立大学带来了巨大压力，即来自政府的定量拨款不断减少，由定量向定性转移的财政政策导向日益加强，政府向学校“要效率、要业绩”，成为法人化制度的核心特征。为此日本文部科学省设立了专门机构——国立大学法人评价委员会，对国立大学进行非认证性评估。

作为文部科学省行政组织的国立大学法人评价委员会成立于2003年，该机构无需经文部科学省根据认证评估机构的相关标准进行认证，故不列入认证评估机构范围，也不具备认证评估机构向全国所有院校开展外部评估的资质，只是对文部科学省所属院校及其研究机构进行外部评估。国立大学法人评价委员会负责89所国立大学和4所国立大学共同利用机构的非认证性评估，目的在于提高中央教育财政使用效率与效果，为中央教育财政拨款提供客观、可操作性的依据。该项评估以各大学制定、并经文部科学省论证，双方均认可的学校中期发展目标（6年）为标准开展评估活动。所谓评估标准是指日本文部科学省根据各学校的办学理念、历史条件以及所处的地理位置，对各国立大学制定的中期发展目标及其实施计划草案进行审查、核实，并提出修改意见，经校方修改后再提交文部科学大臣，待文部科学大臣认可后，形成中期发展目标，学校的一切活动都要紧紧围绕这一目标开展工作。国立大学评估委员会的评估标准就是按照中期发展目标，检查核实学校的各项工作业绩。如果在目标实施过程中，发现有必要修改计划目标或中期目标的话，国立大学必须听取国立大学评估委员会的意见，待委员会同意后才可修改、实施。从这一意义上说，国立大学评价委员会不仅对学校中期目标实施结果进行评估（事后评估），还参与中期目标的审查、核实，必要时也可以提出建议，即同时承担着中期目标实施前的审查评估（事前评估）任务。事后评估是国立大学法人评估委员会根据中期发展目标和实施计划进行年度评估，检查其执行进度和完成情况，衡量中期目标和年度目标与实际实施情况之间的差距。如未能按计划目标完成，则要求校方及时查找原因，并追究其责任。这种评估实际属于目标管理的一种方式，是将企业目标管理的方式引入到教育领域的做法，目的在于通过政府与校方共同制定的中期发展目标约束学校的办学行为，进而提高教育财政使用效率。为达到这一目的，评估委员会确定评估内容，检查学校管理机构设置情况，衡量行政管理机构的设置与发展目标之间的关系，确认学校经营状况、经费分配及其使用的有效性，以及经费的分配、使用情况与发展目标中一级、二级指标的必然关系及其权重，并从第三方的立场出发，通过检查学校的经营业绩，判断国立大学法人的绩效和政府对国立大学财政拨款的使用效率和效果。最后评估委员会将评估结果反馈给学校，同时通知日本总务省政策评价·独立行政法人评价委员会，以便直接反映在第二轮中期发展目标的制定及其财政拨款上。

（二）认证评估制度的实施

2002 年日本中央教育审议会在《构建保障大学质量新体系》咨询报告中指出：建议所有大学都必须接受外部评估机构开展的外部评估。该建议在 2004 年 11 月正式生效。这样，外部评估制度的适用范围就从国立院校扩大到所有高等教育机构，从以往的部分院校扩散到全体院校，评估主体由教育行政部门转为中介机构，这意味着真正意义上的外部评估制度从此启动。于是，一直负责国立大学外部评估的大学评价·学位授予机构便无法满足新体系的需要而必须进行改革，由教育行政部门主管的外部评估转为中介评估，以独立法人的身份从事认证性评估活动。对此，日本政府在《构建保障大学质量新体系》生效的同一年迅速颁布了《独立行政法人——大学评价·学位授予机构法》，使大学评价·学位授予机构作为独立行政法人从政府部门独立出来，以便开展第三方评价活动。该机构独立后，功能进一步扩大，开始向全国所有高校，即国立、公立、私立大学和短期大学、高等专门学校开放，并实施认证评估活动。优先对国立大学和国立共同利用机构进行评估活动，其他院校分别由不同的认证评估机构进行。评估周期为一般为 6 年一次（中期发展计划期间），职业研究生院每 5 年评估一次。评估标准以各大学制定、并经文部科学省认可的中期发展目标为准。评估的重点放在检查核实中期目标是否按计划实施、以及中期目标完成情况。为达到评估的有效性，评估内容分三部分进行：一是综合评估；二是专业教育评估；三是科学研究评估。从评估的一级指标体系看，主要有：1. 为协助学校制定大学及教育行政管理部门（文部科学省）共同认可的学校中期发展目标，评估方首先检查、核实大学制定的中期发展目标及其实施计划是否与办学理念、目的、使命以及与学校自身条件相符。这是因为大学理念、办学目标是指导学校一切活动的根本，学校的任何教育研究活动、组织机构都必须围绕这一核心制定发展目标和实施计划，并落实到行动上。2. 教育研究组织机构与办学理念、目的及培养目标的关系；3. 选定的教育内容和教学方法对实现本校的办学目的、培养目标是否有效；4. 招生制度；5. 教师组织；6. 研究活动和研究环境；7. 设施设备；8. 图书馆和图书；9. 社会贡献；10. 学生生活；11. 经营管理；12. 财务；13. 行政机构；14. 信息公开（主要指财务公开制度）等[15]，在各一级指标体系内还设有二级指标和观测点。总之评估内容均以大学理念、目的为依据，严格检查、论证学校办学行为与理念、目的之间的差距，旨在通过中期发展目标约束大学的办学行为，使学校管理层、教师等所有教职员工的意识、行为统一到一个共同的目标上。

（三）认证与非认证评估的关系

认证与非认证评估均为外部评估，二者相互补充、各有侧重。从评估内容看，认证评估是全方位的评估，涉及到学校的教育、研究、社会服务、组织机构以及财务状况等，目的是通过评估促进学校全面改进和完善，并向纳税人说明大学的办学情况，接受社会的监督。而非认证评估则重点检查、评估学校经费的分配、使用情况，目的是引入竞争机制，提高经费使用效率和效能。由于两种评估的目的及其评估主体不同，由此形成了各自的评估体系，即认证评估属于综合评估，而非认证评估则为单项评估，评估目的一方面是以评促建，接受社会的监督，而另一方面则是为政府财政拨款提供依据等（图表 6—6）[16]。两种评估制度互为补充，对解决教育研究水平和办学效率等复杂性问题无疑发挥着推动作用。

从两种评估制度的关系及评估程序来看主要表现为：由学校[17]向认证机构申请，申请时校方可自由选择认证评估机构，等待统一安排接受评估。而国立大学则无权直接向认证评估机构提出申请，必须由国立大学法人评价委员会向认证机构统一申请，接受评估。这是由于国立大学必须在国立大学法人评价委员会评估的基础上接受认证评估的相关规定所致。《国立大学法人法》规定，国立大学法人评价委员会在调查、分析国立大学及国立共同利用机构的中期目标完成情况及做出评价结果后，还必须向大学评价·学位授予机构提出申请，接受认证评估，并尊重认证评估机构的评估结果[18]。这就表明认证评估必须在国立大学评估委员会进行的非认证评估基础上进行，且评估结果以认证评估为准，二者的关系如图表 6—7 所示。

	认证评估 (针对学校法人实施综合评估)	非认证评估 (针对中期目标完成情况实施评估)
法律依据	学校教育法第69条中的3第2项规定	国立大学法人法第35条
目　　的	1)以评促建。 2)协助大学向社会说明其责任。	1)衡量国家投资后的效果。 2)检查国家拨款是否正当使用。
评估对象	国、公、私立大学	国立大学法人
评估主体	认证评估机构	国立大学法人评价委员会 教育研究领域主要委托大学评价·学位授予机构，评价委员会尊重其评估结果。
评估标准	认证评估机构自主制定的标准	各大学制定的中期目标 检查中期计划的完成情况。
评估内容	综合评估，包括教育研究、组织机构及其经营管理、设施设备。	教育研究
评估程序	由大学申请，之后根据认证评估机构制定的评估标准，实施评估。	根据各学校法人制定的中期目标及其实施计划，衡量其各领域的完成情况及研究业绩水平。
评估周期	定期(6～7年)一次	每年一次，6年为一周期
评估结果的利用	不直接与资金分配挂钩、不直接给行政处分。	评估机构直接反映在下次中期目标、实施计划的内容上和教育预算上。

图表6－6　日本认证与非认证评估制度体系的比较

资料来源：小山龙司《高等教育财政与评价》报告书等制作。

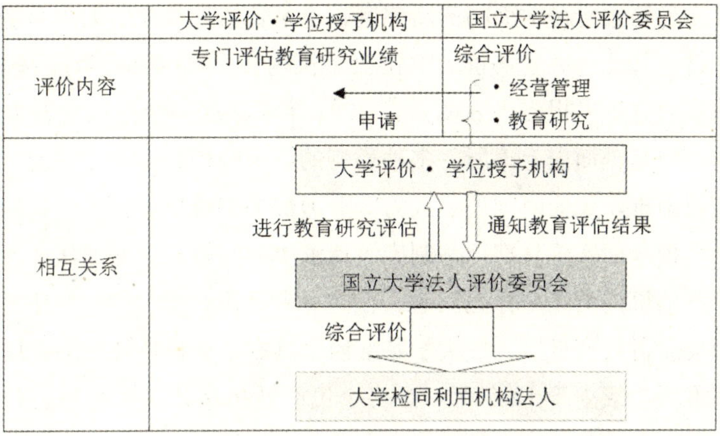

图表 6－7　大学评价·学位授予机构与国立大学法人评价委员会的关系

三、日本私立大学外部评估制度的实施及其特征

20 余年来，日本高等教育评估经历了从国立大学自我评估到外部评估、再到整个高等教育认证评估的发展过程，凸显出从内到外、从部分到整体、先国立后私立的高等教育评估制度特征。然而，日本私立院校评估制度的实施无论是从制度设计还是从实施时间上看都与国立院校有所不同。它不仅实施时间晚，而且没经历过“先内后外”这样的一个过程，便直接步入了第三方评估（认证性评估）阶段。因此，初期阶段显得仓促，有“摸着石头过河”的迹象，只得在实施过程中不断改革与完善。

（一）日本私立学校评估机构——大学基准协会

众所周知，私立大学是构成日本高等教育的主体，占日本高等院校总数的 80%，是开展高等教育评估工作的重要组成部分。然而，在 2002 年以前，相关政策文件一直没有涉及过私立大学的评估问题，直到 2002 年 8 月日本中央教育审议会提出《构筑保障大学质量体系》咨询报告时才将私立院校纳入大学评估范围之内。突如其来的认证评估使政策决策层和教育界人士无从下手，由谁评估、如何评估成为当时日本高等教育评估面临的新问题，也是日本外部评估无法回避的最大难题。就此，大学评价・学位授予机构在2003年的《今后的教育评估事业方针》报告中表明：自2004年4月面向全国高校开展认证评估。但是，面向上千所、多种类型的高等院校开展全方位的外部评估实属困难，无论时间还是人力、财力似乎都难以做到。这就揭示出日本高校全面实施外部评估制度亟待解决的问题，即增加认证评估机构和评估机构类型多样化问题。在这一背景下，2004年11月大学基准协会获得政府批准，使大学基准协会具有了认证性评估的资质。大学基准协会成立于1947年，是一个民间性机构，成立的初衷是对具备一定水平或条件的大学进行定期检查，以维持、提高各大学的教育质量。但实质上并没真正发挥这一功能作用，它只是作为联合各大学的一个组织机构而存在。直到2004年以认证性评估制度的产生为契机，该机构才在通过了政府认证后，真正作为评估机构发挥其作用。从大学基准协会的组织构成看，内设理事会和评议员会，该两会是协会的最高权利机构，下设判定委员会、互评委员会和异议申述委员会。判定委员会下设大学审查分科会、全校审查分科会、专业审查委员会等；互评委员会下设大学评价分科会、全校评价分科会和专业评价分科会等（图表6—8）。此外，还设有总监一职负责该机构的全面工作、财产及其运营工作，如发现情况有权直接向文部科学省、理事会报告，并召开会议商讨。大学基准协会实行会员制，评估对象只限于该会会员校，而入会审查则由判定委员会及其下设大学审查分科会，全校审查分科会和专业审查分科会实施。同行互评由相互评价委员会及其下设大学评价分科会、全校评价分科会和专门评价分科会负责评估。另外，全校审查分科会和全校评价分科会还承担着大学整体上的审查与评估；判定委员会和互评委员会是入会审查和相互评价两个组织体系中的核心机构。专业评价分科会则重专业教育研究的检查评估工作。由于该机构采取会员制方式，因此，维持机构正常运营的经费来源主要靠各会员缴纳的会费及评估费。大学基准协会在实施认证评估时，以各大学的中期发展目标为标准制定评估内容及其评估指标体系。从制定的评估指标体系看，共由 15 部分构成：办学理念及其办学目的、教育研究组织、教育内容及其教学方法、教师组织、研究活动与研究环境、学校设备、图书馆与图书、电子媒体、社会贡献、学生生活、学校经营管理、财务、教育行政、自我评价体系、信息公开等（图表 6－9）。内容具体详细，涉及面广，可操作性强，具有一定的系统性。

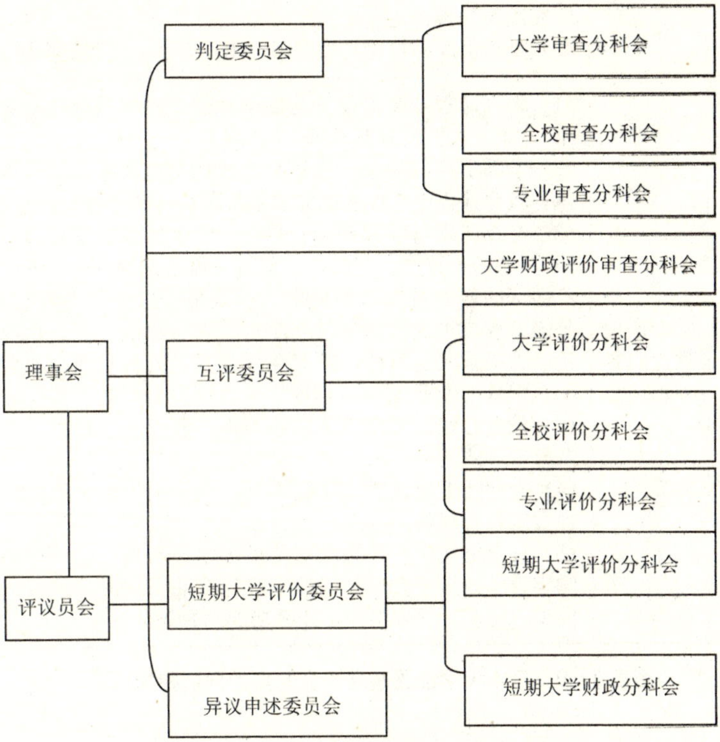

图表 6－8　日本大学基准协会组织机构图

序号	一级指标	具体要求
1	大学理念、目的	(1) 评估大学、学部人才培养的目标是否与其理念、目的相符，一致。 (2) 大学的办学理念和目的及其培养目标使学生、社会知晓的方法和有效性。 (3) 检验实现大学办学理念及目的的具体政策、措施的采用。 (4) 调整改善大学办学理念、目标以及与社会关系的状况。
2	教育研究组织	(1) 大学、学部、研究所、研究生院等组织机构作为教育研究组织是否合适、妥当。 (2) 是否引入了检验其教育研究组织合适、妥当的措施。
3	学士课程教育内容及方法	(1) 教育课程：课程设置与办学理念、目标和教育基本法第 52 条、大学设置基准第 19 条的关系。 (2) 学部学科的理念、目标与学校的对应关系，学士课程体；教育课程中掌握基础知识和伦理性的教育课程地位。 (3) 专业课程与学部理念、目标、学术体系和学校教育法第 52 条的一致性。例如，在编制一般通识课程中培养学生广而深的教养及综合判断能力、人格等内容的匹配程度。外语课程与实现学部学科办学理念及目标的关系，培养外语能力措施的妥当性；教育在课程开设的科目及毕业要求的总学分中专业课和基础课、外语课的分配是否科学，妥当；设置必修、选修学分的恰当性；各课程的特性、内容及教授形式的关系等。 (4) 为使新生顺利适应从高中升入大学的生活采取的必要性过度教育现状。 (5) 教育方法：测定教学效果的方法是否恰当；对于确定测定教学效果、教学目标的完成程度的方法教师是否达成共识；检验教学效果测定体系功能的有效性机制。

图表 6－9　日本大学设置基准协会制定的评估指标体系

（二）日本私立学校评估机构——日本高等教育评估机构

为满足认证评估需要，日本于 2004 年 11 月成立了高等教育评估机构。该机构于 2005 年 7 月获得实施认证评估的资质，向全国高校开展认证性评估和相关的业务，紧紧围绕提高教育研究质量、开展外部评估活动这一核心问题开展各项工作。具体来讲，高等教育评估机构开展的工作主要包括：对私立大学进行教育研究认证评估；协助私立大学提高质量；调查、研究国内外大学评估状况；发行有关评估活动的刊物等。

该机构属于民间组织机构，采取团体会员制，会员主要来自私立大学协会的加盟院校。机构的运营经费主要来源于会员校缴纳的会费。根据会员规则，会员每年需缴纳会费和评估费，其中会费为每年25万日元；评估费根据评估的范围不同而不同，一般分为：全面评估费200万日元、单一学部（学院）评估费20万日元、某一学科研究生课程评估费10万日元等。随着外部评估制度的全面开展，私立大学协会的352所加盟大学均先后成为该机构的会员学校。参与认证评估的学校不断增加、规模不断扩大，这对推动私立院校实施认证评估制度发挥了重要作用。

日本高等教育评估机构的认证评估活动主要由大学评估判定委员会承担。委员会成员主要由国立、公立和私立大学及社会、经济文化界有识之士构成。委员会下设评估小组，小组设有数名评估员，由评估员具体开展评估活动。在选拔评估员时实行公开报名制，并根据被评估大学及学科的特点、大学区域性特征以及被评估方的规模和学科结构，在重点考察其是否具有进行客观评估的能力之后决定评估小组成员，原则上一般不少于5人；判定委员会委员一般控制在15人以内，其选拔范围主要由大学、学会、协会和经济团体等部门推荐，经高等教育评估机构理事会研究确定。一般情况下，来自国、公私立大学的委员为10人，来自学会或经济团体的委员为5人。如果有以下情况者则被认为不适于参与被评估方的认定，失去评估资格：（1）毕业于被评估大学的人员；（2）就任或兼任（包括准备就任）该大学的人员和近5年内在该大学任职人员；（3）在该大学担任管理工作或近5年担任过管理工作的人员；（4）参与过审议该大学教育研究或经营管理等重要事项（包括近5年内参与过的）的人员；（5）与被评估方有竞争或合作关系的大学相关人员；（6）日本高等教育机构判断为不适合参与评估的人员等，目的是提高认证评估工作的公正和公平程度。

在开展认证评估时，日本高等教育评估机构根据私立大学的办学特色，制定评估标准和评估指标体系。评估标准主要是基于各校的办学精神、办学理念、学校使命和目的决定评估内容和指标体系。评估内容与其他认证评估机构制定的评估内容基本相同，主要有：教育研究组织机构的设置；教育课程设置；学校管理经营状况；财务收支及使用情况；教育研究环境；校企合作以及对社会的贡献程度等，共有35项一级评估指标和73项二级评估指标。评估过程为：首先由大学自我评估委员会依据大学评估基准实施自我评估，将评估结果汇总成自我评估报告，提交给日本高等教育评估机构，然后由日本高等教育评估机构组成的评估小组进行评估。评估分为书面调查和实地考察两部分：书面调查主要查阅大学自我评估报告内容及其佐证资料；在书面评估的基础上实施实地考察，重点考察大学实际开展的状况，鉴定大学自我评估报告内容的真实性和大学开展的各项工作是否符合《学校教育法》及《大学设置基准》，并核实书面报告中的办学特色、存在问题以及提出的整改措施；最后将实地调查的情况汇总成实地调查报告提交给判定委员会。在此期间，被评估方有两次向日本高等教育评估机构申述意见的机会：第一次是评估小组汇总形成调查报告后，可就其调查报告提出异议；第二次是评估方在结束评估活动，确定最终评估结果报告前可与日本高等教育评估机构的判定委员会进行交流与沟通，就其评估结果申诉自己的意见和看法，最终由判定委员会负责判定。评价结果分为合格、不足和不合格三档。被评为合格的大学可获得认证评估合格证书；被评为不足的大学可经过整改，在下一轮评估中争取合格，合格后仍可获得认证评估合格证书，假如在一定年限内不申请再次接受认证评估话，将被判定为不合格。对此政府有权勒令不合格者停顿整改甚至解散学校，最后将其结果通知大学，并向社会公开和上报文部科学大臣。

四、专业技术人才教育认定和研究开发评估制度的实施

除上述评估外，JABEE认定评估和研究开发评估制度也是日本

高等教育质量评估的重要组成部分。当今，将高等教育评估与专业技术人才教育认定评估融为一体已成为诸多国家高等教育质量保障体系的重要模式之一。特别是在高等教育大众化时期，这一模式越来越引起诸多国家的高度关注。日本在21世纪初期也采取了将外部评估与专业技术人才教育认定及研究开发项目评估结合起来的做法，并将之作为衡量应用学科专业技术教育和研究开发质量的重要措施之一纳入高等教育质量保障新体系。

（一）日本专业技术人才教育（JABEE）认定机构及其运作模式

日本专业技术人才教育认定制度产生于1999年。该制度是日本为实现21世纪科学技术创新立国战略、提升工程技术教育质量、培养国际通用型科技人才而创立的。在2004年创立初期，JABEE主要承担工程技术人才认定任务，对以培养高级专业技术人才为目的的院校、专业教育进行认定评估。随着认证评估制度的深入推进和新型研究生院的产生，日本政府为把新型职业研究生院纳入到认证评估范围，于2010年经文部科学省批准，认定JABEE为认证评估机构，使其承担职业研究生院的教育研究认证评估业务。这样进一步扩大了该机构的职能作用，即由专业技术教育认定扩大到认证评估，成为具有认定和认证双重资质的评估机构。

日本专业技术人才教育（JABEE）认定评估制度实施的目的主要有两个，一是以国际统一标准规范日本高等院校理、工、农等学科专业教育，保障日本工程技术教育质量不断提高；二是依照国际统一标准（国际通用型工程师标准）衡量本国高等院校理、工、农等学科专业技术教育是否达到国际标准，以便为培养国际通用型人才做出贡献。基于以上目的，认定评估的范围限定为工学、理学及农学三大教育领域（以培养工程技术人员为目的的学科专业），层次包括本科和硕士课程。认定评估内容由教育课程、教育方法、教育设备、教育环境、教师队伍以及学生的专业知识和技术等六部分内容构成，认定评估程序如图6－10所示。根据社会对高层次人才（国际通用型工程技术人才）的需要，衡量学校工程技术教育的培养目标、教育水平、教育方法及成绩评定方法等是否符合人才培养目标的要求，考察其具体实施情况、目标完成程度等，最终对学生所掌握的知识技术进行认定，对达到认定标准的学生颁发资格证书，持有此证书者有资格从事某专业性职业，最后将评估结果反馈给学校。

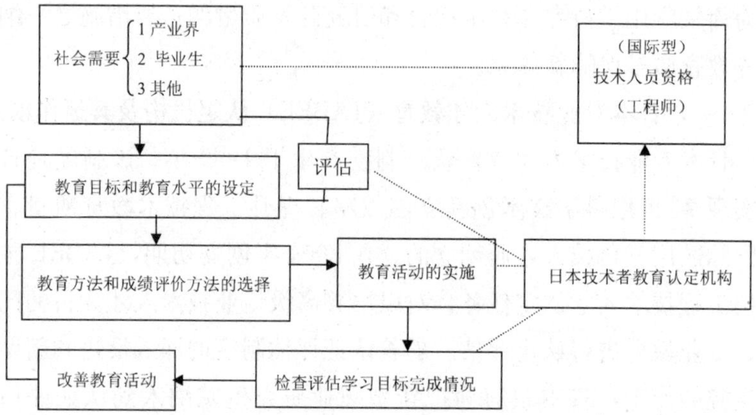

图表 6－10　日本技术者教育认定机构认定程序图

资料来源：http：//www. jabee. org/OpenhoHoPage/jabee3. htm，2007 年 8 月 25 日。

JABEE 制度产生的时间较晚，而且主要针对以培养高层次、国际工程技术型人才为目标的学科和专业进行认定评估，并且实行自愿参加，不具有强制性或法律的约束性。即使如此，参加认定的学校或专业不断增加，截止到 2010 年，几乎日本所有的高校理工科专业都申请参加认定，仅仅 5 年时间，认定制度便基本覆盖了所有高校，如著名国立大学北海道大学、东北大学、东京工业大学、名古屋大学等均已参加了该项认定。这是因为，各高校或学科专业要进入国际品牌行列或得到社会企业认可，就必须通过国际标准衡量产品质量。但也有些名牌院校（如东京大学、京都大学）至今尚未参加该项认定评估，其原因或许与学校的定位有关。

随着高等教育机构功能的不断扩大，日本于 21 世纪初期创建了职业研究生院，并且其规模不断扩大，2010 年日本专业技术人才教育（JABEE）机构承担起职业研究生院的认证性评估工作，评估对象主要集中在职业研究生院的信息、创新技术、核能源等学科领域，一般对授予信息技术硕士、信息处理学硕士、信息处理硕士、创新技术硕士、核能源学硕士学位为主的专业开展认证性评估。评估经费由被评估方负担，每一学科专业的认证评估费用为 350 万日元。

（二）研究开发评估制度的建立及其运行机制

1995 年日本制定了《科学技术基本法》，之后在相继推出的科学技术基本计划中，都将制定“研究开发评估制度”作为科技体制改革的重要组成部分，日本政府认为：构建研究开发评估机制是日本科技体制改革的重要环节，对提高研发效率、研发人员的创造性以及创造高水平的研发成果、推动资源合理配置、提高政府经费的使用效率十分重要。因此，有必要对利用国家绩效预算开展研究开发活动的项目和法人实施评估，其中特别提出要进行绩效评估，该评估主要由研发业绩、研发效果和经费预算三个环节构成。

1.《国家研究开发评价实施方法指导性大纲》的出台

研究开发评估与大学外部评估制度相呼应，是日本政府加强研发项目质量管理、提高国家研发效率、引入竞争机制、提高研发资金使用效率的又一重大举措。实际上，日本在 20 世纪 60 年代就开始了研究开发评估工作，当时主要对国立研究机构和国家大型研究项目实施评估。到 80 年代中期，科学技术会议政策委员会还着手制定了《关于研究评估基本设想》。而真正全面实施研究开发评估制度则是在 1997 年出台《国家研究开发评价实施方法指导性大纲》之后。1995 年，日本政府颁布了《科学技术基本法》。1996 年根据《科学技术基本法》制定了《第 1 期科学技术基本计划》，该计划中写到：国家有责任和义务振兴科学技术，制定实施相关政策措施。根据这一规定，政府增加了公共研究经费。同时，政府要求对研究开发实施严格、公正评估。在这种背景下，日本科学技术会议决定在科学技术基本计划期间出台《国家研究开发评价实施方法指导性大纲》。因此，科学技术会议政策委员会成立了评估指导性大纲小委员会专门负责研究制定该项政策的实施。经过一年多的时间，1997 年 7 月科学技术会议根据小委员会的研究结果，提出了《国家科学研究评估指导性大纲》，并听取了内阁总理大臣的意见，同年 8 月经内阁总理大臣批准，正式出台了《国家研究开发评估指导大纲》（简称《大纲》）。2001 年又颁布了《政府行政机构政策评估法》，规定中央省府有义务对本机构制定的研究开发政策措施和本部门的研究开发项目等实施全面评估。同年，日本国立研究所等国家事业单位转制，实施独立行政法人制度；2004 年国立大学继之也实施了法人化制度。而法人化之后必须在规定的期限内实施评估。这样不仅在研究人员及其研究机构内部形成了提高研究开发质量意识和调整改革氛围，在外部环境，即科学技术政策的出台及其政府行政改革的社会环境下也迫使研究开发活动必须接受评估。《国家科学研究评估指导性大纲》作为第二、第三期科学技术基本计划期间的配套措施，是日本政府各省厅对投入大量国家经费，开展研发活动的研究机构或大学等进行评估的纲领性文件，重点对承担国家研究开发项目的人员及机构实施评估的方法进行了说明，并在实施过程中不断修改，于 2001 年和 2008 年、2012 年经过三次修改得以完善，旨在推进研究开发项目的有效和高效进行，创造出优秀的研发成果，向民众说明科研经费的使用情况和使用结果，进而得到民众的理解和支持。

《大纲》共由六章构成：第一章明确了出台《指导大纲》的目的和其在科学技术基本计划中的意义和地位。在该章中指出：为振兴科学技术、创造优秀的研发成果、提高研发经费的使用效率和效果，对国家投入的研究开发项目实施严格公开、公正的评估。并规定：本次研究开发评估不同与以往评估，不仅要对评估人员申请的课题进行评估，即课题实施前的审查评估（事前评估），除短期课题外，还要在开展事前评估的同时，彻底进行中期评估和结项评估，即实施立项评估、中期评估和结项评估三段式评估。研究开发评估主要对以国家投入为经费来源的课题，其中有科学研究费补助金、科学技术振兴调整费、战略性创造研究促进事业费、厚生科学研究费补助金、21 世纪

COE项目等竞争性研究资金制度的项目。第二章明确了评估范围，即：国家投入开展的研究开发项目、研究开发政策措施、研究开发机构和研究人员（国立考试研究机构、国立大学、特殊法人等实施的研究开发和民营机构、公立考试研究机构）等。评估主体由各省厅、国立试验研究机构、国立大学、特殊法人等研究机构构成，但不同的评估主体要基于不同的法律开展评估。各省厅要根据政策评估法开展事业（开展的各项研发事业）评估、绩效评估和综合评估。该项评估属于内部评估，主要通过内部自我评估进行。不过，根据《政策评估法》第三条规定的“鼓励外部有识之士参与各省厅的政策评估”，大多数机构都实施了外部评估。第四章主要就评估原则进行了规定：例如，评估过程要公开透明、评估方法要明确（其中包括评估项目、评估标准、评估程序和评估方法）、引入第三方评估、实施外部评估制度和开放式评估活动、积极向国民公开评估结果等。同时还规定，要最大限度地尊重被评估方的自主性和特点，无论是课题评估还是研究机构评估，要掌握同一原则，即评估方和被评估方双方均明确评估内容，即“评什么”。

评估实施主体	为开展评价活动设计具体的评价制度、方法和流程，实施严格、公正的评价活动。向国民积极地提供各种信息，努力实现所颁布的纲领性指导意见的目的和意义。
被评估方（研究者及技術人员）	充分认识评价的重要性，自发地、积极地协助评价工作。
评估者	实施严格、公正的评价活动。鼓励研究人员，并提出适宜建议和意见。充分认识本评价结束后，还有其他评价者的评价及来自国民的评价。

图表6－11　科学研究评估与被评估方的责任及义务

评估人员原则上从外部选拔，在评估规模大及重点项目时更要从外部选拔有专业贡献的专家和能反映各领域民众意愿的人员。评估人员的姓名原则上向社会公开，评估结果通过民众易懂的形式刊登在政府刊物上，以便广泛向社会公开、接受监督。第五章就研究开发课题的评估事项进行了具体规定。指出，对通过竞争性资金获得研究开发课题的评估不仅要进行事前评估，还要彻底开展事中和事后评估。对国家重大项目的评估要持慎重态度进行定期评估，不断诊断和改善项目研究方案，一般每三年进行一次中期评估，检查判断项目进度及其是否可持续进行，进而反映到修改方案中。基础性研究基本交由各学会开展评估。第 6 章主要就研究开发机构的评估做出规定，指出，对国立试验研究机构开展全面评估，包括组织机构、人事管理、研究领域和课题选题、研究开发资金分配等。一般而言，评估制度的有效性在于其运行机制的客观、公开与公正性。研究开发评估制度基于这一基本原则，力求使评估活动做到客观、公开和公正。《国家研究开发评估指导大纲》就研究开发评估主体、方法和评估结果做出明确规定，在选拔评估主体时，首先要基于客观准则，不受年龄、单位和性别的限制，广泛选拔具有评估能力的专家开展评估活动；其次，基于国际水准，从国外选拔具有研究经验的专家参与研究开发项目评估活动；再次，特别指出要基于研究成果回馈社会的基本准则，选拔产业界专家参与项目评估等，明确了选拔评估主体的基本原则。同时，为使评估活动真正做到公开透明，就评估方法也做了具体规定。《国家研究开发评估指导大纲》中写到：为确保评估制度的公正性、可信性、实效性和可持续性，在实施评估前，应向被评估方公开评估方法、评估标准和评估程序等内容。例如，在进行立项、结项评估时，首先向社会公布公开申报统一标准、同行论证、评估程序以及决定评估结果的依据等内容。具体操作办法是：1. 各级行政部门通过网络等途径向社会提供竞争性资金的相关信息。2. 公开评估人员的选拔过程、评估人员的姓名、评估组的构成情况和评估标准、申请立项和结项情况、下达评估结果的依据等。3. 评估结果向社会和产业界公开，向纳税人说明投入产出的情况、研究开发目标、实施内容以及所获得的成果等，以利于外部组织及个人查询和接受社会监督。4. 评估结果直接与经费支持挂钩，将评估结果反映在下一轮研究开发经费配置上。

为有效推动研究开发评估制度，提高研究开发经费使用效率和效果，2001 年 12 月日本政府出台了《政策评估基本方針》（简称《方针》），作为日本行政机构改革的重要一环，《方针》明确规定“国家行政机构在内阁统一管理下，各部门对制定实施的政策措施开展自我评估、进行政策规划和决策。各省府要重点从政策的必要性、优先性和有效性三方面论证评估政策的改革与废除”[19]。绩效经费使用政策评估的主旨在于用企业家精神改造政府，把居民看作顾客，要求政府的一切活动都要从满足顾客需求出发进行政策评估，这样可使政府变得更加务实、有效，杜绝浪费，提高财政资金使用效率[20]。文部科学省在政策评估目的中提出：1. 实施政策评估是为实现以国民为本位的高效率、高质量的行政管理；2. 立足于国民需要，实现重科研成果的行政管理方式；承担起向国民说明研究开发活动的责任。评估的目的重点强调了“国民导向”，要求科技开发政策评估必须立足于民众，评估内容、指标和指标体系设计应从民众的立场出发，开展政策实施结果评估。在评价过程，为使政策评估客观、合理，要求采取标准量化的评估方法，并使内容体系化、将政策评估结果反映在预算要求、预算方案等财务工作环节，使评估结果与绩效预算有效结合。《方针》重点强调了对使用国家研究开发经费和研究开发项目的中央各部门的经费使用效率和效果开展评估，检查衡量各中央部门的研究开发项目是否与科学技术创新基本国策一致、是否达到项目的预期效果等，以便有效地接受社会、民众的监督，进而达到绩效预算的预期目标。2002 年颁布的《行政机构政策评价法》，使政策评估上升至法律层面，具有不可抗拒力。《行政机构政策评估法》的颁布旨在准确把握政策效果、明确政策出台的必要性、有效性和效率性等，进而为不断完善政府政策以及为出台相关政策提供参考。《政策评估法》规定：在实施政策评估时，要基于政策特性，将“项目评估方法”、“绩效评估方法”及“综合评价方法”等主要因素融合为一体，构建一体化评估体系，采取与之相适应的评估方法。同年，文部省制定了本省政策评估基本规划，指出：研究开发评估分为事前评估（制定政策之前开展的政策评估）和事后评估（政策制定后开展的政策评估）三段式评估，即对研究开发课题实施事前（项目设定、申报、评议）评估、中期评估和事后（结题）评估。为达到政策评估目的，在进行绩效评估阶段，特别强调了要明确政策体系目标和本部门使命及政策目标，依据政策目标、措施目标和预期目标开展评估，检查测量完成情况，尽最大可能通过可量化的数据进行分析，以验证其政策措施的实效性。文部科学省为有效落实《行政机构政策评价法》的相关规定，又于2004年出台了“2004年度文部科学省政策评估实施计划”。实施计划主要分绩效评估、措施评估和综合评估，通过三项评估结果检验本省的政策实施效率和效果。评估内容从原有研发课题、研发机构扩大到制度、研究人员和政策评估，甚至包括以资金等资源分配为基础的大学评估以及对大学等研究机构开展的产学官合作的业绩评估、产学官合作关系等的社会评估等，形成了一整套科学研发评估体系。文部省的研究开发评估分为评估标准的制定和基于标准进行评定两阶段，后者主要是通过投入与产出的关系分析进行评定，而测量投入与产出关系的量化尺度在一定程度上采用企业等盈利机构的经营方式，把投入所获得的利益作为其投入效率或收益指标。所不同的是，公共部门或非盈利性部门不能用投入的金额衡量其产出，而是采用了费用效果分析法，衡量投入的妥当性和专家设定相应的数量尺度，以此作为投入目标开展一系列研究开发评估活动。

从政策评估过程看，日本文部科学省基于政策体系结构将政策评估分为：政策规划（Plan）、政策实施（Do）、实施结果（See）、评估四个环节。作为新型行政管理模式，即“行政管理循环链”逐步深化评估。所谓“行政管理循环链”是指在传统的政策策划、出台、实施等管理流程基础上，增加绩效测定和评估，使评估结果反映到下一轮的政策制定和完善过程中。也就是说，使评估结果成为推动下一轮政策改革的主要动力。其中特别强调评估要严格遵循公正、公开的基本原则，否则便会失去评估本身的意义和价值。

值得注意的是，日本将研究开发评估和政府科技政策评估、大学评估融为一体，形成了相互补充，互为支撑的关系。这是因为，无论是大学还是研究机构，其所承担的大型研究开发项目经费主要来源于政府的绩效预算经费，从政策制定实施过程以及实施结果开展对经费的使用效率和效果的连环式评估更为合理和有效。所谓绩效预算或绩效拨款是指预算与绩效挂钩的拨款方式，其中竞争性经费通常以项目经费的形式通过同行评议的方式择优资助。这种竞争性经费主要面向大学、研究机构，因此，无论是大学评估还是研究开发项目评估，研究开发政策评估都应包括在内。那么，如何处理各类评估的关系，就成为决策层和被评估方最关心的问题。

就国立大学而言，目前实施着三种类型的评估，即前面介绍的研究开发评估、独立行政法人评估委员会实施的评估和认证评估。这三类评估所依据的法律基础不同，因而其评估目的各有侧重。其中研究开发评估依据的是《科学技术法》；独立行政法人委员会依据的是《独立行政法人通则法》；认证评估依据的是《学校教育法》。从各自的评估目的看，研究开发评估的目的是：促进研发活动有效、高效进行，向民众说明研究开发经费的使用情况和结果，进而得到民众的理解和支持；法人评估委员会的评估目的是：通过绩效评估提高经费使用效果和效果，使评估结果反映在下一轮的经费预算中；而认证评估的主要目的在于提高学校教育研究质量。

由于各类评估目的不同，因此其评估过程及内容也各不相同。研究开发评估不仅开展立项评估、中期评估、结项评估，而且对结项后的课题研究成果也进行追踪评估，以掌握研究开发结果的有效性。在评估过程中，一方面对研究人员和研究机构进行评估，另一方面还对其研发政策开展评估。而法人评估委员会的评估内容重点放在各项工作的绩效评估上。该机构主要对国立大学和大学共同利用机构法人的业务运营情况进行评估，在评估中以大学中期发展目标为标准，进行年度评估和在目标周期结束时进行绩效评估。

2. 文部科学省研究开发评估现状

根据《国家研究开发评估指导大纲》的要求，文部科学省制定了本省的《研究开发评估指导大纲》。文部省科学研究开发评估范围设定在三个方面：一是研究开发政策措施；二是研究开发项目；三是研究开发机构。科学研究实施的研究开发评估对象主要为政策评估、课题评估、研究开发机构评估和研究人员绩效评估。评估主体由日本总务省、文部科学省、独立行政法人和大学法人构成。日本文部科学省开展的研究开发评估分为立项评估、中期评估、结项评估三个阶段。评估重点以绩效评估为核心，开展项目评估、绩效评估、综合评估，其中立项评估包括研发项目的设定、申报项目的评议等。

项目评估是绩效评估的前期评估，也称为事前评估。此项目评估主要是针对研究开发项目的合理性、科学性及其申报项目的评审两个环节进行前期论证和审查。在审查过程中采取科学、客观的方法，以完成科学技术总体政策目标为标准，重点分析论证其课题设立及其立项的必要性、合理性（根据国民及社会需要分析其是否合理）和效率性（预测是否可获得与投入相吻合的效果，是否可通过较少的投入获得相同的效果），同时预测项目的预期效果和所需投入的经费总额等。一般而言，在考虑设立课题和项目立项的必要性问题时，主要分析该研究是否能够达到国家科技政策措施的目标、是否有必要设项和立项；合理性则主要是根据民众和社会的需要，衡量设项或立项的项目是否合理；效率性是指分析研究其立项是否可获得与投入相同的社会经济效果，论证其是否投入较少的经费也可达到相同的效果等；有效性则是指在项目或工程完成年度，采用何种方法进行验收等。2004年对已启动的研究开发项目进行了事前评估，特别对具有较大社会影响的项目和预算较大（研究开发课题总额10亿日元以上）的项目以及2005年新设的78个项目进行了评估，同时也对2003年8个结题项目实施了事后评估并公开了评估结果。评估结果通过文部科学省项目评估报告公布于世。

绩效评估是任何组织机构都无法回避的、必须接受的绩效评估。

绩效评估的一个重要理念是“结果导向”。绩效评估是对绩效预算结果的检验，主要检查判断研究开发项目的业绩、效率和预算之间的关系。具体而言，绩效评估是对绩效预算使用的情况或结果进行事后评估和测评，即结项评估。哈佛大学教授巴达赫说过，作为当代政府改革的实践指南，新公共管理“最核心的观点是为结果而管理（managing for results）”。该项评估的重点是衡量使用国家绩效预算开展研发项目的结果是否合理、有效，是在研究开发项目实施后进行的。这是因为，设立绩效预算的目的是为了完成或实现某些目标，科研人员或法人获得的绩效预算资金与其制定的业绩指标有着直接而密切的联系。因此是否按照拟定目标、计划是否达到了预期效果，则需第三方或资金支付方进行检查核实。绩效评估的标准是国家科技政策指标和国家科技总体发展目标，根据这一标准衡量研究开发项目所获得的经济、社会效益，检验预期目标与实际完成情况是否存在差距等。2004 年日本文部科学省在对 2003 年的政策实施效果评估时，首先要求评估者了解政策体系（理念、政策、措施、实施目标），将文部科学省的使命和政策目标设定为 9 项和 42 项措施目标，234 个实施指标，根据各级指标对项目的既定目标进行量化，在进行绩效评估过程中，按照既定目标逐条进行定量分析，检查拟定目标与实际完成目标之间的差距，最后根据差距的大小决定评估结果。评估结果分“超额完成”、“完成”、“基本完成”、“未完成”四个档次。最后将评估结果一方面反馈给研究机构和研究人员或团队；另一方面积极公开评估信息，向民众说明国家研究开发实际的情况和效果，进而获得民众对研究开发项目投入经费的广泛理解。

综合评估主要是本着不断修订完善政策的原则，在政策出台实施后，通过提供大量信息，就某一项目的相关政策效果进行全方位深入分析研究，以利于真正了解和把握政策层面存在的问题和不足，进而查找问题出现的原因。具体做法是，对研究开发政策的制定、实施及其实施效果三个环节进行全程跟踪和评估；了解研究开发活动各个环节和各环节之间的衔接是否有效或高效。该项评估主要依据诸多部门提供的大量相关信息，对特定项目从不同角度进行深入分析，研究项目效果与政策之间的因果关系，重点对政策实施过程中出现的问题或不足展开调查，进而查明其原因及责任，提出修改方案，从而为建立良性循环型研究开发监控机制提供依据。

五、日本高等院校质量评估制度特征

不同的国家有着不同的大学质量评估制度。如上所示，日本的大学质量评估制度具有多元、互补、有机结合等特征，这不仅为日本构建 21 世纪的大学质量保障新体系提供了制度措施，也为创建和完善我国高等教育质量保障体系提供了参考。

（一）认证评估与非认证评估二元结构

日本国立大学评估制度有认证评估与非认证评估两种类型。评估主体不同，评估重点、目的各有侧重，二者相互依存、互为补充。非认证评估机构主要由学校主管上级部门，即学校设置主体和投资主体构成。这些机构代从设置主体和投资主体的角度出发，对国立院校的办学效率、经费使用情况等进行评估、监督和宏观调控，以提高经费使用的效率和效果。此外，作为投资主体，日本总务省也设置了政策评价独立行政法人评价委员会、内阁府行政改革推进本部和综合科学技术会议等，以不同的方式也对国立大学展开评估，以衡量投入与产出是否达到预期。例如，日本科研经费的三分之二投入到国立大学，基于投入产出的观点，日本综合科学技术会议定期检查评估其经费的使用效率、学校人才流动程度、产学合作项目的进展情况等[21]。而认证评估机构则是一种独立于政府部门的社会中介性组织，具有独立法人资格。认证评估制度面向社会所有高等院校进行全面的综合性评估，并将评估结果反馈给学校，同时向社会全面公开，以促使大学更好地完成应有的使命，达到社会监督的目的。因此，认证评估不仅对高等院校的经营管理状况进行检查评估、同时也对教学科研、人才培养以及设施设备等项目进行全方位的检查评估，力求客观地反映学校的整体办学状况。上述两种评估制度为日本教育质量的不断提高发挥着重要作用。

（二）认证评估与认定评估有机结合

日本高等教育认证评估和认定评估有机结合构成了教育质量评估制度的另一特征。日本根据高等教育特征，将基础学科教学科研评估与专业技术教育认定融为一体，根据不同的标准和目的开展不同形式的评估与认定，引导高等教育研究和人才培养向高层次发展。

认证评估主要基于大学的办学理念、培养目标以及学校的特点和个性，就国立大学的教学科研以及管理水平等环节进行检查、评估认证，衡量学校教学科研的实际情况与办学理念、培养目标及学校定位是否一致。而认定评估则根据国际品牌标准对以培养专业技术人才为主的院校及学科进行教学水平、教育成果评估，以衡量其各个环节是否符合国际标准，最终对其培养出的人才进行资格认定，以直接提升日本高等院校教育研究的国际竞争力。

（三）综合评估与单项评估互为补充

认证评估和研发项目属于两种不同的评估类型，前者为综合评估；后者为单项评估，二者互为补充，弥补了单项评估制度的不足。综合评估主要就学校的整体活动，即教学、科研、社会服务以及经费分配等进行全面评估，检查核实学校的中期发展目标与各年度推进的情况是否一致、是否未达到既定目标，以便及时发现和解决问题，按计划完成学校的中期发展目标。而单项评估主要集中在科研项目和学校建设项目上，评估以项目申请书设定的预期目标为准，根据项目完成计划和预期目标，开展事前、中期和事后的三段式评估。评估主体一般由项目出资方或出资方聘请专家进行检查核实，评估结果反馈给出资方，为出资方决定是否继续投入资金提供参考和依据。

（四）评估机构设置主体多元化

从目前外部评价机构的设置情况来看，设置主体既有官也有民，官、民结合。如大学评价・学位授予机构和独立行政法人评估机构属于官方设置，其职能作用各有侧重，前者以综合评估为主，重点以提高学校教育研究质量为目的，向国民说明大学的办学状况；而后者则以单项评估为主，重点评估学校财政拨款的使用效率和效果，以使评估结果反应在下一轮财政预算中。与此同时，也出现了民间评估和认定机构。如大学基准协会、日本高等教育评估机构和专业技术教育认定机构等。这些机构是各大学自主发起的民间性组织，主要根据大学设置基准检查评估大学的教育研究质量和办学效率与效果。其中，日本专业技术教育认定机构是对专业性较强的高等职业教育院校所培养的学生实施专业资格认定的民间组织，对合格者授予职业资格证书。上述日本高等教育评估机构、特别是政府认证评估机构（其征以图式概括如图表6－12所示）的构成，突出了官方与民间、评估与认定的有机结合，表现出双重、多元的评估体系特征。

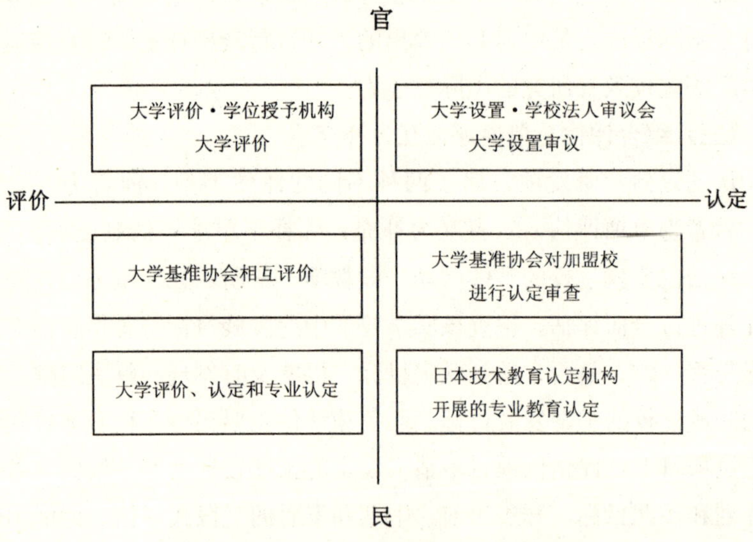

图表6－12　日本认证评价机构的构成

上述日本高等教育质量保障体系的建立与评估制度的实施对构建我国新的质量监控机制具有一定的参考价值，尤其是将学校设置主体的评估与独立于学校行政部门外的中介机构评估、以及评估与认定制度的相互结合，评估主体间的分工与合作等关系特征对我国相关评估机制的构建具有很重要的借鉴意义。

参考文献：

[1] 天野郁夫、高等教育の日本的構造［M］. 玉川大学出版社，（东京）1986：70.

[2] 天野郁夫、高等教育の日本的構造［M］. 玉川大学出版社，（东京）1986：66.

[3] 天野郁夫、高等教育の日本的構造［M］. 玉川大学出版社，（东京）1986：78.

[4] 天野郁夫、高等教育の日本的構造［M］. 玉川大学出版社，（东京）1986：78.

[5] 菅昭、転換する大学政策［M］. 玉川大学出版社，（东京）1995：80

[6] 日本大学审议会答申、21世纪の大学像と今後の改革方策について，1998年10月26日

[7] 胡建华、90年代以来日本大学评价制度的形成与发展［J］. 外国教育研究，2001（1）：9

[8] 日本大学审议会答申、21世纪の大学像と今後の改革方策について［第5部分］，1998年10月26日

[9] 巨大情報システムを考える会、グローバル化のなかの大学シリーズ［変貌する大学］（5）［M］. 社会評論社，（东京）2000：114

[10] 张玉琴、日本高等教育两种评估制度及其相互关系［J］. 日本学刊，2004.（3）：120

[11] 张玉琴、日本大学质量保障新体系研究［J］. 复旦教育论坛，2005.（3）：81

[12] 张玉琴、日本大学质量保障新体系研究［J］. 复旦教育论坛，2005.（3）：179

[13] 大学基准协会、日本高等教育评价机构等也受理国立大学的认证评估，但日本大学评价・学位授予机构更具有权威性，因此本文重点就日本大学评价、学位授予机构进行介绍。

[14] www. niad. ac. jp/n－hyouka/jouhou/1178964－989－html

[15] 日本大学評価？学位授予机构、大学评价·学位授予机构实施的大学评价报告书，2005：1

[16] 小山龙司、高等教育财政与评价报告书，2006：9

[17] 这里仅指公私立院校。因为国立大学必须由国立大学法人评价委员会统一申请。

[18] 日本大学评价·学位授予机构、大学評価、学位授与機構の評価事業の今後のあり方について（中間报告），2003：4

[19] 喜多村和之．高等教育と政策評価［M]．玉川大学出版部，（东京）2000（7）：41

[20] 深圳商报，2005 年 1 月 20 日

[21] 范文曜等、国际视野下的高等教育质量评估与财政拨款［M]．教育科学出版社，（北京）2004：160～161

附表　各章图表目录一览表

第一章图表：

第二章图表：

第三章图表：

第四章图表：

第五章图表：

第六章图表：